作为一位爸爸，自女儿呱呱坠地起，让她快乐、让她健康、让她幸福，便成为我人生长河中新的目标。

我要当个好爸爸

葛欣 著

ZHEJIANG UNIVERSITY PRESS
浙江大学出版社

图书在版编目（CIP）数据

我要当个好爸爸 / 葛欣著. — 杭州：浙江大学出
版社，2016.7
ISBN 978-7-308-15932-6

Ⅰ.①我… Ⅱ.①葛… Ⅲ.①家庭教育 Ⅳ.①G78

中国版本图书馆CIP数据核字（2016）第121104号

我要当个好爸爸

WO YAO DANG GE HAO BABA

葛欣 著

选题策划	平 静	
责任编辑	平 静	
文字编辑	安 婉	
责任校对	赵 坤	
封面设计	梦夏工作室	
出版发行	浙江大学出版社	
	（杭州市天目山路148号 邮政编码310007）	
	（网址：http://www.zjupress.com）	
排　版	杭州兴邦电子印务有限公司	
印　刷	浙江印刷集团有限公司	
开　本	710mm×960mm 1/16	
印　张	16.5	
字　数	240千	
版印次	2016年7月第1版 2016年7月第1次印刷	
书　号	ISBN 978-7-308-15932-6	
定　价	30.00元	

浙江大学出版社发行中心联系方式：（0571）88925591；http://zjdxcbs.tmall.com

前言

作为一位爸爸，自女儿呱呱坠地以后，我的生活目标便随之改变了。自那一刻起，让她快乐、让她健康、让她幸福，便成为我在人生长河中新的航标。

和所有的爸爸一样，我非常爱自己的女儿。我感谢她，因为她给了我很多很多……

有了她，我每天多了许多快乐。她那可爱的脸蛋、牙牙的话语、蹒跚的步伐，都是我快乐的源泉。

有了她，我每天变得更加知足。不再有抱怨、不再有挑剔、不再有烦恼，生活从来没有像现在这样幸福、充实过。

有了她，我每天都充满了爱，我非常希望能给她更多的爱、更好的爱、更不同的爱。

我每天勤奋着。我虽然不能给她最好的玩具、最贵的书籍、最好的学校，但我能给她最无私的爱！

我每天关注着。她睡梦中的一声轻咳、读书时的一抹微笑、游戏时的一句笑声，时时刻刻都在牵动着我的心绪。

我每天梦想着。我梦想可以成为她最知心的朋友，梦想着给她最好的家庭教育，梦想着教她开创自己美好的未来。

我非常想为女儿留下些什么。留下些什么呢？我想不应是更大的住房、更好的车子和更多的金钱，而是教给她仁爱、教给她自立、教给她更多生存的法则。于是，从她还没有出生时开始，我便养成了为她写信的习惯。如今，这个习惯已经坚持了10年。

在陪伴女儿的过程中，我不但给女儿写信，还会陪她读书，给她讲故事，同她做游戏，带她出游……我一边努力地做个好爸爸，一边在思考、总结。我认为，一位好爸爸应该是有爱心、有耐心、有童心，学习型、牺牲型、朋友型的。于是，我从培养孩子的情商、智商、德商、逆商、学商、灵商、健商、财商、心商等方面，把我的育儿案例分门别类，整理到一起，汇集成这本书。用故事的形式，讲述我作为一位有着"三心三型"教育理念的父亲，伴随女儿成长过程中的典型事例，总结自己在教育孩子方面的一点心得，以及我向其他孩子爸爸提出的教育建议。

我想，作为孩子爸爸，我们都可以为孩子做得更好，做得更多。我们大可不必努力去为孩子留下金山、豪宅、名车，而是从孩子小时候做起，送给孩子更多的关爱、更多的鼓励、更多人生的启发！它们会为孩子插上腾飞的翅膀，帮他们创造出更加美好的未来！

目 录
MULU

1 情商培养从小开始

情商(EQ)主要是指人在情绪、情感等方面的品质。一个人是否具有较高的情商,和童年时期的教育培养有着密切的关系,因此,情商教育应从小抓起。

2 好方法成就好智商

智商(IQ)是指人们认识客观事物并运用知识解决实际问题的能力。主要包括观察力、记忆力、想象力、分析判断能力、思维能力、应变能力等。家长如能掌握一些实用的好方法,对提高孩子智商会大有帮助。

3

德商教育铸就好品格

德商（MQ）指一个人的道德人格品质，包括体贴、尊重、宽容、诚实、负责、平和、礼貌等美德。品格胜于知识，从小对孩子加强德商教育，可以让孩子受益终生。

4 在挫折中磨炼逆商

逆商(AQ)也叫挫折商,是指人们在面对挫折时摆脱困境和超越困难的能力。在智商相差不大的情况下,逆商对一个人的事业成功起着决定性的作用。对于在赏识教育环境中长大的孩子来说,有时遇到挫折也是一种财富,家长应该利用好挫折,把坏事变成好事。

5 带着兴趣提高学商

学商(LQ)是指一个人的学习能力和学习素质,包括学习态度、学习习惯、学习方法、学习理念等多方面。2~12岁是孩子培养学商基础的重要时期,对这个年龄段的孩子进行学商启蒙教育非常必要。

6 开发右脑提高灵商

灵商(SQ)是人们对事物本质的灵感、顿悟能力和直觉思维能力。人的右脑主要承担想象、虚构、感受、创造等内容,侧重于直觉的形象思维模式,被称为"艺术脑",灵商的开发也主要是右脑的开发。2~8岁的孩子正处于开发右脑的黄金时期,对灵商的培养至关重要。

7 游戏与运动带来好健商

健商(HQ)指一个人的健康智慧及其对健康的态度。包括一个人已具备和应具备的健康意识、健康知识和健康能力。自孩子2岁起,家长就应多为孩子创造参加游戏和体育运动的机会,让孩子拥有良好的健商。

8

你不理财，财不理你

财商(FQ)是指人们的理财能力，特别是投资收益能力。孩子没有理财的本领，您为他留下再多的钱也会被慢慢花光。财商是一种人们迫切需要的能力，也是一种最容易被中国的家长忽略的能力。

9 好爸爸教出宝贝好心理

心商(MQ)是人们维持心理健康、缓解心理压力、保持良好心理状况和活力的一种能力。心商的高低，直接决定了人生过程的苦乐，主宰人生命运的成功与否，而家长在教育孩子的过程中运用的教育方法，会对孩子的心商产生重要影响。因此，家长在教育过程中，应注意方式、方法，注重对孩子健康心商的培养。

1

情商培养从小开始

　　情商（EQ）主要是指人在情绪、情感等方面的品质。一个人是否具有较高的情商，和童年时期的教育培养有着密切的关系，因此，培养情商应从小抓起。

肚中的小精灵

亲爱的宝贝：

爸爸之所以没有叫你女儿，或是儿子，是因为现在是2001年7月，爸爸刚刚知道妈妈肚子里有了你，还不知道你是男孩还是女孩啊！

当爸爸听到这个好消息时，先是一愣，然后上前用力拉住妈妈的手，紧接着马上又把手松开，因为爸爸怕捏疼了她，影响了你。爸爸兴奋得像个孩子一样，又蹦又跳，迫不及待地打电话把这个好消息告诉给了你的爷爷、奶奶。

知道妈妈肚里有了你，爸爸对妈妈更加的体贴万分。因为爸爸知道，妈妈的好心情，会让宝宝更健康。爸爸、妈妈都非常快乐，尤其是你的妈妈，变得特别爱笑。每当你妈妈傻笑时，爸爸就会想，孩子妈没怀孕时也没这么爱笑啊！肯定是因为她肚子里有了你的缘故！因为你是个爱笑的宝宝，是你把妈妈给逗笑了。

等你出生以后，爸爸会每天陪伴你，直到你渐渐长大。如果你是男孩，爸爸可以每天带你踢足球。我们会像风一样自由奔跑在球场，那该有多么快活！如果你是女孩，爸爸会陪你画画、教你唱歌、陪你游戏……待你长大后，你会嫁给你的白马王子，爸爸会牵着你的手步入礼堂——真不知道将你的手交给你的未来丈夫时，爸爸会是怎样的一种感觉……爸爸是不是想得太远了？现在，你还没出生呢！

等你出生以后，爸爸会尽自己最大的努力，变着花样为你做好吃的。什么鱼香肉丝、可乐鸡翅、孜然羊肉，只要你喜欢，爸爸都会为你做。

等你出生以后，爸爸会把自己的知识全都传授给你。爸爸会为你买很多书，和你一起打开唐诗宋词之门，一起品味李白的浪漫飘逸、杜甫的沉郁顿挫、苏轼的豪迈旷达……爸爸会和你一起推开四大古典名著之窗，叹《红楼梦》里的黛玉葬花，赞《水浒传》里的武松打虎，品《三国演义》里的三顾茅庐，笑《西游记》里的唐僧师徒……

等你出生以后，爸爸会重视对你的教育，但爸爸不会给你太大的压力。爸爸希望你在兴趣广泛的基础上学有专长，将来能在自己感兴趣的领域充分发挥自己的特长，为自己安身立命打好基础。

真高兴，再过几个月，你这个小生命就要诞生了！从今天开始，爸爸会珍惜每一天，会用笔记录下与你有关的每一点，每一滴。从今天起，爸爸会一直坚持为你写信。在信中，我会记录下你成长的历程，总结爸爸在教育方面的得失，留给你作为借鉴。等到你有了自己的孩子时，爸爸写的这些信或许能让你有所感悟。

期盼你到来的爸爸

好爸爸有话说

几年来，我在自己的QQ空间签名里一直写着这样一句话："我爱我的女儿，即使将来离开了这个世界，也希望能为她留下些什么……"留下些什么呢？我想不是多少住房、多少金钱，而是教给她自强、自立、自尊，教给她生存的法则。曾经13年稳居世界首富的互联网巨子比尔·盖茨在退休时宣布，要把全部家产回馈给社会而不是留给自己的孩子们。在感慨"比尔·盖茨是不是疯了"的同时，我们是不是也应该开始思索这样一个问题：我该为孩子留下什么？或许您热衷于为孩子积攒物质财富，恨不能为孩子攒下金山银山，让下一代甚至下一代的下一代无生存之忧，可是，有一句古话说得好——"富不过三代"，金山也有花完的时候。其实，给孩子一座金山，远没有教孩子学会创造财富的点金术更加实用。我们应该注重对孩子的教育，教给孩子学会生存、学会感恩、学会宽容、懂得勤奋、牢记责任……这些远比送给他们金山更重要！

我是合格的胎教爸爸吗?

亲爱的宝贝:

宝贝,时间过得真快呀!不知不觉中,你在妈妈的肚子里已经孕育了六个月了。别看你还很小,但你的大脑已经像一台高配置的计算机了,不但会有记忆,还会产生条件反射呢!这时对你进行胎教,对你出生后的发育会起到很大的影响。所以,自从知道妈妈肚子里有了你,爸爸就开始到处找资料,用各种方式为你做胎教。

营养胎教是最重要的。首先,爸爸得保证让宝宝吃得好。当然,现在你还在妈妈的肚子里,爸爸不能直接喂你,但是爸爸可以"喂"你的妈妈,再由你的妈妈来"喂"她肚子里的你。要想吃得好,就得经常变换花样,做到饮食搭配、营养均衡。你在妈妈肚里1~3个月时,妈妈总感觉恶心,不愿吃东西,爸爸就多给妈妈做些清淡、好消化的食物,这样既可以保证营养,又能让你妈妈感觉舒服一点。后来,随着你妈妈的胃口越来越好,饭量越来越大,爸爸就开始变着花样给你妈妈做各种菜,品种更多样、营养也更丰富。

歌德曾经说过:一个人每天至少要听一曲好歌,读一首好诗,看一幅好画,如果可能,再说一两句通达的话。爸爸喜欢音乐,爸爸相信你也会喜欢。自妈妈怀上你第16周开始,爸爸就开始为你做音乐胎教了。爸爸的音乐胎教方法主要有两种,一种是听别人演奏或演唱的乐曲,另一种是自己哼唱。在为你放的音乐中,不仅有贝多芬的《献给爱丽斯》、肖邦的《小狗圆舞曲》以及柴可夫斯基的《四小天鹅舞曲》等国外高雅音乐,也有一些妈妈喜欢的节奏舒缓的中国乐曲,比如《大海啊故乡》《听妈妈讲过去的故事》等。每天听两次,每次不超过20分钟。我们让你听那大自然中的刮风声、流水声、虫鸣声、鸟叫声……让舒舒服服躺在妈妈肚子里的你能感受到一份愉快、一种恬静,促进你的大脑发育。爸爸还经常亲自出马,哼唱一些自己喜欢的歌曲给你听。因为爸爸会唱的歌曲有限,所以每次唱的都是"宝贝,你爸爸参加游击队,我的宝贝……"和"日落西山红霞飞,战士打靶把营归,把营归……"这么两句。据妈妈说,每次爸爸唱时,你的小脚还在妈妈肚子里蹬来蹬去呢!是在为爸爸喝彩吗?还是在抗议?这个问题先放在这,等你出生以后再回答我。当然,前提是——如果你还记得住的话。哈哈!

欣赏美需要耳朵,更需要眼睛。有了你以后,爸爸更喜欢带妈妈到大自然中去,陪你妈妈看山水花鸟、日月星辰,给妈妈带来赏心悦目的感觉。爸爸还买来漂亮的金鱼、美丽的杜鹃花,把家里装点得生机勃勃。爸爸还买了几张漂亮的宝宝挂历挂到我们家的墙上。有了这些挂历以后,你妈妈每次看着墙上那漂亮的宝宝时,就会告诉肚里的你:"宝贝啊,你的眼睛要长得大大的,眉毛要弯弯的,嘴巴要翘翘的……"她的要求是不是太高了?要知道,在她的喃喃细语中,她的心情是愉悦的,向你传达的信息自然是美妙的……

从你妈妈怀孕第20周开始,爸爸开始做抚摸胎教。爸爸有时会轻轻摸摸你妈妈那圆鼓鼓的肚子,爸爸这是在和你打招呼呢!爸爸想通过你妈妈的肚皮把爱传递给里面的你,让你的感觉神经和大脑发育得更加完全。有一次,当你的活动过于激烈,让妈妈感觉有些难以忍受时,爸爸一边隔着肚皮轻轻地抚摸你,一边温和地说:"乖宝宝,爸爸和你商量点事儿,小腿踢得轻点,好吗?你妈妈感觉有些吃不消了。"不知道你是否真的听懂了爸爸的话,你的小腿居然停了下来。

爸爸在为你做抚摸胎教时,经常还会伴有光照胎教。为了给你做光照胎教,爸爸专门买了一个漂亮的黄色手电筒。从你妈妈怀孕第32周开始,爸爸每天用手电筒紧贴着你妈妈的肚皮,一闪一闪地照射你的头部位置——每次会照射三五分钟。在爸爸照射时,感觉肚子里的你很老实,不知道你是不是看到了手电的光亮?爸爸之所以要这样做,是希望亲爱的你——我的宝贝,出生后视觉功能更强啊!

对话胎教也很有意思。从你妈妈怀孕第24周开始,爸爸每天早晨起来,不但要和你妈妈打个招呼,还要和你报个到呢!还记得今天早晨爸爸和你说的第一句话是什么吗?"嘿!小宝贝,你好!今天心情怎么样?开心点啊!"爸爸说的是不是这句？虽然你现在还太小，还不明白爸爸说了什么，但爸爸相信，你能感受到爸爸的友善和热情。

要知道，妈妈适时、适当的体育锻炼，可以促进你的大脑和肌肉的健康发育。在你妈妈怀孕第20周～36周时，爸爸每天都要陪你妈妈去我们家附近的小广场散步。我们慢慢地走在林荫路上，看着身边美丽的风景，心情格外舒畅。爸爸多陪妈妈运动，是希望妈妈和你都健康，也是希望妈妈在生产时会更顺利。

我的宝贝，爸爸和你说了这么多，虽然你现在还不懂，但是你迟早是会懂的。爸爸想对你说，我的宝贝，爸爸、妈妈爱你，欢迎你！希望将来生下的你，会是个健康、活泼、聪明的小宝贝！

爱你，我的宝宝！

为你做快乐胎教的爸爸

好爸爸有话说

很多爸爸认为，胎教是就孩子妈妈而言的，和爸爸没啥关系。其实，胎教不仅是妈妈的责任，更是爸爸的义务。妻子怀孕后，不但要继续承担她原来工作、学习、生活等方面的事务，还额外增加了一份培育新生命的任务，这无疑让她在心理、生理等方面都增加了很大的负担。孩子爸爸的一举一动、一颦一笑，不仅能影响到妻子情绪，也关系到妻子腹中的胎儿能否健康成长。如今，"慈父育婴"观点已经被越来越多的孩子爸爸所接受。作为丈夫，应倍加关心、爱护、体贴妻子，让妻子多体会家庭的温暖，避免妻子受愤怒、惊吓、恐惧、忧伤、焦虑这些不良情绪的影响。同时，做丈夫的还应积极和妻子一起，适时、适度地做好胎教，共同养育出一个健康可爱的宝宝。

让爸爸猜猜你的样子

亲爱的宝贝：

爸爸很好奇，经常在想，妈妈肚子里的你会是什么样的呢？我想，待你长大后，也一定会像其他孩子一样，想知道自己在妈妈肚子里时是什么样子的吧。

今天爸爸和妈妈一起去了妇幼保健院，看到那里的墙上贴有好多有趣的图画，从中可以看出胎儿每个月时的样子。看着图中宝宝可爱的样子，爸爸在想，我的宝贝应该比图中的宝宝更漂亮，更可爱吧！下面爸爸就来描述一下你在妈妈肚子里时，样子的一点点变化吧！

你在妈妈肚子里只有一个月时，长得特别小，比芝麻粒还要小，这时的你根本不像个娃娃，只能被称作"胎芽"。自己曾经这么小，这让你想不到吧！虽然小，但这时的你，已经有了神经管道、心脏和循环系统，泌尿系统和肠、肺这些器官也开始形成啦！

两个月时，你这个可爱的小"胚芽"已经发育成胚胎，有了躯体，刚刚有了宝宝的形状，通过仪器，已经能分辨出你的眼睛、手指和脚趾。

现在你已经在妈妈的肚子里待了三个月啦！你的头和整个身体比起来显得很大，居然占你身体的四分之一呢！真称得上是个"大头娃娃"。和前两个月比起来，你的内脏器官更发达了。

等到下个月，也就是你在妈妈肚里待到第四个月时，你的手纹和脚纹就会出现，而且胎毛也会布满全身。这时的你就会把大拇指伸到嘴里，尽情地吸吮了。当这个月快要结束的时候，妈妈就可以借助听诊器听到你那强有力的心跳啦！

第五个月时，你的嘴巴可以像扇贝一样一张一合，眼睛也会像星星一样一眨一眨的了——你瞧，你有多可爱！等到了这个月的月底，你的耳朵就可以分辨声音了。从这个月开始,你就和我们大人一样,睡眠和清醒都变得很有规律啦!

到了第六个月,你会变得更活泼,有时会蹬蹬腿,踹妈妈的肚子,就好像在练习散步一样,有时,你还会紧握拳头,用来抓脐带。幸运的是,脐带——这条你的生命线还是经得住你的"考验"的。这时,你的眼睛已经可以开合,并对光线做出反应。如果有特别强烈的光线照进妈妈的肚子里,你甚至可以用你的手来遮住眼睛。在这个月里,你的声带就已经发育完啦!

第七个月里,你的头发开始生长,眉毛和眼睫毛也出现了,手指和脚趾还出现了指甲;你的皮肤是粉红色而平滑的;你的肺也开始发挥作用了。

在妈妈肚里第八个月时,随着你的脂肪在身体里积聚,你看起来很丰满,没有原来那么多皱纹了。你的有力的踢动减少了,而扭动和摆动却增加了。你的大脑生长速度很快,肺部正在接近成熟。

第九个月时,你的体重和个头增长都很明显。因为妈妈的肚子里空间有限,你的活动空间就显得少了。在这个月里,你的视、听、触、味等感觉都已经健全啦!

到第十个月时,你已经成了一个"足月儿",一切就绪,就等着从妈妈肚子里出来了。

在你出生前,妈妈做过三次B超,虽然看得不太清楚,但是爸爸在屏幕中看到你时,心情还是格外激动的。你的身体里流着我的血液,你是我的宝贝,不管你是女儿还是儿子,爸爸都喜欢屏幕中那小小的你,喜欢你那可爱的样子! 爸爸爱你,爸爸渴望能够在你出生后的第一时间里,轻轻地抱你!

对你的样子好奇的爸爸

好爸爸有话说

　　孩子们往往会对自己在妈妈肚子里的这段经历感到好奇，非常想知道自己在妈妈肚子里时是什么样的，这是很正常的。当孩子提出"我是从哪里来的呀"这样的问题时，家长往往会感觉很尴尬，可能就会用"你是大街上捡来的""你是石头缝里蹦出来的"之类的回答来敷衍孩子。其实，面对这样的提问，家长可以试着用孩子更容易接受的话语，向孩子讲授科学的生理知识，也可以同孩子一起看看这类图书，或看看相关展览。我想当孩子将来问我她是怎么来的时，我会告诉她："爸爸、妈妈结婚以后，彼此特别相爱，都想要一个小宝宝，于是爸爸身体里名叫'精子'的种子，和妈妈身体里叫'卵子'的种子结合在一起，放在妈妈肚子里一个叫'子宫'的'小房子'里，这样就形成了一个小生命。这个小生命在'小房子'里慢慢成长，最后，在医生的帮助下，妈妈肚子里生出了小宝宝。这个小宝宝就是你呀！"这样解答，浅显易懂，很容易让孩子理解和接受，可以更好地满足孩子的好奇心和求知欲。

宝贝，你来啦

亲爱的宝贝：

今天是个平凡而又特别的日子。2002年3月20日，不是什么节日，可对我来说，却是一个比任何节日都重要的日子，因为那是你——我亲爱的女儿来到这个世界的日子。

这天早晨5点多钟，爸爸就紧张得睡不着觉了，因为昨天和医院约好，今天要带着妈妈去医院生产。预产期已经过了7天，你不该再待在妈妈肚子里，应该出生啦。

6点半，爸爸把医院医生为我们准备的蓖麻油拿出来，和鸡蛋放在一起炒了炒。医生说，这道菜有催生作用呢！在炒这道菜的时候，爸爸的手是发抖的，好紧张啊！

8点整，爸爸带着妈妈来到了妇产医院。医生、护士都已经准备好了。医生是最有经验的妇科主任医师，护士是爸爸所在报社同事的爱人。医院里人很少，几位助产士很熟练地完成了准备工作。看着他们胸有成竹的样子，爸爸感觉稍微平静了一些。

打过催生针后，妈妈开始生产了。可是让爸爸最害怕的事发生了：你的妈妈难产！只见妈妈疼得头上流出了豆大的汗珠。她紧紧地握着爸爸的手，不时发出惨叫，那是我们相识两年来我从未听到过的惨叫。爸爸又紧张，又担心，只能紧紧地握着妈妈的手，希望能通过我的手传递给她一些力量。爸爸知道，像她这样要强的女人，发出这样的叫声，一定是超过了忍耐的极限。

医生每隔十几分钟到产房里来检查一次，每次都说子宫口还没有打开，还要继续等。要等多久，没有人知道。爸爸看着、听着你妈妈在经历痛苦，却帮不上忙，爸爸真想替妈妈承受这种疼痛。

到下午4点时，冷汗已经让妈妈的全身湿透了无数次，妈妈的叫声已经非常虚弱。医生说，妈妈已经无法靠自己的力量生下宝宝了，只能为她做剖腹产手术——也就是用手术刀切开妈妈的肚子，把你从里面拿出来。

晚上5点，当听到"哇"的一声啼哭时，爸爸悬着的一颗心总算落了地。

从护士手中接过你这个小生命，爸爸真是百感交集。爸爸在心里对你说："欢迎你，我的小天使！"爸爸在心里对你的妈妈说："亲爱的，你辛苦了，你是我心中的英雄，我要用一生的爱去报答你！"

亲爱的宝贝，现在你应该知道了，妈妈生你有多不容易。希望你能珍惜这来之不易的生命，将来能够善待自己，善待你的妈妈，善待一切给你关爱的人……

爸爸希望未来的你，无论何时，无论身处何地，无论有多么忙，都不要忘记爱你那——伟大的妈妈！

爱你的爸爸

好爸爸有话说

　　父母生养儿女有太多的不易。父母对孩子的爱是无私、不图回报的，但这并不意味着就可以让孩子对父母不怀感恩之心。感恩之心是一种美好的感情，没有一颗感恩的心，孩子永远不能真正懂得孝敬父母、理解他人，更不会主动地帮助别人。教育孩子拥有一颗感恩之心，可以从多方面入手，但其核心就是"言传身教"四个字。家长平时要给孩子做好表率，带头孝敬父母，感谢他人。孩子妈妈做了晚饭，作为孩子爸爸，可以和孩子一同向孩子妈妈道一声辛苦。在家里如此，在外也是同样。在别人为孩子让座时，在他人帮助您搬东西时，在别人把东西借给您时，家长都应表现出应有的感恩之情，让孩子耳濡目染，养成习惯。

宝贝不哭

亲爱的宝贝：

　　昨天你和表妹珍珍玩牌时闹别扭了，你俩都非常生气。起因是，在你们玩牌时珍珍"耍赖"，还把你心爱的牌摔到地上，你一气之下推了她一下。结果你们把牌扔了满地。看到我过来，你们俩都哭了。爸爸当时了解完情况后，没有立即对你们的行为做出评判，而是问你们，假设刚才的事情可以重新来过，你们还会不会这样做？为什么？珍珍说："我会好好玩，不摔牌。"你说："我也不会去推珍珍。"你们都懂得了其中的道理，爸爸就没有必要再批评你们。爸爸告诉你们："我知道你们都喜欢开开心心地玩，都不喜欢带着怒气玩。下面就按照你们自己所说的，继续快乐地玩、友好地玩吧！"

　　爸爸认为，对于你们孩子来说，情绪智力至关重要，从某种意义上可以说，好情绪成就好智力，好情绪成就好人生。爸爸所说的情绪智力，主要是指你们孩子控制自己情绪的能力。从你出生开始，你就开始具有情绪智力了。在你满月前后，你就会微笑了；3～4个月时，你能做出愤怒、悲伤的表情；5～7个月时，会表现出恐惧、惊讶的情绪；7～12个月时，开始表现出依恋情绪；18个月时，骄傲、内疚、不安、同情这些情绪开始显现；到24个月时，你所有复杂情绪都能表现出来了。半岁到两岁半是情绪智力发展的高峰期。你的这些情绪对你的性格、你的人生会产生潜移默化的影响作用。

　　情绪有积极、中间和消极之分。积极的情绪会促进你的智力发展；消极情绪会阻碍你的智力发展。所以，爸爸平时注意引导你，教你学会调节自己的情绪，让你经常处于一种积极的情绪状态当中。

　　想让你具有积极的、愉快的情绪，爸爸、妈妈就得首先做好榜样，彼此和睦相处，让你每天生活在一个愉快的氛围当中。在这个氛围中，你能得到关心，得到爱护，得到尊重，得到平等……这会让你的性格更加阳光，行为更加向上。反之,如果你生活在一个爸爸、妈妈每天经常争吵的环境里,我的女儿,你可以想一想,那你会有什么样的情绪? 你是不是会感觉到不安、自卑、恐惧、烦躁? 这样的不良情绪久而久之就会影响你的心理健康。我亲爱的宝贝,你放心,爸爸不会给你这样不好的环境。

想要拥有积极的情绪,沟通是不可少的。爸爸一直鼓励你有委屈、有问题、有烦恼时,要多和爸爸、妈妈沟通,用语言把自己的情绪表达出来,而不是憋在心里。记得有一天,爸爸正在电脑前写作,突然发现你在房间里发起脾气来了。你躺在床上哼哼着,打着滚,撕扯着床单。我奇怪地过去问你怎么了,是哪不舒服了,还是什么事让你不开心,可是你什么也不说。爸爸知道,肯定有什么事让你不开心了。爸爸就问你妈妈刚刚发生了什么事。妈妈告诉我,刚刚让你背英语单词了。爸爸明白了,你的发脾气可能与背英语单词有关。爸爸就走到你身边,蹲下来,拉住你的小手,看着你的眼睛问你:"是不是感觉英语单词太难背了?"你"哇"的一声哭了起来。你告诉我,是你背会了,喊妈妈过来检查,但是妈妈一直在忙,没有过来。原来是这样! 爸爸耐心地告诉你,在这件事中,你应该多理解妈妈,因为她正在为我们一家忙着家务,很辛苦。在这种情况下,你想让妈妈检查你背诵的成果,不一定非要妈妈过来,你可以去厨房找妈妈,或者到书房找爸爸,而不应该采取打滚、哭闹的方法。你听了,点了点头。爸爸没有继续批评你,因为爸爸知道,在情绪消极的时候,哭是你发泄这种不良情绪的一种有效方式;而现在,你已经懂得了爸爸所说的道理,就不需要再让你进入那种消极情绪当中了。

爸爸还鼓励你多参加体育锻炼,用这种积极的方式来调适情绪。在你学习学累了、学烦了时,爸爸会和你一起出去打打羽毛球,踢踢足球,玩玩跳绳……这些运动,可以帮助你控制情绪冲动,发泄出不良情绪。

我们还会用游戏来调适不良情绪。比如,在你小时候,有一次,你因为一点小事发脾气了。看到妈妈哄不好你,爸爸就把你带到镜子前,让你看自己撅着小嘴的样子。同时,爸爸接连做出了微笑、大笑的表情,结果你马上被爸爸给逗笑了,你的消极情绪也被抛到了九霄云外。接下来,爸爸告诉你,微笑是天底下最美的表情,要比生气时的表情美上一千倍。有时,爸爸还会和你一起做"说表情"的游戏。我们从一些废杂志和报纸上剪下一些带有不同表情的人头像，然后一起来评价这些不同的表情给我们带来什么样的感受。最后，再用这些人头像编个能让人快乐的故事。爸爸发现，你很喜欢这个游戏，每次我们都是在欢笑声中结束这个游戏。

亲爱的宝贝，爸爸希望你在今后的生活中，经常保持一种积极的情绪，因为它会伴随你赢得幸福的人生！

你的快乐老爸

好爸爸有话说

当孩子因一些琐屑小事而跟父母闹别扭，大哭大闹时，家长可以具体情况具体分析，帮助孩子学会控制这种不良情绪，教给他们一些自我调节的方法。比如告诉他们，在不愉快时想想其他愉快的事情。告诉他们，当自己想打人时，就在心里暗暗说"不能打人"；想摔东西时，就在心里提示自己"不能摔东西"。家长应该多了解、多理解孩子，比如当孩子因为害怕上幼儿园而大哭时，家长应该认识到，孩子有这种害怕的情绪是正常的，不要因此而责备他，打骂他，而是应安慰孩子，告诉孩子："每个小朋友都会有你这样的感觉，但是上幼儿园其实一点儿也不可怕，相反还很有趣。害怕的心理就像一个外表强大，内心虚弱的怪兽，现在需要你像一位小英雄一样，用自己的勇敢和智慧去战胜它。"当孩子克服了恐惧，答应了您的要求后，您就可以通过拥抱孩子、亲吻孩子、对孩子微笑、表扬孩子这些积极的方式，让孩子体会到您的积极情绪，并且从您的言行中懂得自己该如何带着一种积极情绪去对待自己，对待他人。

做个交际小明星

亲爱的宝贝：

美国有位著名的心理学家，名叫卡耐基。他说过这样一句话：一个人事业之成功，30%取决于才能，而70%则取决于其交际能力的大小。你刚上幼儿园时，有些胆小、内向，开家长会时常常会紧张地抱着妈妈的腿不放。为了锻炼你的胆量，提高你的交际能力，爸爸花费了不少心思，采取了很多办法呢！

对你们孩子来说，玩是天性。爸爸鼓励你主动去和小朋友玩，因为这对培养你的交际能力大有帮助呦！在和小朋友做游戏的过程中，你要懂得分享，懂得谦让，懂得礼貌，懂得互助……如果做不到这些，你们的游戏就很难持续下去。在你3岁那年，有一次，邻居家的弟弟龙龙来家里玩，看见了你心爱的玩具遥控车，非常喜欢，你就和他一起玩了起来。你们把一些小斑马、小士兵放在车里，"嘀嘀嘀"地开着，玩得很开心。龙龙要走时，捧着玩具不肯放手，这下你可不干了，你俩就抢了起来。这时，爸爸就征求你的意见说："能不能把车借给弟弟玩两天？相信龙龙会爱惜它，不会把它弄坏的。今天你把玩具借给龙龙，以后龙龙有了好玩的玩具也会借给你呀！"你听了爸爸的话，点点头，把玩具递给了龙龙。而龙龙见你这样友好，也很大方地把自己带来的玩具——新买的变形金刚递给你说："给你玩这个吧！"接着，你们约好了彼此还玩具的日期。互借玩具的结果，让你们皆大欢喜。几天后，你们俩按约定彼此归还了玩具。由于都尝到了甜头，你们又开始了第二轮的"互借"。看！在游戏中，你用谦让换来了别人的信任和友谊，所以说，这是你的一次成功的交际活动。

交际能力，是指人与人交往的能力。想锻炼你的交际能力，就要多为你提供与人交往的机会。爸爸鼓励你自己到同学家、熟悉的邻居家和亲戚家去做客，与他们交往。串门做客，需要寒暄，需要问答，也需要物品的收送。与父母一道去,你不用应付,没有压力,应酬的主角是父母。当你一个人去时,你自己成了主角,一切都需要你自己来应酬,这会让你认真考虑该如何交际。爸爸还支持你把小伙伴们请到家里来。家里来了小客人后,爸爸会让你自己去接待,给你充分的机会,让你扮演一位热情好客的小主人的角色。

参加各种各样的活动、见识各种各样的场合,对提高你的交际能力也有很大的帮助。有时,爸爸会带着你去旅游、探险、参加夏令营,还会鼓励你多参加观看演出、参观展览、上台表演等活动,让你接触到更多的陌生人,让你在观察大千世界时开阔眼界,提高交际能力。

有人说,口语是社会生活的入场券,这话有道理。一个人如果连话都说不好,自然会影响交际的质量。相反,如果你的口才好,能做到话说得巧,答得妙,那你的交际肯定会更容易取得成功。爸爸平时经常会出些辩论题与你辩论。比如,有一次,爸爸提出,要和你一起辩论"当大人好还是当孩子好"这个题目。爸爸提出的论点是"当孩子好",因为孩子可以无忧无虑地玩,可以不用上班挣钱,可以得到长辈们无私的爱……而大人们却没有这样的待遇。听了爸爸的说法,你提出的论点是"当大人好",因为大人可以想买什么就买什么,可以跑得比孩子快,可以不用上学写作业……辩论中,爸爸故意提出一些不正确、片面的观点,让你据理反驳。最后,你建议说,辩论归辩论,其实我们应该都认识到,正确的观点应该是"当大人和孩子,各有各的好处,也各有各的不容易!"

为了锻炼你的口才,爸爸还利用起家里的电脑摄像头和家庭摄像机这些物品,让你在镜头前做主持人、讲故事,录下整个表演过程。每次录制完毕,看到录像中自己的表演时,你都会大张着嘴笑个没完,并且跃跃欲试,想要再录一段。爸爸这招儿既满足了你的表演欲望,又锻炼了你的口才,真可谓一举两得啊!

无私、诚实、谦让……这些良好的品格会为你增添更迷人的魅力,为你带来更多的朋友;骄傲、吝啬、自私……这些不好的品质会为你的魅力减分,让你失去朋友。爸爸鼓励你坚持那些良好的品格,远离那些恶劣的品质,要知道,只有这样做,你在小伙伴中才会具有吸引力。

　　我亲爱的宝贝，无论是在学校里，在亲属中，还是在邻居里，你都是受人欢迎的，都有很多大人、孩子喜欢你。希望你能把你的良好品格坚持下去，在人际交往方面，做一名真正受人欢迎的"小明星"！

在努力提高交际能力的爸爸

好爸爸有话说

　　"不和你玩了！""不玩就不玩！"这是孩子们做游戏时经常发生的对话。孩子们在游戏和交往过程中，经常会显得很不成熟，动不动就意气用事，"反目成仇"。在孩子之间发生纠纷的情况下，家长可以告诉孩子，与人交往要谦让、友好，要宽以待人。家长这时最好不要代替他们去处理矛盾，更不能充当孩子的保护伞，一味批评对方孩子，袒护自己的孩子，而应该鼓励孩子独立去处理问题，化解矛盾。要知道，孩子之间发生一些不愉快的争吵是一种正常现象，也许过不了多久他们便会言归于好。而家长的介入，有可能会把事情弄得更糟。况且，孩子经历一次纠纷，处理一次纠纷，便会增加一次体验，这对提高孩子的交际能力是很有好处的。

我能控制我自己

亲爱的宝贝：

今天爸爸翻看电脑中你小时候的照片，看到你3岁时扮演交警的那张，不禁勾起了爸爸脑海中的一段回忆。那张照片上，你一动不动地站在那里，扮演交警指挥交通，爸爸扮演司机在你面前通过。知道爸爸当时为什么会和你做这个游戏吗？爸爸当时是想提高你的自我控制能力啊！

在你3岁那年，你被爸妈从农村接回到大连。离开爸爸、妈妈已有一年多，爸爸、妈妈发现你变得每天从早到晚总是坐不住，有时还爱大发脾气。爸爸认为，孩子好动是正常的，好动说明你更健康、更活泼、更可爱，但是任何事都不是绝对的，在一些情况下你更需要静下来，比如读书时、画画时、吃饭时。至于你爱发脾气，原因应该是你对现在的新环境还不熟悉，缺少必要的安全感。我的女儿，你要知道，一个人要想在未来取得卓越的成就，实现自己的人生目标，就应具有控制冲动、抵制诱惑的能力，而这种能力是可以通过后天培养和教育来获得的。

为了培养你的自我控制能力，爸爸颇动了一些脑筋。爸爸知道，在你对新环境还不熟悉的情况下，你更需要爸爸、妈妈的关爱，更需要一种安全感。在这种情况下，爸爸不能对你过于严格，让你马上纠正好动的习惯，而是更加疼爱你、关心你，给你更多的陪伴、温暖和鼓励。爸爸不仅把你当成可爱的女儿，更把你当成自己的知心朋友。爸爸和你说话时，总是用平等和尊重的口气，让你感觉到是在和你商量，而不是在批评。"宝贝，你看这本书多有趣，如果静下来看，你会发现它更有趣。不信你就试一试。""你看你，刚才静静地看了这么久，真了不起啊！爸爸为你骄傲！"说完，爸爸吻吻你的额头作为奖励。有了爸爸的关爱和鼓励，爸爸发现，你开始努力改正自己看书、吃饭时好动的习惯了，脾气也小了很多。

　　你喜欢做游戏,爸爸就想办法在做游戏中提高你的自控能力。爸爸在这封信的开头说的扮演交警的游戏,就是爸爸琢磨出了锻炼自控能力的游戏之一。在游戏过程中,我们轮番扮演交警。比如扮演交警游戏。在爸爸扮演交警时,爸爸站在那里,身体一动不动,只可以用手臂来指挥方向。看了爸爸的演示,你很有兴趣,也学着爸爸的样子两脚牢牢地站在那里,指挥交通。开始时,你站十几秒钟腿就动了。渐渐地,你能站上1分钟、3分钟、5分钟……在快乐的游戏中,你的自我控制能力逐渐增强了。

　　此外,爸爸有时还会和你玩你喜欢的"木头人"游戏。随着一句"我们都是木头人,不许说话不许动",我们就各自摆个姿势一动不动了。看谁能坚持住到最后,谁就是胜者。有时,为了增加游戏的难度和趣味性,爸爸会不断地冲你做鬼脸,有时还会给你"挠痒痒",嘴里不住地说"笑一个"。你觉得这样玩是不是很有趣呢?

　　画画和看书都需要安静,而你恰恰是在这种情况下很难坐得住,爸爸就重点加强对你这方面的训练。因为兴趣是你最好的老师,爸爸就从培养你的兴趣入手,努力让你把画画和看书当作一件无比快乐的事。爸爸陪伴你,和你一起画画,一起看书,从中找出一些有趣的事一起分享。看《猪八戒吃西瓜》时,爸爸采用夸张可笑的语音、语调,呈现出猪八戒和孙悟空的对话,把你逗得哈哈大笑。在画画时,你看到爸爸为你展现出来的可爱卡通人物,听到爸爸的耐心启发,禁不住灵感迸发,绽开笑脸,挥笔作起画来。在你坐得住时,爸爸总会及时鼓励你,表扬你,让你尝到"坐得住"的甜头。

　　"认真做作业,仔细检查,不用爸妈监督!"这是你上小学二年级时写给自己的座右铭,这个座右铭就贴在你的书房里,每天激励着你养成良好的学习习惯。为自己制定座右铭是爸爸教给你的自我控制技巧之一。此外,爸爸还会经常与你一起讨论该如何提高自我控制力,听听你自己的意见;爸爸还会与你一起制定一些自我控制的家庭规则,请你对爸爸妈妈提出要求。记得你曾经在家庭规则中为爸爸提出建议"请不要玩网络游戏",爸爸当即下了决心,改掉了玩网游的习惯,为你做了个自我控制的榜样。

　　我亲爱的宝贝,爸爸希望你能做到该动则动,该静则静,"动如脱兔,静如处子"。只有这样，你才会实现综合素质全面发展，才会在学习和生活中感受到更多的快乐！

懂得控制自己的爸爸

好爸爸有话说

　　孩子们都希望得到大人的表扬和奖励。为了提高孩子的自控能力，家长可以对孩子表现好的行为适当夸奖，但在夸奖时应注意对事不对人。在竹竹4岁时，晚间总要爸爸多次提醒和催促才会去刷牙。有一天晚上，竹竹突然自己去卫生间刷牙了。我看到后马上表扬她说："你今天没有爸爸提醒，自己主动去刷了牙，真是太棒了！"竹竹听了很高兴，第二天、第三天晚上又主动刷牙了。为了提高孩子的自控能力，家长也可以对孩子做出承诺，做得好的话会给予其表扬和奖励。比如针对孩子注意力不集中的习惯，家长可以在孩子画画前，先和孩子商量好，能坚持画10分钟，就奖励其玩10分钟玩具。以后逐渐把时间增加到20分钟、30分钟。如果孩子能集中精力看书学习10分钟，就奖励其一朵小红花，攒够10朵小红花周末就会带其出去玩。家长在实施奖励时要注意的是，应尽量坚持精神奖励，避免直接奖励物质和金钱。

幽默的小家伙

亲爱的宝贝：

你是个非常可爱、非常幽默的孩子。每当看见你可爱的样子，爸爸就会露出幸福的笑脸；每当听到你那童言稚语，爸爸总会忍不住笑出了声。爸爸是个乐观的人，爸爸希望你也能像爸爸一样，为自己和他人带来欢笑，所以自你很小的时候起，爸爸就开始培养你的幽默感。

在你一岁多时，爸爸就经常和你做幽默训练游戏。爸爸有时会抱着你，把你轻轻抛起来，又接住，让你体会"飞"的有趣感觉。你知道爸爸是在跟你闹着玩，每次玩时，你的小脸上总会泛出欢笑。在你开始学步时，一不小心摔倒了，爸爸不会急忙上前扶你，而是会冲你做个鬼脸，鼓励你自己爬起来。每当这时，你往往会被爸爸有趣的表情逗得呵呵直笑，而忘了因摔倒的疼痛而哇哇大哭。

要培养你的幽默感，爸爸首先要懂得幽默，要懂得和你一起欣赏幽默。在你两三岁时，爸爸开始给你读幽默轻松的笑话故事。这些幽默有趣的小故事不仅能使你在轻松愉快的氛围中喜欢上阅读，还能潜移默化地培养你的幽默感。爸爸在为你讲马克·吐温的《竞选州长》时，你时不时地被爸爸逗得哈哈大笑。"有人教唆9个刚刚在学走路的包括各种不同肤色、穿着各种各样的破烂衣服的小孩，冲到一次民众大会的讲台上来，紧紧抱住我的双腿，叫我做爸爸！"当爸爸讲到这句时，你对爸爸说："爸爸，我不让你去竞选州长，不然将来就会有9个孩子来和我抢爸爸了！"你瞧，你有多幽默！

到了4岁左右，你特别喜欢玩"过家家"。当爸爸发现你和小伙伴们正在快活地扮演王子和公主时，爸爸总会为你们的游戏创造条件，有时爸爸自己还会参与进来，扮演一个你们都不爱演的坏蛋角色。爸爸扮演的大灰狼经常会用自己滑稽的动作和语调逗得你们哈哈大笑，你也经常会用自己幽默的表演为大家带来快乐。一天晚上,在和爸爸做游戏时,你把爸爸皮衣上的毛领卸了下来,用细绳绑了,看上去就像一个毛茸茸的动物。接下来,你把毛领放在倒放的小凳子里,在上面盖了条毛巾当作被子。你一边拍着"小动物"一边说:"我以为我能生出个小孩呢! 结果生了个小企鹅。虽然这样,我也不会扔掉你,因为你是我生的。"你可真是太逗了!

待你长到五六岁时,爸爸开始鼓励你学习猜谜、歇后语,甚至鼓励你自编一些简单的谜语和歇后语。每当读起"张飞穿针——大眼对小眼""猪八戒吃猪蹄——自残骨肉"这类歇后语时,你总会带着微笑,很享受地去读、去说。看谜语看得多了,自编谜语便成了你的拿手好戏。爸爸陪你编谜语时,经常是即兴发挥,看到什么,就编个相关的谜语。当爸爸给你出的题目是"电视"时,你想了想,便顺口编道:"一个方匣子,里面能出人。看时要插电,关了人就闪。"多有趣的谜语啊! 爸爸真为你的幽默感到自豪!

你是个非常纯真的孩子,你的纯真恰恰也是一种幽默。一个周日,你在奶奶家一边吃苹果一边玩。苹果吃到一半时,你凑到正在织毛衣的奶奶旁边,把苹果向织针上靠,让织针在苹果上扎出一个个小洞。奶奶对你说:"织针是铝做的,把铝吃到肚里是会变傻的。""那我不吃了。"说着,你把苹果递给了奶奶。见奶奶吃了一口,你想试试奶奶是不是变傻了,便对奶奶说:"奶奶,我考你啊! 5加6等于几?""等于11。"奶奶说。"对,"你奇怪地说,"奶奶,你怎么没傻啊?"听了你的话,一家人都笑了起来。

还有一天晚上,爸爸在墙角发现并处死一只蟑螂。第二天放学后,你担心地对爸爸说:"爸爸,我第一怕狗,第二怕蟑螂,怎么才能让家里没有蟑螂啊? 爷爷有没有把蟑螂的洞堵死啊?"就在我和你爷爷在一起商量如何对付家里的蟑螂时,你对我们说:"我倒有一个好主意。拿一个苹果,里面放上毒药,再放在地上,让蟑螂吃,这样不就把它们毒死了吗?"看来你是受到了《白雪公主》这个故事的影响。"是个好办法,就是费苹果。"爸爸说。"香蕉也可以啊,家里有什么水果就用什么水果。"你得意地说。这时,你爷爷说:"蟑螂一般在晚间出现,晚上在报纸上撒些药,第二天早晨再把报纸扔掉,这是个办法。""可是——蟑螂不爱看报纸。"你突然蹦出这句话,逗得平时不苟言笑的爷爷也哈哈大笑起来。

俄国文学家契诃夫说过："不懂得开玩笑的人,是没有希望的人。"在现实生活中,幽默可以淡化人的消极情绪,消除沮丧与痛苦,舒缓紧张气氛,更能带给自己和别人喜悦和希望。我的好女儿,爸爸希望你在今后的日子里能再接再厉,笑口常开!

乐观的爸爸

好爸爸有话说

一天晚上,竹竹要到外面去玩,妈妈不放心她自己出去,就告诉她稍等一会儿,等自己把家务做完后一起出去。看妈妈在厨房里半天也没出来,竹竹撅着嘴说:"妈妈,我自己出去没关系。别总以为我是两岁小孩,我已经五岁啦!"孩子的童语稚语就是幽默!作为家长,可以鼓励孩子去热爱生活,去用心感悟生活,去说自己的心里话。其实,幽默在生活中无处不在,只是我们常常缺乏发现幽默的眼睛。如果家长平时能注意培养孩子对事物的洞察力,鼓励他们用自己的视角去看世界,不因循守旧,就能帮助其迅速地抓住事物的本质,使用恰当的比喻、诙谐的语言,为他人和自己带来轻松和愉悦。

懂得感动的宝贝

亲爱的宝贝：

　　圣诞节前,爸爸发了个电子贺卡给妈妈。看到贺卡上有憨态可掬的圣诞老人和漂亮的圣诞礼物,你既喜欢又好奇,非要让爸爸念念贺卡上的文字内容。在圣诞音乐那舒缓的旋律中,爸爸有感情地念起了送给妈妈的祝福语。结果爸爸还没念完,你就眼泪汪汪地说:"爸爸,太让人感动了,我都要哭了!"爸爸、妈妈先是一愣,接着都哈哈大笑起来。

　　感动是一种情感的自然流露,是一堂无声的教育课,是一道心灵的滋补汤。对于你们孩子来说,让你们懂得感动、体会感动特别重要。但是,爸爸发现,如今很多孩子并不懂得感动。对此,家庭、学校和社会都有责任。爸爸决心为你上好感动教育课,在平时的生活和学习中注意培养你的感动意识,让你在潜移默化中懂得感动,健康成长。

　　爸爸周五下班回到家后,为你带回了3本精美的迷宫书。当你看到这些书时,高兴得两眼放光。你和爸爸高高兴兴地玩了一会儿走迷宫后,突然问:"爸爸为什么不给自己买书啊? 为什么过去你给自己买了那么多书,现在不给自己买书了?""如果需要的话,爸爸也会为自己买书。爸爸为你买书比较多,是因为你现在更需要多看书,爸爸要把钱花在自己认为更重要的地方。"你说:"爸爸,太感谢你了,你太让我感动了!""现在有不少孩子都认为爸爸妈妈节衣缩食地为自己买东西是应该的,天经地义的,他们缺少一颗感恩的心。可你就不一样了,你懂得感动,这对你来说,是一笔宝贵的财富。"爸爸这样表扬你,肯定你,是想让你感受到你这种意识的可贵啊!

　　爸爸很注意像这样在日常生活中让你懂得感动。爸爸告诉过你,感动是在你烦恼时得到一句安慰话;在你高兴时得到的一句祝福;在你运动摔伤时有人过来搀扶;在你饥饿时妈妈为你送来饭食……感动可能是一些我们看起来微不足道的小事,但这些小事就像一杯热果汁,让人感觉温暖,让人感到甜蜜。用嘴说出来的不见得是感动,用心品出来的才是感动。

在圣诞节晚上,妈妈在检查你的作业时,发现你把老师新发的试卷弄丢了。吃过饭,妈妈和你一起去同学家借来试卷,便开始抄写起来。这张数学试卷,每道题都由很多图案组成,妈妈又是个很认真的人,结果仅抄写试卷就用了两个小时。看着妈妈抄完的试卷,你感动地说:"这卷子抄得真像印的一样啊!真让人感动!"亲爱的宝贝,今天你看到了妈妈的付出,你会感受到妈妈的爱,同时也应记得做事要认真,要细致,要懂得尊重他人的劳动。如果你能记住这些,那妈妈的付出就没有白费。

爸爸经常为你讲一些感人的童话故事,因为童话故事中蕴藏着大量与感动有关的宝藏。爸爸还建议你,把别人对你的好刻在石碑上,对它永记不忘;把别人对你的坏写在沙滩上,让它随浪而去。

亲爱的宝贝,只要你用心去体会,就会发现,感动无时不在,无处不在!

懂得感动的爸爸

好爸爸有话说

有人说,有感动的心灵才是年轻快乐的心灵,有感动的人生才是幸福甜美的人生。作为家长,应该让孩子从小就学会感动,展现出人性善与美的一面。您可以引导孩子去观察自然,这有利于培养孩子健康的审美观。引导孩子从日出日落、山川树木、花鸟鱼虫中发现美,欣赏美。"只是近黄昏"的夕阳、"到死丝方尽"的春蚕、"报得三春晖"的花草、"凌寒独自开"的寒梅……不都蕴含着令人震撼的感动吗?只有孩子拥有一颗感动的心,才能从中欣赏到真正的美,品尝到自然之美的真谛。在我们的大自然中蕴藏着无穷的能够启迪孩子心智的"感动源泉",只要家长注意引导孩子以一颗感动的心去观察、去感悟,孩子就会从中发现美、欣赏美、创造美。

你是一个"孩子王"

亲爱的宝贝：

我们住的小区很特别,二楼中央有个很大的花园,为这个楼里的孩子们在一起快乐玩耍创造了良好的自然条件。在这个小区里,有很多年龄和你相仿的孩子,平时你们经常在一起玩。而你,因为总有许多新奇的点子,自然会把不少孩子吸引到你身边,俨然一位"孩子王"。在培养你的领导能力方面,爸爸也做出了一些尝试。

爸爸知道,要培养你的领导能力,首先要鼓励你,帮你建立起战胜困难的决心和自信心。在你刚学走路时,你跟跟跄跄、歪歪扭扭地走到爸爸面前。这时,爸爸会给你一个拥抱、一个吻作为奖励,让你品尝到胜利的滋味。在你3岁时,有一次,我们一起打羽毛球。你挥着小球拍,打得很用心,但因为刚学,接连9个球都没有打到,这让你有些不开心。但爸爸一直面带微笑,用眼神鼓励着你。终于,第十个球被你接到了! 爸爸跑到你身边,拥抱着你说:"看! 爸爸就知道你这么努力,早晚能打到球。像你这么大的孩子打这种球确实有难度,但你通过努力,现在已经能接到球了,很了不起。爸爸真为你感到骄傲! 如果能继续努力的话,你会打得更好的!"爸爸的鼓励增强了你的自信心,你的打球热情也被调动起来,继续锲而不舍地和爸爸玩了起来。

有领导能力的孩子首先得是个有理想,有目标的孩子。谈到你的理想,你3岁时的理想是当哪吒,那是因为哪吒可以行侠仗义,打败坏人。很好,这个理想源于你的正义感。后来,你的理想变成了羽毛球教练,你说你要为国家培养出世界冠军。这个理想源于你的国家荣誉感。再后来,你的理想变成了创办自己的公司,出版许多的卡通书和动画片。这个理想源于你对卡通和绘画的爱好。不同的年龄段会有不同的理想,随着年龄的增长,理想在逐渐调整,这很正常。不管你有什么样的梦想,不管这个理想能否实现,爸爸都不会去泼你的冷水，只会支持你、鼓励你朝着自己的目标努力。

在游戏中也可以培养你的领导力。爸爸在和你做游戏时，会建议你为自己设立一个领导角色，然后我们一起玩角色扮演游戏。有一次，你说你要扮演本市市长。爸爸告诉你，作为一位市长，首先应该学会微笑，每天友好地同上司、下属、市民、外宾打招呼；同时，作为一位市长，还应该敢于在人多的场合说话。受到爸爸的启发，你在和小朋友们做游戏时，微笑着和你的小伙伴们打着招呼，"珍珍你好！""那位美女不是婷婷吗？你也来了，欢迎你！"小伙伴们都被你逗得哈哈大笑，眼睛紧紧地盯着你，看你接下来要说什么。"各位来宾大家好，我是大连市市长葛嘉竹，下面我来向大家介绍一下我的家乡大连！""哇！"小伙伴们一阵惊呼，他们都为你的想象力而惊讶！"说到我的家乡大连啊！我有好多话想要和你们说。你们知道吗？我们家乡有很多很多的特产，有鲍鱼、有海参、有扇贝、有海螺……好吃极了！另外，家乡的苹果、大樱桃这些水果也很好吃哟！我们大连还有很多好玩的地方。要是你们想去玩，我可以带你们去老虎滩、星海公园、发现王国……陪你们玩个够！怎么样？你们想来看一看吗？"听了你大大方方的介绍，大家都不由自主地鼓起掌来。爸爸知道，你的积累来源于前些天你写的作文，你恰到好处地运用了作文里面的内容。

爸爸经常鼓励你和小朋友们一起玩这样的角色扮演游戏。但是，爸爸告诉过你，在游戏中要做到公平和无私，让大家都有参与扮演自己喜欢角色的机会，只有这样，才能调动起小伙伴的兴趣，才能让游戏继续进行。比如说，在你扮演完市长过后，要允许其他小朋友扮演省长、警察局长、歌星或总经理等角色。在游戏中，爸爸建议你不要通过让别人吃亏来满足你自己的愿望。在与别人意见不一致时，应学会妥协，学会提出新的游戏方法来解决问题。伙伴们只有在游戏中得到你的尊重，感受到了快乐，才会拥护你的建议。否则，如果你只顾自己感受，他们就会感觉你太自私，就可能对游戏失去兴趣，最终离开你，或孤立你。

领导者在挫折面前应该有百折不挠的精神。所以，爸爸告诉你，无论做什么事，都要敢于探索，不要怕遇困难，怕出错。遇到了困难、出了错，都不要紧,只要想办法克服困难,改正错误,就会越做越好。你在舞蹈课上做一个动作时,做得不太标准,而你恰恰又是领舞,这会让你心情很郁闷。这时,爸爸建议你说:"没关系,只要课后再练练,就能做好。你一定会是个最棒的领舞者!"你点点头同意了。回到家里后,你认真练了两个晚上,终于掌握了要领。第二天上舞蹈课时,老师看到你做出的舞蹈动作,大吃一惊,好奇地问你是怎么做到的。下课后,你兴奋地拉着爸爸的手说:"我成功了!"

我的女儿,想起你站在排头吹着哨子带领孩子们齐步走的样子,爸爸的脸上就不自觉地露出微笑。你有很好的领导能力和组织能力,这是你未来的财富,希望你能珍惜!

佩服你的爸爸

好爸爸有话说

每个孩子都是天才!每个孩子身上都有自己独特的闪光之处!作为家长,应该为孩子创造机会,让他们在自己擅长的领域展示自己,找到自信,这样才能提高他们的领导力。孩子有体育潜能,您可以让他多参加足球、篮球、排球这些体育运动,让他们成为运动场上的参与者,积累经验和能力,逐渐成长为运动场上的主导者。您的孩子可能没有机会当班长、学习委员,但是如果他们有舞蹈天赋,则可能会成为舞蹈队的领舞者;如果他们有写作天赋,则可能会成为让人羡慕的在报刊发表作文的学生;如果他们有科技天赋,则可能会成为凤毛麟角的能申请专利的学生。孩子在其擅长的领域内取得的成功,将会激发他们的兴趣,增强他们的信心,为其将来成为一名领导者创造必要的条件。

2 好方法 成就好智商

HAO FANGFA
CHENGJIU HAO ZHISHANG

智商（IQ）是指人们认识客观事物并运用知识解决实际问题的能力。主要包括观察力、记忆力、想象力、分析判断能力、思维能力、应变能力等。家长如能掌握一些实用的好方法，对提高孩子智商会大有帮助。

扮演警察锻炼记忆力

亲爱的宝贝：

还记得爸爸在你三四岁时和你做的那些训练记忆力的游戏吗？你是不是感觉它们很有趣呢？下面爸爸就和你来回忆一下那段日子吧！

爸爸知道，记忆是你知识的宝库，有了记忆，你的知识才能不断积累，智力才能不断发展。如果没有了记忆力，那你每次走在街上见到汽车都会问爸爸这是什么东西；每次看见"一"字都要问爸爸这是什么字；每次见到妈妈都要问"你是谁"……你说，这是不是很可怕呀？当然，爸爸说得比较夸张，除非患了失忆症，否则人们是不会达到这个程度的。爸爸想要和你说的是，记忆力对一个人来说太重要了，它对人们的学习、工作和生活都具有重要的作用。

看一个人记忆力好坏，不但要看他记东西的速度快慢，要看他记忆保持的时间长短，还要看他记忆的东西在脑海中重现时是不是正确。4～7岁是一个人记忆力发展的关键期。一般来说，4岁时人的记忆力的增长速度开始加快，6岁时达到顶峰，之后增加的速度逐渐减缓，9岁后记忆力的增长幅度只有6岁时的三分之一。所以，爸爸在你三四岁时就开始注意对你的记忆力进行训练了。

爸爸根据你的兴趣，用了许多办法来训练你的记忆力，这些方法并不会让你感觉枯燥，相反，每次训练时你都会感觉很有趣。

爸爸有时会和你玩"警察和长官"的游戏，由你扮演警察，由爸爸扮演长官。爸爸有时会向你布置一项任务，比如让你仔细观察路上遇到的一辆样式别致的汽车，记住它的样子，回家后就把它画出来。还有，上楼梯时，爸爸对你说："警官小姐，请你数一数，从1楼到5楼的楼梯共有多少级台阶，晚上把答案告诉我。"每次玩这类游戏时，你都会很兴奋，总会记得又快又牢。

很多游戏都可以训练你的记忆力呢！比如爸爸经常和你一起玩的"成语

接龙"比赛、朗朗上口的拍手歌游戏、复述童话故事游戏、猜谜语游戏,都是能锻炼你的记忆力的趣味游戏。爸爸有时还会和你玩"传话"的游戏。在这个游戏中,爸爸会编出一段话,里面包括"时间、地点、人物、起因、经过、结果"这些要素,告诉你记住后,再完整地把这段话说给妈妈听。"这些天太热了。明天晚上6点,我们一家三口去海边玩,记住带上竹竹的泳衣、泳镜。晚饭我们就在外面吃吧!"还记得吗? 当你完整地向妈妈说出这些内容后,妈妈还高兴地夸你真棒呢!

爸爸还引导你掌握记忆的小窍门,把要记的内容分门别类来记。爸爸经常和你玩的记识字卡片的游戏,是要求你在规定的时间内说出卡片上的字词。摆在你面前的字词是杂乱无章的,但是你把它们分类后就会发现,它们分别属于"蔬菜""水果""衣服""家电""交通工具"等几大类,按类别来记,你就会感觉它们不再杂乱,好记多了。

联想是记忆最好的朋友。在你记东西的时候,如果能够充分展开联想,就会让你记得更快更牢。比如在你刚刚学数字时,爸爸指着一个个数字,让你仔细观察它们的字形,并展开联想,"1是不是像支铅笔? 2是不是像个小鸭子? ……"根据你的联想,再背"1像铅笔细长条,2像小鸭水上漂,3像耳朵听声音,4像小旗随风飘,5像鱼钩来钓鱼,6像豆芽咧嘴笑,7像镰刀割青草,8像麻花拧一遭,9像勺子能吃饭,0像鸡蛋做蛋糕"这个口诀,结果你很快就记住这些数字了。

爸爸还告诉过你,记忆不能只用眼睛看,还需要用耳朵去听,用嘴巴去说,用手去指,有时还需要用鼻子去闻。就是说,记忆需要调动起你身体上能调动起的每个感官,这样记忆效果会更好。你喜欢画画,在你背《静夜思》这首诗时,爸爸建议你用图画来表达诗的意境。于是你在纸上画了诗中提到的"床""地""明月"等内容。你看着这幅画,指着画中的一个个关键符号,对照着读出诗句,优美的诗句连同它的意境就会深深地印在你的脑海当中。

不同时间学的东西,记忆的效果也不一样。研究表明,人在入睡前学的东西记忆效果最好,这是因为在睡前学习时,外界干扰少,记忆可以得到更好地巩固。因此,爸爸很注意在你睡前为你讲故事、读诗词,让这些经典的知识能够在你的脑海中留下深刻的烙印。实践证明,让你记得最牢的那些三国故事、岳飞传故事和哪吒传奇故事,都是爸爸在睡前给你讲的。

在没有更好的记忆技巧和方法时,就只能采用最直接的方法了,那就是反复记。明朝有位记忆力很强的人名叫张溥,他锻炼自己记忆的方法是:一篇文章,先读一遍,再抄一遍,如此反复7次,然后烧掉。经过长期锻炼,最后他终于成为学识渊博、记忆力超强的学者。你们孩子因为记忆保持的时间短,就更需要靠经常记、反复记,来巩固你的记忆了。

你的记忆力很棒,爸爸希望你能继续努力,加强锻炼自己的记忆力,做个博闻强记的孩子。

喜欢回忆的爸爸

好爸爸有话说

对于儿童来说,他们更容易记住形象的东西,很难记住抽象的东西。比如他们会很容易地记住"大马""房子""铅笔"这些代表生活中形象物品的词,却很难记住"朝气""道德""挫折"这些抽象的词。所以,您在训练孩子的记忆力时,如果孩子想认识某种东西,您应该及时告诉他们这些东西的名称、特点,让他们在脑海中把这种东西和它的名称建立起密切联系。待这种联系巩固起来后,孩子日后看到相应的词语,就可能会打开记忆的闸门,想起和词语对应的那样东西的具体信息,记忆的效果也就显现出来了。同时,您还可以借助具体、形象的事物来锻炼孩子的词语记忆能力,如借助幼儿读物精美的图画来帮助孩子识记。尽量不要强迫孩子去记忆那些抽象词语,因为缺少形象事物的支撑,孩子很难理解其含义。如果让孩子的记忆过程变成痛苦的体验,可能会事与愿违,让孩子因此失去对记忆训练的兴趣。

你想象中的笨笨猪

亲爱的宝贝:

爱因斯坦说过:"想象力比知识更重要,因为知识是有限的,而想象力概括着世界上的一切,推动着进步,并且是知识进化的源泉。严格地说,想象力是科学研究的实在因素。"由此可见,想象力对一个人来说有多么的重要。我的女儿,让爸爸引以为自豪的是,你的想象力非常丰富,这一点从你做的游戏、画的画和写的作文中都看得出来。

为了开发你的想象力,爸爸非常注意采取各种方法对你的想象力进行训练。画画是训练想象力的一个好方法,爸爸会经常和你一起画画。爸爸对你的画,并不追求画得多么像,而是鼓励你想得有多么好。当你画出一个圆时,爸爸会启发你,问你都有什么东西是圆的,并鼓励你按自己的想象去画,结果,你画出了皮球、太阳、镜子……待你四五岁时,你已经能画出更复杂些的图案,而且画出的人物、动物还颇有些情趣、韵味。这时,爸爸经常注意和你交流,鼓励你画出心中的故事。看过动画片《小英雄哪吒》,爸爸对你说:"哪吒这么可爱、勇敢,如果能画出一幅四联画,把他的故事画进去,那该多有意思啊!"你听了,立刻来了精神,找来纸笔,认真地画起来。很快,一个哪吒打败恶魔石矶的故事就被你用四幅连环画给表现出来了。唱歌的小鸟、动物运动会、美丽的家乡……你的每一幅画里都寄托着丰富的想象。

如果说,爸爸为你讲故事、编故事,可以很好地开发你的想象力,那么,让你自己来编故事,则可以让你的想象力得到更好的发挥。爸爸在为你讲故事时,经常会给你留下些悬念,让你去想象后来发生了什么,续编这个故事。在你7岁时,有一天,爸爸在讲完自创的童话故事《胆大兔子胆小狼》后,让你也来编个故事。让爸爸没想到的是,你受爸爸的启发,竟然编出了一个完整的童话。在这篇题为《笨笨猪与聪明兔》的童话中,你是这样写的:

在很久很久以前，有一只叫笨笨猪的小猪。他和聪明兔是好朋友。

有一天，他们在一起玩时，笨笨猪不小心摔倒了。原来是飞天老虎推的。飞天老虎把他和聪明兔拉走了。小猪非常害怕。那只老虎好像看懂了他的心思，飞得更高了。小猪不知道老虎要把他带到什么地方去。

等到落到地上，笨笨猪对聪明兔叹了口气说："终于到了！"笨笨猪一不小心摔了一跤，给他疼得嗷嗷直叫。聪明兔说："笨笨猪你可真是笨啊！"

飞天老虎把他们带到了一个很安静的地方。他们非常害怕。突然，他们看到前方有个很大的红宝石。"听猴村长说，以前有一只像猫又像虎的动物，名叫飞天老虎，本事特别大，可是他最怕这种红宝石。"聪明兔说。

他刚说完，飞天老虎就开始进攻了。看见飞天老虎扑过来，小兔连忙拉着小猪闪开了。飞天老虎再次进攻，这次他发出一个大大的火球，射向小猪。小猪没躲过去，倒在地上。聪明兔猛地拿起红宝石。红宝石发出一道红光，飞天老虎看见宝石很害怕，大叫一声，逃走了。

聪明兔和笨笨猪终于脱险了。

你的故事虽然看上去很幼稚，但对于一个7岁孩子来说，已实属不易。此后，在爸爸的鼓励下，你竟然又续写了6篇，每篇都极富想象力。

游戏是开发想象力最好的活动。爸爸经常鼓励你玩，并且玩出花样。在玩的过程中，你会扮演不同的角色，会动脑解决游戏中遇到的问题。爸爸还注意从我们生活中看到的一些情景引导你进行想象。晚上从幼儿园接你回来时，爸爸会问你："看，天上的云多美，你感觉它像什么呢？""真像棉花糖，我都要流口水了！""嗯，说得真好。还像什么？""那朵像绵羊，那朵像白马，那朵像狮子，那朵……"你的想象力像打开闸门的洪水一发不可收。

亲爱的宝贝，你的想象力很丰富，这是你的财富，是靠你的努力得来的。希望你充分利用它，用它来帮助你创造出美好的未来！

想象力很强的爸爸

好爸爸有话说

　　作为家长,我们应该给孩子自由的空间,包括思想上的、行为上的,鼓励孩子"异想天开",不要限制孩子的思维,更不要扼杀孩子的想象。我们过去的教育往往很死板,在孩子画画时,直接告诉孩子天就是蓝的,太阳就是红的,草就是绿的。其实很多家长不懂得,孩子在上颜色时,自有其想象和道理。我的女儿曾画过一个绿色的太阳,这个绿色的太阳手里拿着一个喷壶,正笑眯眯地在向下面喷水。我笑着问她为什么画一个绿色的太阳? 太阳浇水做什么? 她告诉我:"妈妈正在太阳底下干活,真辛苦! 我画一个绿色的太阳,妈妈就不会那么热了。我画太阳浇水是想让小花和小草都不会太干旱,都能喝得饱饱的。"我听到孩子的解释,很感动。这就是孩子的思维。所以说,当孩子在画画时,即使把天空画成粉红色的,把树木画成红色的,您也不要大惊小怪,更不要去纠正他。您的纠正很可能会扼杀了孩子想象的天性。试想,如果我在孩子画了绿太阳后,不去问她为什么这样画,而是简单地纠正她,告诉她不应该这样画,那么孩子的想象之火很可能就被我熄灭。在她向我讲了自己的想法之后,我马上对她给予鼓励和表扬,这对她是个鼓舞,有助于她今后在画画过程中有更多的想象和创新。现今的社会,需要的是那些具有创新意识和能力的人,而想象是创新的基础。创新的培养应该从孩子做起,从开发孩子的想象力做起,从现在开始!

你有一双会观察的慧眼

亲爱的宝贝：

你有很强的观察力，这让爸爸很是自豪。

"观察力"是学习和生活中最基础的能力，它可对一个人的学习、生活起着关键的作用呢！所以，爸爸一直认为，从小培养你良好的观察力，是帮助你走向人生成功的基础，更是爸爸义不容辞的责任。

在你处于婴儿期时，爸爸就开始培养你的观察力了。那时爸爸主要是为你创造条件，给你一些视觉、听觉的刺激。比如在你的小床周围贴上一些色彩鲜艳的图画，让你听一些轻缓悦耳的音乐。在你会爬、会走后，爸爸很少限制你的活动，只要没有危险，就让你四处看看、摸摸，让你更多地了解这个新奇的世界。在你两岁以后，爸爸就开始有意识地引导你观察事物。比如带你到外面玩时，教你识别不同类型的车辆，并鼓励你发现这些车之间的区别。

兴趣是你最好的老师。如果你对一件事不感兴趣，爸爸硬逼着你去观察，那是不会收到良好的观察效果的，所以爸爸很注意培养你观察的兴趣。你很喜欢小动物，爸爸就经常和你一起观察它们。一天，我们在小区里散步时，爸爸看到花坛边有一些蚂蚁在爬来爬去，就招呼你一起蹲下来观察它们。"咦？它们在干什么呢？"爸爸好奇地问你。"是不是在找食物？"你对爬来爬去的蚂蚁也有了兴趣。"嗯，有可能！"爸爸赞赏地说。"书上说，蚂蚁需要靠气味来找到回家的路，但是书上说的也不见得全对，我们来亲自试试好吗？"爸爸提出建议。"好！好！"你拍着手说。接着，我们就开始用手指在蚂蚁周围的地上画了一个圈，看蚂蚁会不会迷失方向，结果发现，蚂蚁真的晕了。不过，经过短暂的犹豫后，它还是找到了前进的方向。通过这次观察，你对蚂蚁有了兴趣，还因此喜欢上了《昆虫记》这本书，平时在小区里看到各种各样的昆虫，你都喜欢观察上一会儿。

在你有了观察兴趣之后，爸爸还会创造条件，开阔你的观察视野。爸爸会带你到山上看花开花谢，叶绿叶黄；会带你去海边，观察潮起潮落，海鱼海鸟；会带你去大街上，观察行人百态，车水马龙……为了培养你的观察力，爸爸还先后在家里养过花、鱼、小鸡等动植物，培养你良好的观察习惯。

由于你还小，还不懂得该观察什么，如何去观察，爸爸就会注意教给你一些观察方法。"观察应该是按顺序，有条理的，同时观察并不只是眼睛的事。在观察时，应该把眼睛、鼻子、嘴巴、耳朵、手这些器官都调动起来。冬天，我们在山上观察雪时，雪看在眼里，是纷纷扬扬的，整个世界是白皑皑的。雪听在耳中，是人们踩在雪地上的"嘎吱"声，是雪从松枝上掉落的"啪啪"声。雪落到手上，感觉是轻轻的，凉凉的。伸出舌尖舔一舔雪花，有点凉，又有点淡。雪地里，嗅一嗅，松树那特有的香气扑鼻而来，能让人闻到冬的味道。我们这样去观察事物，会调动起视觉、听觉、味觉、触觉以及嗅觉，所以我们观察到的景物是立体的，把它写出来也是立体的，就像是一部三维电影，而不像是一张薄薄的照片。

观察是一件很有趣的事。为了锻炼你的观察力，爸爸还为你买了很多有趣的书。书店里有很多"走迷宫""找不同""比大小"这类的书，都可以让你在快乐游戏中提高观察力。

经过这些年对你观察力的训练，你的观察力变得更强了。你良好的观察力让你的图画变得更有趣，让你的作文变得更生动了！前些天，你写了一篇作文，名字叫《我的小花花》。从这篇作文里，能看出你良好的观察能力。在这篇作文中你是这样写的：

去年，我过生日那天，妈妈给我买了一只小鸡。它身上的软乎乎的绒毛被我涂得花花绿绿的，所以我给它取名叫花花。小花花的眼睛看起来特别有神，就像一颗漂亮的水晶宝石。

有一天，我带花花去文化广场玩。我刚把装着花花的盒子放下，它就冲出了盒子。我怕它走丢，就一直跟着它。它摆着头，那圆圆的眼睛一直盯着地上的沙粒和小虫子。嘴里"叽叽"直叫，好像在说："你走，你走，我要自己玩!"看见它冲进了草坪,我心里有些着急,也想冲进去,把它抱出来。可是看了保安叔叔那警惕的眼神,我想,我可不能乱踩草坪。怎么办呢? 我挠挠头,突然想出个办法,我假装不管花花了,自己向前走去。这次花花害怕了,它大概是怕自己走丢吧! 很不情愿地跑了出来,跟我走了。

我的小鸡可爱吧? 我爱它!

对于一名小学一年级的孩子来说,能写出这样的作文已经相当不错了,爸爸惊讶于你出色的观察能力! 爸爸相信,只要你用好那双善于发现的眼睛,就会取得更多让爸爸惊叹的成绩!

爸爸相信你!

观察力也很强的爸爸

好爸爸有话说

　　人的大脑所获得的信息,绝大多数是通过眼睛和耳朵吸收进来的。因此有人说,观察是智力活动的门户。您在让孩子懂得观察重要性的同时,还要让他们懂得,应带着目的去观察,知道自己要观察什么,为什么去观察,怎么去观察。培养孩子的观察力可以从帮父母做家务做起。您在教孩子包饺子时,可以让孩子留意大人做馅、和面、切面、擀皮、包馅、煮饺子的整个过程,在向孩子演示过程时耐心向孩子讲解,让孩子注意观察面团要捏多大、馅大概放多少、包的时候从哪捏起、大概捏成什么样、煮的时候放多少水、要煮多长时间……孩子会边学、边帮、边观察,在劳动实践的过程中提高自己的观察力。您还可以鼓励孩子把这样的实践写入观察日记。孩子在写观察日记的过程中,能够更好地理清思路,把自己的观察成果更清晰、更有条理地展示出来。

找到宝宝"聪明源"

亲爱的宝贝：

你知道吗？20世纪,有位著名的文学翻译家、文艺评论家,他的名字叫傅雷。他写了一本很有名的书,叫《傅雷家书》。其中收录了他和妻子在12年里为儿子写的186封信。傅雷夫妇作为中国父母的典范,一生苦心孤诣,呕心沥血,培养出著名钢琴大师傅聪和英语特级教师傅敏两位颇有成就的孩子。要知道,傅雷原本是想把儿子傅聪培养成画家的,谁知傅聪并不喜欢画画,他在学画时总是心不在焉,画出的东西也丝毫没有显露出爸爸所期待的那种美术天赋。但傅雷并没有对儿子失去信心,他开始用心去发现孩子的爱好。他发现儿子对家里的那架留声机很有兴趣。每当留声机在放音乐唱片时,儿子总是一动不动地站在它旁边静静地听,与平时调皮好动的样子简直判若两人。于是傅雷果断地让傅聪放弃学画,转而开始学习钢琴。这时傅聪已经7岁半了,但傅聪的每一个细胞好像都是为音乐而存在的,他学琴仅几个月,就能背对钢琴听出每个琴键的绝对音高,就连他的启蒙老师都说他"有一对音乐的耳朵"。在爸爸的支持下,傅聪后来终于脱颖而出,摘取了第五届国际肖邦钢琴比赛的"玛祖卡"奖,震惊了中外乐坛。

傅雷教子的故事让爸爸懂得了：每个孩子都是天才,每个孩子都有自己的闪光点。上帝在为人们关上一道门的同时,一定会为人们打开一扇窗。

在你3岁左右,爸爸便开始留意观察你的爱好。

爸爸发现,虽然你只有3岁,但已经能讲简单的故事了。背唐诗时不但语音语调特别准确,对字的平翘舌感觉也特别好。晚上回到家时,你常会伴着音乐,即兴编些舞蹈、武术动作,为我们展示你那可爱的舞姿。你的动手能力很强,画画、剪纸、捏橡皮泥,你都能做得很棒。每当看了动画片、听了爸爸讲的故事后,你都特别喜欢扮演里面的角色,即兴表演。你一直有很强的好奇心。你会问爸爸"为什么火苗是蓝色的?"你会问爸爸"怎样才能当上国家总经理(你想说的是国家总理)?"你还喜欢根据大小和颜色把玩具做出分类。从中,爸爸发现你有很强的观察力和想象力。

找到了你的"聪明源",剩下的就是赏识你,鼓励你,支持你,帮你把这些聪明才智尽情发挥出来,让你在这方面找到乐趣和信心,从而带动你的其他能力,为你将来走向成功打下良好基础。

我的宝贝女儿,爸爸永远是你最坚实的后盾,爸爸愿意用自己祝福的目光,看着你靠自己的爱好和勤奋,开辟出一条属于自己的幸福之路。

能发现你长处的爸爸

好爸爸有话说

世界不是缺少美,而是缺少发现美的眼睛。同样,也许您的孩子不是缺少天赋,而是缺少一双能发现其天赋的眼睛。发明大王爱迪生小时候反应很慢,被老师斥为"低能儿"。他仅仅读了3个月的书,就被老师赶出校门。但是他的妈妈没有放弃这个"笨孩子",而是成了他的"家庭教师"。由于妈妈教育有方,爱迪生对读书产生了浓厚的兴趣。当妈妈发现爱迪生好奇心强,对物理、化学特别感兴趣时,就给他买了有关物理、化学实验的书。爱迪生每天照着书本,独自做起实验来。可以说,这就是爱迪生搞科学发明的启蒙教育啊!爱迪生说过:"我早就发现了慈母对我有多大的帮助。当学校老师叫我笨蛋时,是她来到学校为我极力辩护,从那时起,我就决定要给她争脸面,不辜负她对我的期盼。她实在是真正理解我的人。"您呢?您的孩子也许比爱迪生更聪明。看了爱迪生的际遇,您是不是会对自己的孩子更有信心?是不是应更深入地去了解孩子?请您用心地去发现孩子的"聪明源"吧!

小鸟"减肥"了？

亲爱的宝贝：

你有很强的好奇心，这是一件好事，很多伟大的科学家小时候都有着很强的好奇心呢！爱迪生小时候对母鸡孵蛋感到好奇，爱因斯坦小时候对指南针感到好奇，李四光小时候对家乡来历不明的巨石感到好奇……在谈到自己成功的原因时，爱因斯坦说："我没有什么天分，我只是非常好奇！"可见，很多科学家后来的成功和他们小时候拥有很强的好奇心有关！

因为认识到了好奇心的可贵，所以爸爸非常注意保护你的好奇心。问题来源于观察，所以爸爸经常鼓励你多观察，多提问。爸爸鼓励你观察水怎样化作水蒸气；鼓励你观察楼下鸡冠花的花开花落；鼓励你观察小树慢慢地发芽……让你在观察过后引发思考，产生好奇，进行探究。

爸爸还鼓励你在阅读中多思考，因为这样也能引发你的好奇心。在阅读过程中，爸爸会有意向你提问，因为这也是唤起你好奇心的好办法。

每当你因好奇而提问时，爸爸从不会像有的家长那样说："去去去，我忙着呢！"也不会指责你"你的问题怎么那么多"，更不会说"这个问题真傻"，而总是会表扬你，并不厌其烦地回答你的提问。

记得在你3岁那年，一天，当我们在楼下看蚂蚁时，我们看到天上飞过一只蜻蜓。还从没见过蜻蜓的你指着蜻蜓说："爸爸，那只鸟减肥了吗？怎么那么小？"爸爸并没有对你说"不是，那是一只蜻蜓"，而是对你说："是的，它会像鸟儿一样在天空中飞，但是它不属于鸟类，它有个好听的名字，叫蜻蜓。"爸爸这样回答你，一方面是认可了你关于这种小动物会飞的那部分判断，另一方面，告诉了你更多关于蜻蜓的信息，满足了你的好奇心。

爸爸发现，你向爸爸提出的问题，一般分为四类：第一类是经过爸爸启发你可以自己得出答案的问题，对这类问题爸爸通常不会急于给你答案，而是鼓励你通过思考自己得出答案。第二类是爸爸知道答案，而你自己想不出答案的问题。对这类问题，爸爸会耐心地，用生动有趣的语言讲给你听，让你在愉快的氛围中得到答案。第三类是你和爸爸都想不出答案，但是可以通过找资料来解决的问题。对这类问题爸爸会放下架子，和你一起查找资料，共同解决问题。第四类是人类还未解决的问题。对这类问题爸爸会对你说："这个问题对人类来说还是个谜，看来就等着你将来去解决呢！"

亲爱的宝贝，爸爸知道，现在保护你的好奇心，会使你一生受益。就让你的好奇心张开翅膀，自由飞翔吧！

和你一样好奇的爸爸

好爸爸有话说

刚刚买来的玩具汽车被孩子拆开了，零件散落一地。在这种情况下，有的家长会去呵斥孩子。其实，他们也许没有意识到，他们的呵斥也许已经扼杀了孩子的好奇心。爱迪生小时候发现青草不会燃烧，而枯草却可以点燃，他对此感到好奇，就想试试自家仓库里的干草能否被点燃。结果可想而知，他的实验酿成了一场火灾，仓库里的草料被付之一炬。在我们生活中，有些孩子喜欢拆玩具、毁物品，其实在很多情况下，孩子的这种行为正是源于他的好奇心。他们把玩具小汽车拆开，是因为他们很好奇，想知道小汽车里面是什么样的，想知道是什么驱动小汽车转动，想知道如果没有车轮小汽车会怎样。所以，家长不应简单地呵斥孩子，说他们的做法是"破坏"，而是应该和孩子沟通，了解孩子为什么要这样做。在肯定和鼓励孩子好奇心的情况下，给他讲明道理，给出答案。如果条件允许，您也可以多提供一些廉价、安全的玩具，让孩子尽情地拆装，满足他们的好奇心。

你的奇妙思维

亲爱的宝贝:

上周日爸爸带你下海游泳,还为你拍了许多照片。当天晚上,你看到自己在海中向爸爸扬水的那张照片,高兴地说:"这张拍得好,我扬完水,你就在水里抓住了一只海蜇,后来又给放了。"人的思维是很奇妙的,它一点也不简单,而是会记忆、会引申、会推理、会联想……当看到这张照片时,你的第一印象可能是我们在海中扬水。紧接着,你可能会联想到爸爸被你扬得左躲右闪,想到爸爸在扬水时突然摸到了一个海蜇,想到我们最后把海蜇放回了海里……被捞起并放掉的海蜇在照片上并没有显现出来,但是这个镜头在你脑海中出现了,这就是你的思维在发挥作用啊!

一个人如果拥有很好的思维能力,就像拥有了一把开启智慧大门的钥匙,对其智力发展大有好处。所以,爸爸从小就注意培养你的思维能力。

爸爸认为,你想要提高自己的思维能力,就要多学习。这个学习应该是多方面的,你可以从爸爸讲的故事里学,可以从读的故事书里学,也可以从观察的事物中学。当你通过学习积累了知识后,你的思维能力就会得到提高。今天,爸爸见你对少儿频道中红果果和绿泡泡带小朋友们做的一个科学实验很感兴趣,就决定也和你做做这个实验。我们在一个杯子里点燃一根蜡烛,再倒进一些醋。当我们向醋中倒入一些小苏打后,你惊呼着:"冒泡了,冒泡了!"见蜡烛上的火苗熄灭了,你感觉很新奇,问爸爸是什么道理。爸爸向你讲了酸碱中和的原理后,你感慨地说:"科学实验好奇妙啊! 我以后还要做更多的科学实验。"在今天的实验中,通过实践,你见证了整个科学实验的过程,懂得了酸碱中和的原理,而且通过思考,得出了科学实验很有趣的结论,这对提高你的学习兴趣是有积极意义的。

爸爸平时还很注意教你一些比较实用的思维技巧,例如尝试从不同角度去思考问题。爸爸经常和你做组词游戏。有的孩子组词时靠死记硬背，结果东拼西凑也组不出所要求的数目。爸爸在指导你组词时，会引导你从不同角度思考组词的方法。比如用"柜"字组词时，可以从用途、形状、颜色等不同角度去思考。从用途来看，可以组成"书柜""碗柜""鞋柜""衣柜"等；从柜子放置方位来看，分为"炕柜""地柜"等；从柜子的形状看，可以组成"高低柜""角柜""长形柜"等；从颜色来看，有"红柜""白柜"……同一个问题，从不同角度去想，这就是一种具体的思维路线。因此，要使你的思维能力得以提高，关键是要让你掌握更多更好的解决问题方法，提高思维的速度和质量。

你上了小学以后，爸爸还经常对你进行思维训练。比如，为了训练你思维的敏捷性，爸爸会要求你在正确解出数学题的基础上加快速度，做到又快又准确。为了训练你思维的灵活性，爸爸会训练你的听、说、读、写几方面的语言能力，让你朗读、默读、复述、缩写、续写一段文章，以语言的发展促进思维的发展。记得有一次，爸爸为你讲了《东郭先生和狼》这个故事，建议你续写它。结果你把这个故事写得妙趣横生。你在故事里是这样写的：

上次，老狼被东郭先生打死了。他的老婆美丽狼可不高兴了，她说："我要报仇！"

一天，美丽狼找到了东郭先生，对他说："你为什么要杀我的丈夫？"

东郭先生说："不是我杀的，是老农打死的。"

美丽狼不信，他们吵了起来，最后他们说好请大家评评理。

他们找到了小兔，小兔说："我丈夫前几天被老狼吃了，老狼罪有应得。"

他们又找老牛评理，老牛说："我的孩子前几天被老狼抓伤了，老狼是自找的。"

美丽狼听了伤心地说："我老公死得好冤啊！"

让大家没想到的是，老狼居然复活了，原来他只是被打昏了。只见他伸了伸懒腰说："我睡得好香啊！"

看了你的作文后，爸爸感到很欣慰。爸爸想，如果爸爸在为你讲过这个故事后不让你续写它,这个世界上就会少了这样一个生动的故事。作文水平是思维能力的集中体现,能写一手好作文,你的思维能力肯定差不了!

爸爸相信,只要你在今后的学习和生活中勤于思考,讲究方法,你的思维能力一定会"芝麻开花——节节高"!

和你一起提高思维能力的爸爸

好爸爸有话说

在中国,家长经常会这样问孩子:"今天上课专心听了吗?老师提问了你几次?"而在美国,家长经常这样问孩子:"你今天向老师提了几个有意义的问题?"你看,我们有些家长看重的是孩子在学校学会了什么,却忽视了孩子学习过程中思维所占的含量。家长在教育孩子的过程中,最好能注意引导孩子自己去思考和发现问题。有的家长在孩子遇到疑难问题时,总是迫不及待地直接把答案讲给孩子听。他们这样做,表面上看是解决了问题,但结果往往造成孩子对解决方法印象不深,下次遇到同样问题还是不会做。这种时候,您可以做一位聪明家长,采取一种能给孩子留下最深刻印象的方式,让孩子自己去思考答案。例如,在孩子听写"乒乓"这两个字时,您可以提示他:"这俩字都差点当兵!"孩子通过思考这个字谜,会深刻地记住"乒乓"这两个字和"兵"字都差一点的这个特征。您的这种提示,因为形象生动,可能会让孩子铭记一生。当孩子的应用题解不出向您求助时,您可以提示他试着画个线段图,或是拿些实物摆放一下。这样做,看似费时、费事,但是却能教给孩子一个解决问题的好方法,帮孩子养成独立思考、独立解决问题的好习惯。这样引导孩子比对孩子说"多读几遍题目就会了"要好得多。

爸爸讲故事(一)

亲爱的宝贝:

　　一晃儿,爸爸为你讲故事已有7个年头。从小你就喜欢听爸爸讲故事,可以说,故事伴随着你,也伴随着我,度过了每一个快乐的清晨和夜晚。

　　还记得在你3岁上幼儿园后,爸爸每天早晨6点20分准时起床,洗漱完毕,便带着你急匆匆走出家门,直奔公交车站。在公交车站等车的时间,通常都会被爸爸抓紧利用,轻声为你讲起故事来。"岳母刺字""闻鸡起舞""萧何月下追韩信""鸡鸣狗盗"……一个个经典的历史故事就像一幅幅壮丽的画卷在我们面前徐徐展开。每当这时,你那小小的眼睛总会睁得大大的,爸爸最喜欢看你那求知的眼神了!走到幼儿园门口时,故事经常是还没讲完,爸爸就会和你卖个关子,说一句"欲知后事如何,且听晚上分解",然后和你挥手告别,目送你走进幼儿园大门,慢慢消失在爸爸的视线当中。

　　中午爸爸单位午休时,爸爸也会上网搜索一些童话故事,为晚上给你讲故事做准备。虽然爸爸脑袋里装的故事不少,但爸爸感觉还是不够用,因为随着你听过的故事越来越多,爸爸脑子里原有的故事已经难以满足你的要求了。

　　爸爸白天的采访工作很忙碌,经常会感觉有些疲劳,可是每当晚上回到家为你讲故事时,爸爸就会把疲惫丢到脑后,感觉格外轻松。每天晚上吃过饭,爸爸便拿起从图书馆借来的好书,为你讲起故事来。《岳飞传》《三国演义》《中华上下五千年》《格林童话》……一篇篇经典的故事,有的像涓涓小溪缓缓流淌,有的像滔滔江河奔涌壮丽,有的像茫茫大海汹涌澎湃……我们共同畅游其中,一起享受那美妙的滋味。

　　爸爸喜欢为你讲书上的故事,更喜欢为你编一些原创的故事,因为爸爸觉得为你编故事对开发你的想象力和思维能力更有帮助。你喜欢让爸爸讲我们生活中的一些故事,爸爸总会耐心地满足你的要求。爸爸有时会讲采访中遇到过的惊险事、感人事,会讲爸爸小时候做过的淘气事、仗义事,会讲你小时候的一些可爱事、有趣事……这些故事,你总会听得入迷。

"爸爸,编个童话故事吧!"瞧,爱听童话的你又给爸爸下任务了。为了开发你的想象力,爸爸不仅为你讲生活中的事,还经常为你编一些童话故事。在这些故事中,老虎、猴子这些动物,大树、小草这些植物,铅笔、橡皮这些文具,娃娃、汽车这些玩具,都有了人的思维和活动。他们或可爱,或勇敢,或善良,或凶恶,发生在他们身上的故事总会牢牢牵动着你的神经,让你听起来津津有味,欲罢不能。

爸爸在给你讲故事时,很注意节奏的把握和音色的变化。爸爸总会给故事里的每个角色安排不同的音色。有时,单凭声音和语气实在很难区分开,爸爸就会捏着鼻子说话,这样可以产生一种特殊的效果,逗得你开怀大笑。爸爸讲故事是那么投入,那么认真。爸爸讲到开心处时,会和你一起尽情地笑;讲到悲伤处时,会用手背抹眼睛假装哭泣;讲到紧张处时,会握紧拳头怵怵发抖。由于爸爸会和你产生共鸣,你总是特别喜欢听爸爸讲故事。

"又卖关子了!"在听爸爸讲故事时,每当爸爸"卖关子",你就会表现得很着急。为了开发你的想象力,爸爸有时会在故事中最有趣或最惊险的地方停下来,让你去想后面的情节。在爸爸编的《老虎和兔子》这个故事中,"老虎呼的一声扑向小兔。可是让他没想到的是……你猜是什么?"当爸爸讲到这里时,你已经被故事深深吸引住了。你先是说出自己的猜测,然后摇着爸爸的手,催爸爸赶快接着讲。经过我们的想象,我们有时会为一个故事编出多种结局。比如在这个故事中,你编的结局是:"兔子嗖的一声钻进了树洞里,老虎的头砰的一声撞到树上,起了个大包。没吃到兔子肉,老虎只好生气地回家了。"爸爸编出的结局是:"大象突然从树后伸出大长鼻子,把老虎卷了起来,大叫一声'不要欺负小动物'。说完,把老虎甩出老远。老虎再也不敢回来了。"听了爸爸编的结局,你还想出了第三种结局:"兔子不是个普通兔子,而是一个特工。他见老虎扑过来,就掏出了一支麻醉枪,'砰砰'开了两枪。老虎就这样睡着了。"看,我们能编出这么多种故事结尾呢!爸爸会给出故事的开头,让你来结尾;也会由你来讲开头,由爸爸来编结尾。你之所以刚上小学二年级就能自己写童话,和爸爸早期对你做出的训练不无关系。

我想,我是个与故事有关的爸爸。爸爸的一天,从讲故事起,至讲故事终。随着你一天天长大,也许有一天,你不再需要爸爸陪在你身边为你讲故事,但爸爸会继续用笔来讲故事。爸爸想,爸爸写的这些故事,也许你未来的孩子用得到!

爱你的"故事爸爸"

好爸爸有话说

有些孩子爸爸认为讲故事是孩子妈妈的事,自己不会讲,也讲不好。其实,并非如此,孩子们喜欢妈妈的温柔,也喜欢爸爸的阳刚。孩子爸爸在为孩子讲故事时,可以针对他们的年龄特点,为他们讲述适合的故事。在我的女儿两岁之前,我主要为她讲些《小兔乖乖》《两只老虎》这类的儿歌。我发现,在这个年龄段,我和女儿一起阅读时,女儿不仅喜欢我讲故事的声音,喜欢图书上艳丽的插图,还喜欢坐在我怀里的那种温暖安全的感觉。在孩子三岁之后,开始关注故事的本身,已经能够复述出故事的主要情节。这时我主要为女儿讲些童话类的故事,如《丑小鸭》《睡美人》等;益智类的故事,如《曹冲称象》《乌鸦喝水》等;教育类的故事,如《等明天》《孔融让梨》等。在讲故事时,还可以边讲边让孩子看图,这样更容易让孩子理解和接受。讲故事的方法是在讲故事的实践中培养出来的,只要家长在讲故事的过程中能做到有爱心、有决心、有耐心、有恒心,就一定能够找到孩子的兴奋点,成为孩子心目中的"故事大王"。请从书架中挑出一本好书,为孩子讲故事去吧!

爸爸讲故事(二)

亲爱的宝贝:

　　过去爸爸在信中说过,早在你还未出生时,爸爸就开始给你讲故事了。准确地说,是给你妈妈和妈妈肚子里的你一起讲故事。当时每天讲得最多的故事是夏目漱石的《我是猫》。故事很长,我不知道当时你是否喜欢,你妈妈倒是特别喜欢,至今她还记得开篇的"杂家是猫"这句。

　　在你两三岁听得懂故事时,每天晚上讲睡前故事便成了爸爸的"专利"。最初,爸爸只要为你讲爸爸小时候看过的《小兔乖乖》《狼来了》《小红帽》《白雪公主》这类短小的童话故事就可以了。可是当你到了3岁时,已经不满足于听这些早已熟知的故事,就每次都会给爸爸出新题目,要爸爸自己编故事。比如,你会说出老狼、大象、兔子、猴子和小羊这几个角色,让爸爸根据这些动物角色编出个好听的故事。为了开发你的想象力,只要你提出要求,爸爸就会照办。现在想起来,爸爸成了童话作家,还真得感谢你——我的宝贝女儿,因为爸爸写出的很多童话都是在为你讲故事时迸发出的灵感。

　　在你5岁时,爸爸开始为你讲爸爸小时候最喜爱的中国古典名著。《西游记》《水浒传》《岳飞传》《封神演义》……都是爸爸的最爱,每次为你讲里面的故事时,爸爸都会讲得眉飞色舞,唾液横飞。爸爸感觉这些故事中《三国演义》和《封神演义》,对你影响更大。在你6岁时,对《三国演义》中的主要人物及重要故事都已经熟知,还经常和爸爸一起扮演里面的角色,做起游戏。"草船借箭"这个游戏我们已经玩过不知多少次了,每次玩时你都会兴高采烈。

　　由于爸爸为你讲的故事多,勾起了你的阅读兴趣,现在收到了很好的效果。和不少同龄的孩子比,你读的书数量多、领域广,那些五彩缤纷的故事让你增长了知识,懂得了道理,同时识字量在同龄孩子里也较为突出。爸爸越来越相信,自己的这些付出是有意义的。

我亲爱的宝贝,爸爸想让你知道,我最愿看到的就是你灿烂的笑脸,我最愿听的就是你清脆的笑声,我最愿想的就是你每一点可喜的进步。爸爸愿意为你讲故事,爸爸也愿意通过故事与你交流。爸爸想让你知道,我不仅是你的爸爸,更是你的知心朋友。

晚安,我的宝贝!

爱你的"故事爸爸"

好爸爸有话说

　　孩子的睡前故事不仅是妈妈的专利,也是爸爸的责任。如果由爸爸来为孩子讲故事,会给孩子带来不同的感受。爸爸的故事风格会更加多样,会为孩子带来更多的新鲜感,让孩子体会到力量与幽默的魅力。因此,建议每一位做爸爸的每天抽出时间来,为孩子讲一段睡前故事。可别小看了这睡前故事,它不仅能让孩子安静入睡,而且有助于提高孩子的理解力,对孩子的智力发展有明显促进作用。一般来说,年幼的孩子识字有限,精美的插图难以全面地传达故事内容,这时,您的用心讲解就成了孩子扩大知识面最有效的途径。您在讲故事时,应该注意观察孩子的反应,及时捕捉孩子的兴奋点,不断积累经验,挑孩子最喜欢的故事、用孩子最喜欢的方式讲给他们听,让孩子越来越爱听您讲故事。

家有小法官

亲爱的宝贝:

在我们家,如果所有与你有关的事情都由爸爸、妈妈来做主,那你就会失去很多自己做决定的机会,不利于你培养良好的决断力。爸爸不希望这样的情况发生,因此,爸爸平时很注意为你创造独自决断的机会,培养你的决断能力。

爸爸经常会请你扮演家里的小法官,在家庭会议中做出裁断,发挥作用。自你3岁起,每周我们家至少会开一次家庭会议。这个会议一般都会选在晚上——一家人吃过饭,都不太忙时。为了营造气氛,爸爸有时还会在开会前播放一些轻缓的背景音乐。

一天,爸爸在法院采访了一桩民事案件。一位80多岁的老人,膝下有两男五女共七个孩子,老人含辛茹苦把他们养大,而七个儿女都不愿赡养老人。老人每天连午饭都吃不到,无奈找到社区。在社区工作人员的支持下,老人与儿女们对簿公堂。在当晚我们家的家庭会议上,爸爸向你讲了白天采访的这件事,征求你对这个案件的看法。你拿起格尺当作法官的法槌,在桌子上敲了敲,对爸爸、妈妈说:"严肃点,现在法官开庭了!"见妈妈在旁边笑嘻嘻的,你认真地说:"那位长得很瘦的女士,现在是在法庭上,你能不能不笑啊?"妈妈赶快忍住了笑。"法官现在宣判:你们当儿女的不能不养老人,听见了吗?不然我可对你们不客气了!""是,是!"爸爸、妈妈配合着你说。"法官宣布:明天我们一起买点好吃的,看那位老爷爷去!""好!同意!"爸爸、妈妈都鼓起掌来,对你的决断表示拥护!你美滋滋地笑着说:"休庭!"

你瞧!在对这起案件的"审理"中,你表现出了明确的是非观念和很强的判断力。你应该记得,在我们家庭会议中,类似的审判很多哟!对外人的事,你判得准、判得严,对爸爸、妈妈之间的事,你的决断也是铁面无私呢!一次,爸爸把手放在妈妈肩上,妈妈说:"竹竹你看,爸爸把妈妈的肩膀压疼了。"你马上跑过来,对爸爸说:"这位先生,法官告诉你,不许欺负人!"说完,你把爸爸的手推到一边。看到妈妈伸手掐爸爸肩膀,你也严肃地说:"这位女士,法律是平等的,你也不许欺负别人。"看来小法官一碗水端平,还真挺公正的!

大人们平时经常要为一些事情做出抉择,孩子也一样。对你的事,爸爸尽量做到不"包办",而是让你自己认真思考后再做决定。比如,你是否愿意学舞蹈,是否愿意参加暑期夏令营,是否愿意画画投稿挣稿费等,爸爸都会让你自己去选择。从你6岁上小学时起,每天所穿的衣服也都由你自己做决定。你每周有一次看电视、玩电脑游戏时间,具体时间由你自己确定。你的卧室你做主,墙上贴什么画、挂什么剪纸,爸爸只鼓励,只建议,不干涉。如今,在你的卧室里,其中一面墙贴了30余张你自己画的画,看上去五颜六色,漂亮极了。离今年暑假还有一个月,你就已经把暑假计划写好了,贴在了墙上。在你的暑假计划中,包括读课外书、做暑假作业、看电影、打羽毛球、画画和小朋友做游戏等许多内容,看上去安排得既充实,又合理。在课外书的选择上,爸爸也会听取你的意见。你拿着学校发的推荐阅读书单,和爸爸一起上网查了查与这些书有关的详细资料,然后自己从中挑选出喜欢的几本,由爸爸在网上书城下订单购买。

虽然你还小,有时做决断难免会出错,但是爸爸知道,你们孩子需要有自己做决定的机会,以便锻炼你们的决策能力。所以,无论怎样困难,无论怎样担心,爸爸都会坚定不移地支持你,为你创造做决定的机会。

一天,爸爸为你买了一套图文并茂的中国十大名著。你看到这套书,非常喜欢,从中找出一本《封神演义》,便到外面去看了。当爸爸喊你回家吃饭时,你回来了,手里拿的书却变成了一本又薄又小的卡通书。"爸爸,这本书可有意思了!是我和丽丽换的!"看着你那兴奋的样子,爸爸没批评你,而是说:"这本书看起来挺有趣的!"过了几天,当你把这套十大名著排在一起来欣赏时,爸爸在一旁说道:"要是那本《封神演义》也跟它们排在一起,该多好呀!那才叫十大名著啊!"直到这时,爸爸才向你说明了经典名著与普通卡通书的不同价值,爸爸不把自己的意见强加给你,该不该换书的问题由你自己去思考。听了爸爸的话,你说你想用你的卡通书去邻居家换回《封神演义》。爸爸告诉你,这件事要考虑清楚,要看丽丽的意见,如果人家不愿意,不要勉强人家,因为和一本书比起来,诚信毕竟更重要。你想了想说:"那我们还是再买一本吧!"爸爸说好。很凑巧的是,这时丽丽来敲门了,她正要找你换回她的书,因为丽丽看不懂你的《封神演义》,她更喜欢自己的卡通书。你高兴地把自己的书抱在怀里,笑得眼泪都要流出来了。

你真是个可爱的孩子!

和你一起培养决断力的爸爸

好爸爸有话说

　　为了培养孩子的决断力,家长在家教方面最好能够以耐心加鼓励的方式,多给孩子创造决断的机会,让他们体验成功的喜悦。在孩子们做游戏、玩玩具、做手工、参加竞赛及做家务等活动中,家长可以鼓励孩子大胆尝试和决断,让孩子通过努力品尝到胜利的喜悦。在家里,当孩子跃跃欲试想帮您洗碗时,您不要因为怕他刷不干净或可能会打碎碗而拒绝他,而是应为他提供机会,并教他洗碗的方法和技巧。当孩子洗好一只碗时,您可以及时夸他洗得真干净,让孩子感受到劳动的快乐,对自己的决断感到满意和自信。一次次成功的决断体验会让孩子信心百倍、动力十足地向下一个更高的目标迈进。

我学会了专注

亲爱的宝贝：

晚上，看着你坐在床上捧着一本《帅狗杜明尼克》如饥似渴地读着，爸爸心里非常欣慰。你已经读了30分钟了，一直读得那样认真。看着你那专注的样子，爸爸不由得想起了你两三岁时的事。那时的你，无论做什么事，都有些爱"溜号"，注意力很难集中。看书时，你看着看着目光就转向了玩具，或是转向了电视。妈妈为此有些担心，担心你将来上学后也会这样，上课时难以聚精会神，最终影响学习效果。

爸爸知道，对于学前的孩子来说，注意力和年龄是成正比的。也就是说，年龄越小，注意力越差；年龄越大，注意力越强。对于3岁的孩子来说，注意力一般能维持3~5分钟；4岁孩子的注意力能维持大约10分钟；5~6岁的孩子一般在15分钟左右。因此爸爸相信，只要加强训练，养成良好的阅读和生活习惯，你的注意力就差不了。

新奇、有趣的玩具最能吸引你的注意力。在你两岁半时，爸爸为你买了会跳的小青蛙、会转圈走路的小马、会摇头晃脑的小木偶、会咚咚敲鼓的小熊，这些玩具价钱都不贵，但都会动，还能发出声音，看上去都很有趣，因此都能深深地吸引住你。有了它们以后，你总会集中精力地去观察、摆弄它们。有时还会好奇地从玩具的缝隙向里仔细瞧，大概是想找到玩具会动的原因吧！爸爸还会和你一起玩"找玩具"的游戏。我们一起把五六件玩具摆放在桌上，先由你清点出玩具的数量，说出玩具的名称。然后，趁你不注意时，爸爸会拿走其中的一件或几件，问你："哪个玩具不见了？"这时，你会集中注意力去回想、查看、寻找。你很喜欢玩这个游戏，爸爸感觉这种类似"躲猫猫"的游戏方法对训练你的注意力很有帮助。大自然也是锻炼你注意力的好去处。周末爸爸不用外出采访时，经常会带你去老虎滩、极地馆、动物园、山上、海边……让你去观察那些鲜艳的花草、可爱的动物、漂亮的建筑……这些新奇的事物会勾起你强烈的好奇心，让你的注意力更加集中。

在你三四岁时，爸爸主要通过为你讲故事、和你一起阅读来训练你的注意力。最开始让你专注地看一个故事，然后增加到两个、三个……随着故事数量的增加，你的专注力也渐渐得到了提高。有时，你在阅读时"溜号"了，把注意力转移到了电视上，那是因为电视正开着，电视的声音和画面吸引了你的注意力。在这件事中，"溜号"的责任在爸妈。发现这个问题以后，在你自己阅读、画画和玩玩具时，爸爸会注意给你创造一个相对安静的环境。这时，爸爸、妈妈会注意保持安静，不会像过去那样总在你身边来回走动，不会像过去那样总去问你渴不渴、饿不饿，也不会像过去那样在屋子里大声喧哗，因为这样都会打断你，分散你的注意力，久而久之，就会使你形成注意力难以集中的习惯。爸爸通常会坐下来，静静地和你一起阅读，给你做个专注方面的榜样。

爸爸发现，你在做自己喜欢的事时，更容易集中注意力。在你五六岁时，爸爸鼓励你做那些自己感兴趣的事，比如画画、打羽毛球、摆积木……并且要求你做完一件以后再去做另一件，投入的时间逐渐增加。爸爸还鼓励你经常做拍球、走平衡木、玩滑板这些你喜欢的体育活动。如果你的皮球能拍得很好，在平衡木上能够熟练地走动，或者玩滑板很熟练，不仅说明你的肢体协调能力很棒，还说明你的专注能力得到了很大提高。你喜欢阅读，但是无论是谁，长时间地阅读之后都会感觉疲劳。在疲劳的状态下，"溜号"是很正常的事。为了爱护你的身体，保证你的阅读效率，同时也提高你的专注力，爸爸会和你一起制定合理的作息时间，让你知道什么时候必须专心地阅读，什么时候可以尽情地玩，养成劳逸结合的好习惯。

赏识是催人奋进的催化剂！一旦发现你做事很专注，爸爸就会马上称赞你，鼓励你，为你的"专注"标记上快乐的符号。

古时候，有位名叫奕秋的著名棋师教两名学生下棋，其中一名学生听得专心致志，另一名学生却心猿意马，想着弯弓射雁，你说，他们中谁更值得你学习呢？

我可爱的女儿，珍惜你的"专注"吧！爸爸相信今天你在学习方面的"专注"必将换来将来众人对你的"关注"！

和你一起提高专注力的爸爸

好爸爸有话说

　　孩子的任务越明确，完成任务的愿望越迫切，他们的注意力就越能集中和持久。因此，您若想使孩子的注意力持久，不要去强迫他们做什么，而是应让他知道为什么要这样做，激发他们想做好这件事的愿望。因此，在您为孩子布置任务后，在任务开始前，您应当让孩子明确活动的目的和要求。在活动过程中，您应当及时提醒孩子，使他们的注意力始终指向那个目标。例如，您想培养孩子的观察能力，就和孩子一起在花盆中种一粒种子，希望孩子能每天去关注它。最初几天，孩子可能出于好奇而经常观察它，但时间久了，兴趣淡了，自然就不会来看了。如果您能在种下种子之前对孩子说："这粒种子不知是什么植物的种子，真是个谜啊！你要是看到它发芽了，就赶紧来告诉我，我们一起来观察它最后会长成什么样子。"这样您就交给孩子一个神秘的任务，为了完成它，同时又满足自己的好奇心，孩子就必须经常注意它，孩子的专注力和观察力就都能得到锻炼。

3

德商教育
铸就好品格

DESHANG JIAOYU
ZHUJIU HAO PINGE

德商(MQ)指一个人的道德人格品质，包括体贴、尊重、容忍、宽容、诚实、负责、平和、礼貌等美德。品格胜于知识，从小对孩子加强德商教育，可以让孩子受益终生。

送人玫瑰,手有余香

亲爱的宝贝:

你今天让爸爸非常感动。在看到爸爸生病,胃疼得跪在床上起不来时,你来到电脑前,利用网站搜索"胃疼吃什么饭菜"这几个关键字,然后进入相关网页,给爸爸提供了一大串信息:"胃疼要多吃苹果呀、梨呀、香蕉呀,这些水果。"你的眼睛在电脑屏幕上认真地扫视着。"胃疼要先吃达喜。"你又查到了这条信息后,拿着铅笔,在纸上快速记下"达喜"两个字。看着你熟练而认真地在网上为爸爸搜索,爸爸感觉你真的长大了。女儿啊!虽然爸爸知道你找到的这些信息不会让爸爸的胃疼得到缓解,但你的关爱却让爸爸感动和骄傲。此刻,我突然感觉自己是世界上最幸福的爸爸。

今天这件事,让爸爸拾起了关于爱心的一些记忆碎片。

你一直是爸妈的贴心"小棉袄"。记得在你很小的时候,爸爸白天在家睡觉时,你会悄悄走到爸爸身边,帮爸爸盖上被子。妈妈雨天下班回到家,你会关切地问妈妈:"妈妈,你有没有淋着雨?"妈妈想让爸爸下楼帮忙买水果,爸爸忙着写作不爱去,你总会自告奋勇地找好钱准备自己去,结果爸爸在这种情况下总会无奈地"缴械投降",和你一起去。爸爸买了水果回来,你总会不忘拿出一些水果为楼上的爷爷、奶奶送去。

在你小的时候爸爸就注意对你爱心的培养。爸爸告诉你不仅要对家人有爱心,对其他人也要这样。记得有一次,爸爸看到报纸上刊登出一则新闻,里面列出了一些贫困儿童渴望得到的儿童节礼物。其中一位女孩希望儿童节里能得到一些写作方面的书,爸爸很欣赏这位女孩的好学,就在网上为她买了8本书。到了儿童节的前一天,爸爸带着你,冒着大雨来到女孩家,把书送给了她。应该说,这件事给你留下了深刻的印象,它势必会对你产生深远的影响。

　　"5·12"四川汶川地震发生后,看到网上有报道说四川急需AB型血,而爸爸恰好属于AB型,爸爸便决心去献血。5月19日,星期一,是全国哀悼日的第一天,爸爸来到大连红十字血液中心开发区采血屋献血。在采血屋里,我见到了献血者竞相献血的感人场面,一个个感人的故事感动着我,震撼着我,一篇长篇通讯也在爸爸的脑海中形成。在自己献血时,看着自己的鲜血缓缓地流进采血袋,爸爸感觉今天这件事做得特别有意义。

　　回到家里,爸爸告诉你:"爸爸献血了!"你撅起嘴有些不高兴。"献了多少?""像优酸乳那么大的袋子,满满一袋吧!""为什么要献啊?""我希望我的血能对灾区受伤的人有帮助,他们那么不容易,他们需要我们的支持。"你若有所思。过了一会儿,你对爸爸说:"爸爸,你是我的偶像,我为你骄傲!"第二天一早,上幼儿园的路上,你问我:"你感觉头晕吗?""不晕!""和献血前比怎么样?""比那时还要好一些!""这怎么可能呢?"你疑惑了。在爸爸的影响下,那天,你不但自己向灾区捐了零花钱,还折出纸制钱包,参加幼儿园组织的义卖活动。回到家后,你还认认真真地画了一幅画,上面写着这样一句祝福的话:"希望灾区小朋友快乐起来!"

　　你对身边的小朋友也很富有爱心。还记得吗? 我们家楼下的丽丽父母离异,她和爸爸一起住在一个集体宿舍里。有一天,丽丽的爸爸在工厂里加班,丽丽独自在楼下玩。我喊你上楼吃饭时,你对爸爸说:"丽丽爸爸加班,她没有饭吃,我们可不可以给她带点吃的?"爸爸、妈妈很赞同你的意见。爸爸端着一碗刚煮好的饺子同你一起到楼下,把丽丽带回宿舍,让她吃上了热饺子。还有一次,你见丽丽没有吃午饭,就拿了两块新买的面包下楼,准备把一块送给丽丽吃。可是让你没想到的是,没等你开口,丽丽就对其他的小朋友说:"我们都不和她玩。"你当时愣了,伤心地回到家。虽然好心没得好报,但你并没有记仇,第二天你又和丽丽开开心心地玩到一起。

　　对每一位教过你的老师,你总会有很深的感情。在幼儿园时,乔老师要调到其他幼儿园了,你很舍不得她,就为乔老师精心画了一幅画,由爸爸托人转交给乔老师。而离开幼儿园步入小学后,你又特别想念对你帮助很大的胡老师,不但为她画了画,附上自己的满分试卷,还为老师写了一首情真意切的诗。你送给老师的这些东西里,凝聚了你纯真、朴素的情感,浓缩了你对老师深切的感激之情啊!

人的仁爱之心,在两种情况下最容易激发出来:一是当一个人的关爱活动能够得到他人肯定时,二是当自己能从关爱行动中真正感受到快乐时,爸爸希望你是后者! 爸爸欣赏你的爱心和同情心,希望你能把帮助他人当作一种快乐。

赠人玫瑰,手有余香! 亲爱的宝贝,爸爸希望你能记住这句话并为之而努力!

有爱心的爸爸

好爸爸有话说

　　2~3岁是培养孩子同情心的关键年龄。培养孩子同情心是个潜移默化的过程。孩子的模仿能力普遍较强,因此想要孩子富有同情心,家长首先得做好表率。比如孩子不小心将心爱的书扯掉了角,孩子知道错了,哭了起来。此时,您即使是心疼书,也不要简单地训斥孩子,而是应该换位思考,耐心给孩子讲道理,告诉孩子知道这次是不小心的,不要紧,只要下次注意就可以了。您还可以鼓励孩子在日常生活中多帮助那些比他小的孩子,让孩子在帮助弱小者的行动中获得快乐。这都会给孩子带来一种正确的心理暗示,让宝贝慢慢地培养并巩固起同情心。您还可以通过孩子喜欢的动画片或故事书来培养孩子的同情心。在故事中,您可以让孩子明白对哪些人和事应该表示同情,应该以什么样的方式来表示同情。同时,在看电视或读书时,由于孩子明辨是非的能力差,您应该及时给予引导,以免孩子产生错误的认识。

可爱的"地球小卫士"

亲爱的宝贝：

今天晚上，你跑进屋，拿起笔，三笔两笔就画了一幅画，又加上几个字，紧接着找到胶带、剪刀就跑了出去。我问你想要做什么，你告诉爸爸："很多小朋友喜欢摘小区花坛里的花草，我想做'地球小卫士'，让他们懂得保护环境。"我仔细一看，你在纸上画的是几株可爱的小草，写的是"爱护花草，从你我做起"。爸爸心想，你有很好的环保意识，这点很好，爸爸要鼓励你。想到这，爸爸带上相机就跟了出去。只见你喊来一个小伙伴，一眨眼的工夫，你们就把公益广告贴到了花坛边的墙上。这是你在户外张贴的第一个公益广告。你不但自己有公益和环保意识，还想办法让其他人也去爱护环境，这一点做得太棒了，爸爸为有你这个了不起的女儿而感到骄傲！

从你3岁起，爸爸就注意培养你的环保意识。爸爸很愿意让你和花草树木、鸟兽鱼虫接触，或是鼓励你在家里种些花草，精心呵护；或是带你登山，欣赏大连山上五颜六色的树叶；或是带你下海，和贝壳、小鱼一起嬉戏。爸爸鼓励你观察植物是怎样成长的，鼓励你观察蚂蚁怎样搬食物，鼓励你看小鸟怎样吃种子……爸爸这样做是想让美丽的大自然用无声的语言给你以熏陶和教育，让你爱上青山绿水，爱上植物动物，爱上整个大自然，你只有爱它们，才会懂得去保护它们啊！

从你3岁开始，爸爸就开始为你买环保手工书了。每逢周末，爸爸都会陪你一起做手工。后来爸爸发现，你对做环保手工特别有兴趣，而且做得也特别好。在你四五岁时，你的一双小小的巧手就能"变废为宝"了。这样既能锻炼你的动手能力，又能培养你的环保意识，还能够废物利用，真可谓一举三得。

从你6岁那年起，周末没有采访任务时，爸爸就会带着你和爸爸的义工

61

朋友们一起登辽南第一山——大黑山。我们不是去游山玩水,而是去搞环保公益活动——捡拾白色垃圾。每次回来,我们都是满载而归,塑料袋、饮料瓶、餐盒、电池、废报纸,把垃圾袋塞得满满的,而你的小脸晒黑了,小手更是黑得像焦炭一样。参加这样的社会实践活动,不但能强健你的身体,更能强化你的公益和环保意识啊!

树立环保意识,还需要你养成良好的生活习惯。比如保持好个人卫生、不随地吐痰、不乱扔垃圾、不在墙壁上乱涂乱画等。这些看上去让人不屑一顾的"小事",却正是对你环保意识的最好考验啊!

当然,所谓言传身教,在环保方面,爸爸希望你做到的,爸爸自己一定首先要做到。还记得上周日上街时吗?一个小孩把雪糕纸扔到了地上,走在他身后的爸爸不声不响地把纸拾了起来,走了十几步后扔到了垃圾箱里。爸爸希望自己的行动能够为你带来积极的影响。

爱环保的爸爸

好爸爸有话说

当今世界,环境污染愈来愈严重,保护环境已成为当务之急。若想让我们居住的环境变得更加美好和舒适,需要我们每一个人都具有强烈的环保意识。身为家长,应该教育孩子不随地吐痰;在公共场所看到瓜皮果壳时应建议孩子捡起放入垃圾箱。当孩子在环保方面做得好时,及时予以表扬;若发现孩子这方面有错误行为时应及时制止,并帮助孩子分析错在哪里,使孩子对自己的错误行为有明确认识,从而不断增强环保意识。如果能在孩子们心中从小就培植起环保的种子,让他们养成"节约每一滴水、不乱丢每一片纸"的好习惯,那么,所谓"聚沙成塔,集腋成裘",这些日常点滴小事就像一块砖、一片瓦,层层累积,会营建出孩子们的环保意识和我们未来美好环境的"摩天大厦"。

爸爸，我错了

亲爱的宝贝：

今天放学回来，你对爸爸说今天科技老师教画科技画了，自己得到了一个小红花。当我询问详细情况时，你不耐烦地对我说："你的话怎么这么多呢？"听了你的话，爸爸既感到吃惊又很生气。

晚饭过后，你又像以往一样过来，想和爸爸一起玩。爸爸装出生气的样子说："你嫌我话多，我不跟你说话了。"你站在爸爸身后想了想，然后对爸爸撒娇说："爸爸今天我错了，我应该尊老爱幼。"听了你的话，爸爸忍不住笑了起来，把你搂在怀里说："爸爸原谅你了。今天爸爸之所以问得比较详细，一是因为爸爸关心你，二是因为你自己说得不清楚啊！知道自己错了，能够主动道歉，这点是对的。"

女儿，你从小就属于很有性格的那种女孩。犯了错误，让你道歉是件很难的事。要让你学会道歉，我这个当爸爸的就必须以身作则。记得有一天早晨，爸爸叫你起床你不起，爸爸情急之下吼了你两声，把你从床上拉了起来。你一下就哭了。一整天，爸爸的心里都很不好受。吃过晚饭，爸爸蹲了下来，拉着你的小手，看着你的眼睛对你说："今天早晨爸爸错了，不该那样粗暴地对你。爸爸当时太急了，怕你再不起床上学会迟到。爸爸想对你说，你早上不爱起床爸爸也有责任，因为我们昨晚睡得太晚了。"看着你惊讶的眼神，爸爸又说："今晚我们都早一点睡觉好不好？不然明天早晨起床时睡眠不足，还会像今天一样难受的。"你笑着点了点头。接下来，我们拉了钩，决心共同养成良好的作息习惯。

爸爸知道，有时你不认错，是不敢认错，害怕承担责任。爸爸、妈妈和你之间是和睦的、民主的。我们之间无论是谁犯了错误，都是可以通过讨论和协商来解决的，不需要害怕什么。在家里如此，在外也是一样，做错了事，要敢于担当，敢于认错。

谁都会犯错，更何况是孩子。在你主动认错后，爸爸对你一般都是持理解和宽容的态度。一天，你在去书架上取书时，把爸爸放在书架上的水杯碰掉在地上，摔碎了。爸爸下班后，你和爸爸说了对不起。爸爸说："没关系，也不能全怪你，如果爸爸不把水杯放在你的书架上，可能也就不会摔掉了。今天你敢于认错，说明你很勇敢，爸爸很高兴。"

如今，你学会了主动道歉，学会了对自己的行为纠错。道歉和纠错不是最终目的，从中悟得各种各样的道理，努力避免犯同样的错误，避免因为自己的过失对他人造成伤害，是你今后需要不断学习的内容。

懂得道歉的爸爸

好爸爸有话说

造成孩子不愿意认错的原因有多种可能，有的是因为是非观念不足，有的是因为控制不住自己的行为，有的是因为缺乏责任感。很多时候，孩子不敢认错，很可能是害怕承担后果，对爸爸妈妈存在畏惧感。为了让孩子学会道歉，每当孩子做错事时，家长应该及时给予教育和纠正，让他们知道犯错并不可怕，只要改正就可以得到原谅；而不应一味地批评、指责孩子，让孩子产生逆反心理。为了在这方面给孩子树立一个榜样，让孩子感受到家里每个人都是平等的，家长就要以身作则，做错了事时也应主动向孩子道歉。这丝毫不会降低您在孩子心中的地位，丧失自己的威严。相反，您勇于向孩子认错，不仅可以融洽家庭成员关系，更会赢得孩子的尊敬。

守住诚信这种美德

亲爱的宝贝：

诚信是一种美德，是一种良知，是一种健康心态，更是一种人生的动力。诚信，能让你拒绝缤纷的诱惑，摒弃心中的浮躁，守住自己心灵的净土。

昨天晚上，爸爸正在忙着，突然看到你拿着陀螺哭着走了进来，看上去很委屈。我问你怎么了。"欧文抢我的陀螺。"你边哭边说。欧文是你的一个小朋友，有些顽皮，你们俩经常在一起玩，时不时就会闹起别扭。爸爸突然想起，在爸爸的记忆中前天你已经把这个陀螺送了欧文，便蹲下来对你说："我记得你曾经把陀螺送给人家了。现在你看人家玩得高兴，你又反悔了是不是？"你听了爸爸的话，边哭边点点头。"已经送给别人的东西，再要回来是不对的。你说呢？"你点头说："是。""那你说接下来你该怎么做啊？"爸爸微笑着看着你。你愣了一会儿，然后跑了出去，把陀螺送给欧文，对他说："对不起，我不该跟你要陀螺。""没关系。"欧文说。两个好朋友都露出了笑脸。

爸爸认为，因陀螺而发生的这件事很小，可是如果爸爸不及时对你的不诚实行为做出纠正，而是一味心疼你，袒护你，你就很可能因说谎尝到甜头而继续说谎，从而弱化诚信意识，对你的成长带来不利影响。对你们孩子来说，说谎的原因是多种多样的，有时因为虚荣，有时因为模仿，有时因为害怕，有时因为仗义。爸爸一旦发现你有说谎行为，都会找准原因，冷静分析，及时解决。

为了让你从小懂得诚信，爸爸非常注意"言传身教"。所谓"言传"，爸爸经常会为你讲一些名人诚信故事，向你讲明诚信的道理。美国第一任总统乔治·华盛顿砍倒家里的樱桃树后勇于承认错误，这个故事从正面告诉我们，诚信是无价之宝，它的价值是很难用物质来衡量的。

所谓"身教"，是指爸爸平时注意在你面前不说假话、大话、空话，不轻易允诺什么。一旦向你做出承诺，就一定要努力做到。爸爸曾为你讲过《曾子杀猪》的故事，在对你的诚信教育中，爸爸也是这样做的。爸爸知道，只有我们做父母的首先做到诚实守信，才能为你树立榜样，让你多积累诚信经验。

爸爸知道，如果你犯错后讲了实话，给你带来的都是爸爸的怒骂、指责和暴打，那你出于自我保护，就不会再诚实，而是会选择说谎。在这种情况下，你们说谎是由家长造成的，所以爸爸从不会给你这样恶劣的成长环境。每次当你犯错后说出实情，总会获得爸爸的谅解。

我的女儿，你要记住，诚信是一种智慧，是一种美丽，是一种宝贵的人生财富。有了诚信，你的品质才经得起岁月的洗礼，你的人生才会更加亮丽！

爸爸希望你成为一个诚信的人！

你诚实的爸爸

好爸爸有话说

在您发现孩子说谎时，不要惊慌，而是应冷静下来，耐心分析，理智对待。您可以和风细雨地对待孩子，注意孩子的神情、动作和言语，搞清楚事情发生的经过，将孩子的有意说谎和无意说谎区分开来。对于学龄前孩子来说，他们有时分不清自己想象和现实的界限，会把他自己想象的东西当作事实加以描绘。他们有时会说一些游戏中的语言，比如说"我被打了""我被抢了"……不知情的您可能会以为孩子在说谎。其实，他们的说谎很可能是无意的，他们所说的只是自己内心的想象语言，只不过他们的想象力超越了您的理解而已。在这样的情况下，您不必太过于紧张，因为随着孩子认识能力的提高，这种"谎言"会慢慢消失。然而，当您发现孩子是在有意说谎时，就应重视起来了，因为这种谎言有明显的欺骗目的。这时可以帮助孩子分析说谎的原因，及其可能产生的后果，让孩子在拥有足够安全感的情况下，坦然承认自己的错误，培养其承认错误的勇气。

懂得感恩（一）

亲爱的宝贝：

你知道吗？世界上有一种爱，它是无言的，是严肃的，在小的时候你往往容易忽略，然而，它会让你在以后的日子里越咀嚼越有味道，一生一世也忘不了，它就是宽广无边的父爱。

前几天爸爸翻出几张自己小时的老照片，它让我想起了许多儿时的故事，想起了小时候你爷爷对爸爸的慈爱。

爸爸出生时，和其他许多家庭一样，爷爷和奶奶生活非常艰苦，然而他们对我的爱丝毫没有因此打了折扣。你的爷爷、奶奶结婚后生活一直非常节俭，有好吃的东西，总是会留给我和你姑姑，舍不得自己吃。

虽然生活拮据，可在对爸爸和姑姑的教育方面你爷爷很舍得投入。当时爸爸家离书店只有一路之隔，你爷爷几乎每天都会带我去书店，经常买书给我看。《三国演义》《西游记》《岳飞传》这些成套的连环画就是那个时期买的。虽然当时买一本书只需要两角钱左右，但积少成多，对每月工资也只有几十元的爷爷来说，也不是个小数目。

记得有一次，爷爷带爸爸和姑姑去沈阳。到中午时，我们都累了，不想再走，结果你爷爷背这个孩子走几步，回来再背另一个孩子走几步。这份耐心、这份慈爱不是每个父亲都具备的。

你爷爷很内向，凡事做得多说得少。记得有一年夏天，爸爸在爷爷的陪伴下从家里出来，准备返回天津上学。时值雨后，狭窄的土路上是一个个又深又宽的水坑。"我回去换鞋吧！"我对你爷爷说。可他却说："不用，我背你。"说着，他把我背在背上，蹚着水走了过去。周围很静，在我耳边只有污水在你爷爷鞋子里发出的"扑哧扑哧"声。听着这种声音，泪水模糊了我的双眼。在我19岁那年，我把这个故事写成一篇散文，名叫《爸爸的脊背》，发表在《抚顺晚报》上。

爸爸想告诉你，纵使是丹青高手，也难以勾勒出父亲那瘦弱而又坚挺的脊梁；即使是文学泰斗，也难以刻画尽父亲那朴实而不屈的精神；即使是海纳百川，也难以包罗尽父亲对儿女的深沉关爱！

生命的血液在延续。亲爱的宝贝，爸爸会在今后的日子里，更加善待你的爷爷、奶奶，尽自己最大的力量让他们过上舒心的日子，度过幸福的晚年；同时，爸爸也会把你爷爷那伟大的父爱延续下去，努力让你生活得健康快乐。无论你将来走得有多远，父亲关爱的目光和鼓励的话语都会伴随你一生！

懂得感恩的爸爸

好爸爸有话说

自古以来，我国就有"羊跪乳，鸦反哺""滴水之恩，当涌泉相报"这样浓厚的感恩文化，可是为什么在社会日益发展的今天，感恩之心却在逐渐远离孩子？孩子是父母的影子，答案也许就在做父母的身上。我们经常会发现这样的现象，那就是对别人给予的小恩惠感激不尽，而对自己父母的恩情却视而不见。正所谓"上行下效"，父母是孩子模仿的对象。想要孩子拥有一颗感恩之心，家长首先要学会感恩。如果说父母的"不求回报"是种美德，那儿女的"知恩图报"就是种良知。父母怎样爱自己的孩子，孩子就应该怎样孝敬自己的父母。难以想象，一个不懂得爱父母的人，怎么会懂得去爱他人？作为家长，对待父母，您应保持一种尊敬的心、幸福的心、仁爱的心、柔软的心、包容的心。要记得经常用行动而不是语言向父母表达谢意。如果您能把对父母的感恩变成一种习惯，并能潜移默化地感染孩子，那您就向对儿女实行的感恩教育迈进了一大步。如果您的孩子既能看到身边无声的范例，又能切身感受到父母对自己的爱意和辛劳，这个孩子很难不具有感恩的美德。

懂得感恩(二)

亲爱的宝贝:

前几天,你写了一篇让爸爸感到惊喜和感动的作文。当爸爸把这篇作文投到《半岛晨报》后,这篇作文有幸得以在学生作品版发表。

你的这篇名为《好爸爸》的作文是这样写的:

提起我的爸爸,我就很自豪,因为我认为他是天底下最好的爸爸。

我的爸爸长着又浓又黑的眉毛、大大的眼睛。鼻子上架着的一副金边眼镜,让人一看就知道很有学问。他的头长得很大,里面装了很多很多的知识。妈妈说爸爸长得不好看,可我不这样认为,我认为他长得很帅。

我说爸爸很伟大,是因为他对我特别疼爱。

他做了8年记者,工作特别忙,每天都要写不同的东西。可不管多忙,他都要抽出时间来陪我。他陪我读书,陪我打羽毛球,陪我去游乐场,他让我的生活充满了快乐。

自从我3岁从抚顺老家回到大连爸爸身边后,爸爸就为我在电脑里建了个博客。里面有我从小到大的照片,还有我的成长日记。一有时间,他就把我的成长故事写在上面。现在,他还教我自己来写。他说,等我上了小学三年级,就为我自己建一个博客。

最近发生了一件事,爸爸让我特别感动。前些天,爸爸得了胆病做了手术。刚刚下了手术台被抬到病床上时,因为打了麻药他还看不见身边的人,可他说出的一句话让亲属们都很感动。他说:"柜子里有给竹竹买的十多本书,你们回去时帮我捎给竹竹。"爸爸在这样的时候想的不是自己,而是我,真是可怜天下父母心啊!

我的爸爸对我这样好,我感觉我的爸爸真是世界上最好的爸爸!

你在作文中提到的爸爸做手术，发生在 2008 年 12 月 26 日。爸爸突患重症急性胰腺炎，经过手术，闯过了鬼门关。在爸爸住院期间，你很想念爸爸，虽然交通不太方便，但还是缠着妈妈来看望了爸爸几次，让爸爸感觉很开心，很温暖。

今天，见到爸爸出院，懂事的你自然特别高兴，对爸爸给予了特别的关心和照料。见爸爸做完饭累了躺在床上，你就特意为爸爸剥好了橘子，放到爸爸嘴里；见爸爸没有力气收拾床，你就懂事地把爸爸床上的衣服和杂物收拾到衣柜里；见爸爸用微波炉热汤药，你就跑前跑后地想把药帮爸爸端到嘴边……看到你如此懂事，爸爸打心眼里高兴。

爸爸想对你说：我亲爱的宝贝，爸爸很欣慰你能懂得感恩！爸爸相信，在这方面，你现在表现很棒，将来会更棒！爸爸为你感到骄傲！

懂得感恩的爸爸

好爸爸有话说

感恩是一种对生活的态度，是获得幸福的必要条件。对此，美国作家马克·吐温的一个小故事也许会给您带来启示。有一次，马克·吐温家里被盗，被偷走许多贵重财物。一位朋友闻讯写信安慰他。马克·吐温在回信中写道："亲爱的朋友，谢谢你来信安慰我，我现在很好，我要感谢上帝，这是因为：第一，贼偷去的是我的东西，而没有伤害我的生命；第二，贼只偷去我部分东西，而不是全部；第三，也许他是不得已才这样做，我的东西可能帮了他的大忙；第四，最值得庆幸的是，做贼的是他，而不是我。"通常来讲，家里被盗后，人们都会痛骂盗贼无耻，并自叹倒霉，而马克·吐温却能从被盗这样的事上找出四条感恩的理由，这就是境界，就是积极的生活态度。在我们的生活中，如果您能拥有这种心怀感恩的生活态度，我们的生活一定会更加美好，我们的幸福感一定会更加强烈。

礼貌是一面镜子

亲爱的宝贝：

有人说"一个人的礼貌就是照出他的肖像的镜子"；有人说"有礼貌不一定显得有智慧，没礼貌却常常显得很愚蠢"；也有人说"敬人者，人恒敬之；爱人者，人恒爱之"……礼貌，是一个人思想道德水平、文化修养、交际能力的外在表现。自你懂事时起，爸爸就注意加强对你的礼仪教育，希望把你培养成一名懂文明、有礼貌的孩子。

爸爸认为，对孩子的礼貌教育要从小抓起，所以在你牙牙学语时爸爸就开始教你说"谢谢""对不起""请""再见"这些礼貌用语了。每当家里有亲朋好友前来串门时，爸爸、妈妈会让你说"你好"；当客人送你东西时，会让你说"谢谢"；当客人要走时，会教你说"再见"。在教你发音的同时，爸爸、妈妈还会教你用招手、摆手、作揖这些动作来配合语言，让你记起来印象更深刻。

当你受情绪影响，待人不礼貌时，爸爸会耐心引导你。一天早晨，爸爸送你去幼儿园。在公交车上，因为没让你带玩具上幼儿园，你有些不高兴，坐在车上生闷气。坐在你对面的一位阿姨一直微笑着看着你，一看就知道，她是位喜欢孩子的人。过了一会儿，她问你："宝宝几岁啦？"谁知你对她不理不睬的，就像没听到一样。当爸爸提示你应该回答阿姨的提问时，你仍然无动于衷。下车后，爸爸耐心地对你说："阿姨问你话是对你表示友好，你这样不理人家，是不礼貌的。"你看着爸爸，若有所思。爸爸问你："那以后能不能更礼貌一点呢？""能！"你干脆地回答。"那就从幼儿园看门的老大爷开始吧！让爸爸看看你问好的声音是不是特别好听。""老爷爷好！"你向老爷爷问着好，声音很清脆。老爷爷笑着说："你也好！""你看，你的问好让老大爷多快乐呀！你的心情是不是也变得很好了？"爸爸问。"是！"你笑着说。"爸爸就知道你可以成为特别有礼貌的孩子，以后继续努力吧！"爸爸鼓励着你。在这件事中，爸爸委婉地指出了你不礼貌的问题,并对你后来的礼貌行为给予了表扬和鼓励,让你懂得怎样做是对的,怎样做是错的,让你增强了礼貌待人的意识。当家里来了客人,你能主动问好时,爸爸也会适时地表扬你,以此激发你主动和人打招呼的积极性。

在你上了幼儿园以后,进入语言学习的高峰期,爸爸更注意加强对你的礼貌教育。当你忘记使用礼貌语言时,爸爸会轻声提醒和纠正。比如那次你对爸爸说:"我要吃巧克力,快给我拿。"爸爸轻轻摆摆手说:"这样和爸爸说话礼貌吗?"你马上改口说:"爸爸,给我一块巧克力。""很好,还差一个字。"爸爸提醒着。"爸爸,请给我一块巧克力。""真棒!"爸爸把巧克力递给你以后说,"接下来该说什么?"你马上反应过来,笑眯眯地说:"谢谢爸爸!"爸爸经常和你做这样的语言训练,它就像是在做游戏,所以让你并不抵触,乐于接受。经过反复训练之后,你就会慢慢养成文明礼貌的语言习惯。

爸爸还经常挑选一些和文明礼貌有关的小故事,或讲给你听,或和你讨论,或和你做角色游戏,增强你对文明礼貌的认识。在你5岁时,爸爸就教你吟诵《弟子规》了。爸爸会通过生活中的具体事例,向你讲述"亲爱我、孝何难;亲憎我、孝方贤"之类的道理。同时,爸爸告诉你,随着时代的发展,我们现在学习《弟子规》,并不是照书中写的那样照搬照做,而是要学习它的精髓和内涵。比如说,对于生活节奏飞快的我们来说,再去学古人"骑下马、乘下车;过犹待、百步余"已经不太现实,也没有必要了。你想,如今的交通工具已再不是过去的马匹和马车,而是汽车、火车、轻轨……两车交错速度如此之快,车也不是由你来驾驶,即使你知道相对而来的车辆上坐着自己的长辈,你又如何能实现"乘下车"呢?时代在变迁,出行方式在变化,但礼貌待人的美德不会变,如果你在步行时、在交通工具上遇到熟识的长辈,能热情地和他们打招呼,那也算是学到书中的精髓了。

爸爸不但要求你尊敬长辈,还要求你与邻居、小伙伴和睦相处。爸爸要求你见了邻居要主动问好;到邻居家找小朋友玩时要先敲门;在家里玩时不要让地板发出的响声影响楼下邻居休息;在爸爸妈妈和邻居说话时不要随便打断。爸爸要求你和小伙伴玩时要谦让,要和气,要学会和小伙分享玩具,自已做错了事要及时说声对不起……此外，爸爸还要求你在公共场所要规范自己的行为，无论是在走路、问事、乘车、购物，还是看电影时，都要做到文明礼貌。

礼貌是一种习惯，一种涵养，一种风度！我亲爱的宝贝，你要记住：只有你尊重了别人，才会得到别人的尊重！

有礼貌的爸爸

好爸爸有话说

当家里来客人时，您一定希望自己的孩子能够懂得礼貌待人，但当您的孩子在这方面做得不够好时，也应分析其原因，然后有针对性地解决，切不可急躁。在家里来客人时，如果您因为怕孩子打扰到客人，就把孩子打发到一边，久而久之，家里一来客人，孩子就会自动躲到一边去，就失去了对人礼貌的机会。比较妥当的做法是，当有客人来访时，您可以彼此介绍一下，给孩子提供一个讲礼貌的机会，而不是简单地把孩子排斥在外。另外，在家里来了客人后，您也不要因为看到孩子没有和客人打招呼，就强迫孩子过来打招呼。对于还没有养成和陌生人打招呼习惯又很害羞的孩子来说，这样做不但达不到您的目的，还可能会让孩子产生逆反心理，起到适得其反的作用。如果孩子坚持不肯和客人打招呼，您可以暂时放弃，等到孩子平静了以后，再和他讲道理，这样更容易得到孩子的理解和配合。

分享是快乐的

亲爱的宝贝：

今天，你从学校回来后，让爸爸、妈妈闭上眼睛，待我们睁开眼睛后，发现眼前多了三块糖。你告诉我们，这三块糖是老师奖励给你的，你在学校没舍得吃，特意带回来想让爸爸、妈妈和你一起分享。爸爸看到，这三块糖都是你最爱吃的水蜜桃味软糖和花生酥糖。可以想象，在学校里，你看着这几块好吃的糖，心里该有多馋啊！但是你最终还是抵制住了糖的诱惑，把它们带回家和爸妈一起吃，你这样做让爸爸很感动！

你是个懂得和人分享的孩子，爸爸为你而感到骄傲。让你懂得分享，也是爸爸一直为之努力的目标。爸爸爱你，但并不溺爱你。为了让你懂得和人分享美食，爸爸买来好吃的，一般都不让你吃独食，而是给爸爸、妈妈，楼上的爷爷、奶奶都会分一点。因为爸爸知道，爸爸不这样做，就可能让你习惯于独享美食，认为自己独占是理所应当的，从而养成不懂感恩的习惯。

孩子常常是通过观察和模仿来学习新事物的。所以爸爸作为你的第一任老师，必须要在各方面为你树立积极的榜样。爸爸平时经常主动去关心他人、帮助他人。当爸爸发现一些好书时，总会多买上几本，送给你的同学。爸爸还会向你推荐一些关于分享行为的故事、童话，让你在阅读中体会到主人公的处境，体验分享时的内心感受。之后，爸爸还会与你就此展开讨论。爸爸认为，这些做法对于培养你的分享意识和分享行为都具有积极的作用。

在你4岁时，你还不太喜欢和小朋友分享自己的玩具。有一次，小伙伴婷婷来我们家做客。不管婷婷拿起你的什么玩具，你都不高兴，都会把玩具抢下来。爸爸及时向你讲明道理，心平气和地对你说："如果你去婷婷家，她不让你玩她的玩具，你心里会怎么想？"见你没吭声，爸爸接着说："你想想，是你自己玩玩具有意思，还是你们俩一起玩玩具有意思？"在爸爸的开导下，你终于把手里的玩具火车递给了婷婷,和婷婷一起高高兴兴地玩起了"开火车"。看到你做到了能与人分享自己的玩具,爸爸马上表扬你说:"你真棒,能和小朋友一起玩你的玩具!"

为了培养你的分享意识,爸爸还鼓励你和小朋友们进行玩具"交易",爸爸发现这是鼓励你与人分享的好方法。当你想让小朋友借玩具时,爸爸让你知道为了能借到别人的东西,你可以试着拿出自己的东西作为交换。当然,"交易"过后,你要保证做到"完璧归赵",不能损坏人家的玩具。同时,到了要把玩具交换回来时,你一定要保证能按时把人家的玩具归还回去。只有这样,你才能获得良好的信誉,保证下次还可以进行玩具"交易"。

我的女儿,你要知道,不仅美食、玩具这些看得到的东西可以分享,悲伤和快乐这些情感也可以分享。你只有成为一名愿意与别人共同分享悲伤和快乐的人,才会赢得友谊和成功。美国南部的一个州,每年都举办南瓜品种大赛。有一位农民在得了大奖之后,出人意料地把种子分给了街坊邻居们。一位邻居很诧异地问他:"你花了大量的时间和精力来改良南瓜品种,现在为什么会这么大方地将种子送给我们呢?你不怕我们的南瓜品种会超过你吗?"这位获奖农民回答说:"我把种子分给大家,是在帮助大家,也是在帮助我自己啊!"原来,这位农民所在的城镇家家户户的田地紧密相连。如果获奖农民把得奖的种子分给邻居,邻居们就能改良他们南瓜的品种,这样就可以避免蜜蜂在传递花粉的过程中,把临近的较差的品种传播给自己的南瓜地。获奖农民的做法真是一举两得啊!他懂得分享,结果既幸福了大家,又快乐了自己。

在平时的生活中,爸爸经常会给你分享的实践机会。在爸爸买了水果、糕点后,总会让你进行分配。如果你分配得合理,爸爸就会及时表扬你。还记得爷爷过生日那天分蛋糕吗?你把最大的一块给了爷爷,最小的一块给了自己,还说你这是在学"孔融让梨"。分完蛋糕,你还用小西红柿、香蕉块和橘子做了个水果沙拉,分给大家吃。看着你这么懂事、可爱,爷爷、奶奶笑得合不拢嘴,爸爸、妈妈也开心地笑个不停。

当然,在希望你懂得和人分享的同时,爸爸也会注意掌握分寸,尊重你的意见，不会勉强你什么东西都与人分享，更不会因你拒绝分享而惩罚你。每个人都有自己的私密空间，有些东西是不必，也不能拿来和人分享的，比如日记。

亲爱的宝贝，分享是一种美德，也是一种责任。它对你来说，可能并非一件易事，但你一旦拥有了这项美德，你就会品尝到它带给你的无穷的快乐。

懂得分享的爸爸

好爸爸有话说

孩子不懂得分享，有多种原因。有的是因为家长溺爱，有的是因为孩子交际面窄，有的是因为缺少安全感。古人说"溺子如杀子"，家长在教育过程中万万不能无条件地满足孩子的需求，给予他特殊的地位。应该让孩子明白，他所得的不是理所应当的，应该学会感恩和分享。对于交际面窄的孩子来说，可扩大孩子的同伴交往范围，确保孩子有较多的玩伴，这样孩子才能得到更多与人分享的机会。您可以让孩子邀请小伙伴到家里一起玩，这样孩子在和小朋友的相处中，就可以学会交往技巧，养成分享习惯。当孩子因为缺乏安全感而喜欢独占玩具时，您应让孩子知道，能给他安全感的不仅只有爸爸妈妈，还有那些小朋友。当孩子和那些小朋友熟悉起来以后，他们的不安全感也就会渐渐消失。当孩子表现出与他人分享的行为时，您的及时鼓励和表扬，能让孩子看到您的肯定，也能让他感受到分享的快乐。

我是劳动小能手

亲爱的宝贝：

　　作为学生，你们应该把主要精力放在学习上，这是对的。但是，这个"学习"，并不只局限于书本知识学习，也不局限于拿好分数、进好高中、考好大学，这个"学习"还应包括劳动技能的学习等多方面内容。爸爸发现，如今有不少家长在孩子想帮大人做家务时，总会给孩子泼冷水，用"快去做作业""玩去吧"这样的话，浇熄了孩子的劳动热情，让孩子丧失了一次又一次的劳动技能学习和实践机会。爸爸不会这样做。

　　著名教育理论家苏霍姆林斯基说过："不要把孩子保护起来不让他们劳动，也不要担心孩子的双手会磨出硬茧。要让孩子知道，面包来之不易。这种劳动对孩子来说是真正的欢乐。通过劳动，不仅可以让他们认识世界，也可以让他们更好地了解自己。"有资料显示，美国孩子每天的家务劳动时间是1.2小时，韩国孩子每天0.7小时，英国孩子每天0.6小时，日本孩子每天0.4小时，而中国孩子每天做家务劳动的时间却只有11分钟，不足0.2小时！表面上看，孩子缺少的是劳动时间，其实孩子所欠缺的是动手实践的机会。爸爸认为，劳动学习是最基本的学习。爸爸不希望你将来只知道死读书，考试超能、劳动低能。为了从小帮你养成爱劳动的好习惯，爸爸从多方面对你进行了训练。

　　想让你热爱劳动，首先要让你认识到劳动的重要性。爸爸经常为你讲一些和劳动有关的故事，让你懂得我们平时吃的每一粒粮食、穿的每一件衣服、看的每一本书都是劳动的成果。爸爸还会引导你从"锄禾日当午，汗滴禾下土。谁知盘中餐，粒粒皆辛苦。"这样的古诗句中去理解劳动的辛劳和伟大。爸爸有时还会带你去抚顺老家的农村，去爸爸的单位报社，去妈妈所在的工厂看一看，让你认识到，没有劳动就没有你今天幸福的生活。

在劳动方面,爸爸对你最基本的要求就是——自己的事情自己做。爸爸在你三四岁时,要求你自己吃饭、漱口、洗脸、穿衣服;在你五六岁时,让你学做擦桌子、扫地、洗手帕这样的简单家务劳动;在你上学后,让你自己整理书包和书桌;每周一早上升旗时,要你自己记得穿校服、佩戴红领巾……为了让你做家务变得更有计划和条理,爸爸指导你列出一张"劳动清单",贴在你的床头。清单里面包含了洗袜子、洗红领巾、洗桌布、收拾书包等许多内容。每晚你都会按清单进行清点,看自己哪些已经做了,哪些还没有做,今天要为明天做什么准备。经过几年的实践,你已经养成了自我管理的好习惯,在那些力所能及的事情上,也表现得非常自立和自信,基本不需要爸爸、妈妈操心了。

爸爸鼓励你在把自己的事做好的同时,也应分担一些家务活。爸爸在分配家务活方面是有研究的,为你分配的家务活一般要符合以下三个条件:一是适合孩子做,二是孩子愿意做,三是不要留太多。爸爸为你分配的家务活不会太繁重,都是适合你做的,比如早上取报纸、饭前摆碗筷、去超市买东西等。这些家务活通常也是你愿意做的,比如为鱼缸换水、给花浇水、给妈妈捶背等。因为你还小,爸爸给你分配的家务活肯定也不会太多,爸爸可不想累坏了你,爸爸希望你能快乐劳动,而不希望你做过一次家务就再也不想劳动。

每当你做完一项家务时,爸爸总会及时地表扬你,让你体会到劳动成功的喜悦。每当你在家务劳动中遇到困难时,爸爸总会给予你鼓励和指导,帮你克服困难,完成任务。记得有一次,你为爸爸、妈妈拌水果沙拉,结果你不小心错把盐当成糖放到水果中,使得这道水果沙拉味道很咸。当时,爸爸并没有埋怨你,而是鼓励你说:"你拌的这道沙拉也许是世界上最独特的沙拉,也许未来的沙拉品味会因你这道菜而改变呢!"本来很泄气的你听了爸爸的话,立刻扬起头来,脸上又恢复了自信的笑容。你兴味盎然地对爸爸、妈妈说:"我再为你们拌一道!"

爸爸平时还注意鼓励你树立爱心,多参加力所能及的社会公益劳动。周末,爸爸有时会带你参加义工的环保公益活动。我们会去山上捡拾白色垃圾,会去社区清理小广告,会在小区里树立环保爱心提示牌……家乡的大海被原油污染后，爸爸带你一起来到海边，戴着手套，把那些油块、油渣捡拾到塑料袋中，为净化家乡环境做出贡献。

法国伟大的思想家卢梭说过："一个小时劳动所获得的东西，比一天听讲得到的要多。"知识来源于实践，我的女儿，你需要在动手实践中学会思考，而参与家务劳动是你最好的实践活动。

我的宝贝，张开你好奇的眼睛，迈开你勤快的双脚，伸出你勤劳的双手，到劳动中去实践、去学习、去收获吧！

爱劳动的爸爸

好爸爸有话说

您如果想送给孩子一份一生都受用不尽的礼物，那就给孩子们一个劳动的机会吧！但是您应该意识到，想要培养孩子的劳动习惯，您就必须做到有耐心。在我们的生活中，经常会发现有的家长对孩子缺乏耐心。当孩子早晨起来穿衣服时，如果站在一边的您看到孩子穿衣服的动作笨拙，心里着急，就一把把孩子拉过来，帮孩子代劳了，那么孩子的衣服确实会穿得又快又好，可是您的代劳却剥夺了孩子一次很好的劳动实践机会，也打击了孩子的劳动自信心。久而久之，孩子的劳动欲望就会消失，最终养成衣来伸手、饭来张口的习惯。其实，在这种情况下，您应该认识到，任何一项技能都不是短时间内能学好、做好的，尤其是对孩子来说，更是如此。孩子可能一次做不好，两次做不好，但多做几次肯定会做好的。正如盖塔一样，没有下面的第一层、第二层，何来上面的第三层、第四层……以及最高的塔尖？为孩子创造机会，让他们去劳动吧！即使他们在劳动中做得不够完美，即使会给您增添一些小麻烦，也是值得的，因为这是他们成长过程中必须经历的过程！

宽容是种美德

亲爱的宝贝：

过去，爸爸给你讲过"萧何月下追韩信"的故事。今天，爸爸想为你讲的故事，也跟大英雄韩信有关。一天，一群恶少围住韩信，当众羞辱他。其中一名屠夫对韩信说："你虽然长得又高又壮，平时还喜欢佩戴刀剑，可是你的胆子小得很！不信，你敢拔出你的剑来刺我吗？如果不敢，那你就从我的裤裆下面钻过去吧！"韩信见他们人多势众，心想硬拼肯定吃亏，于是他便当着众人的面，从屠夫的裤裆下钻了过去。后来，韩信知耻后勇，发奋图强，最后当上了大将军，帮助刘邦打败项羽，统一了天下。后来，当韩信找到那名屠夫时，屠夫很害怕，以为韩信要杀他报仇。没想到韩信不但没有杀他，居然还封他做了军官。韩信对他说，没有当年你给我的"胯下之辱"，就没有我的今天啊！你看，韩信有多么大度，多么宽容！

你们孩子的宽容心是一种非常珍贵的感情，它主要表现为在别人犯错时，能够大度地去原谅对方。富有宽容心的人往往心地善良，性情温和，惹人喜爱，受人拥护；而缺乏宽容心的人往往性情怪诞，易走极端，不容易为人亲近。那么怎样才能让你拥有一颗宽容的心，帮你建立和谐的人际关系呢？

爸爸是你的第一任老师，要求你做到宽容，爸爸就必须首先做到宽容待人。如果爸爸能够做到宽容、大度、遇事不斤斤计较，与邻里、同事、亲属都能融洽相处，那你就会学着爸爸的样子宽容对待同学和小伙伴，和大家相处得更加融洽。

记得你6岁那年，在玩单杠时，头部摔伤了。因为要缝针，在处理伤口时，医生把你后脑位置的头发剪掉了一些，使得那个位置看上去有些难看。一天，你哭着跑回家，告诉爸爸，小伙伴丽丽因为你的头发难看，为你起了一个难听的外号叫"落汤鸡"。爸爸安慰你说，不要和丽丽一般见识，而是应该站到丽丽的角度去想问题。其实丽丽也是个很可怜的孩子——她的父母离婚了,她和爸爸以及几名工厂的叔叔同住在一个集体宿舍里,居住条件非常差。在她爸爸上夜班时,丽丽只能自己待在宿舍里或是独自在小区里疯跑。对待这样可怜的孩子,我们应该更宽容些。今天,她给你起外号,可能是因为你们之间在玩耍时闹了点小矛盾,到了明天这时候,你们还会和好如初的。接着,爸爸还为你讲了这样一个故事:有这样一个孩子,他不知道回声是怎么回事。有一次,他独自站在山谷里,大声叫道:"喂!喂!"大山立即回声:"喂!喂!"他又问:"你是谁?"大山回声:"你是谁?"他气极了,大骂:"你是个大笨蛋!"山上马上传来"你是个大笨蛋!"的回声。孩子气哼哼地回家,对妈妈说了这件事。妈妈对他说:"孩子呀,那是你做得不对。如果你恭恭敬敬地对它说话,它就会和和气气地对待你的。"第二天,孩子来到山上大声喊道:"你好!"大山也传出回声:"你好!"你听了爸爸的故事,恍然大悟地说:"我知道了!"接着,你跑出家门,和丽丽又玩到了一起。

爸爸鼓励你多和小伙伴们交往,这是因为,你只有与更多的人交往,才会发现每个人都有缺点,每个人都会犯错误,你只有学会宽容别人的缺点和错误,才能与人正常交往,友好相处。也只有通过交往,你才能体会到宽容的意义,体验宽容带来的快乐。和小伙伴们在一起时,你的以德报怨,你的衷心庆贺,你的点滴帮助,都能让你得到友谊,获得进步。

人和人相处,没有不发生矛盾的时候,就连大人们都如此,更别说孩子们之间了。你看,就拿你来说,有时小朋友不和你玩,还不让别人和你玩;有时小伙伴扯坏了你的书,还强词夺理不道歉;有的同学恶作剧把你的作业本放到他的书包里,害得你交不成作业……这些事都会让你感觉很恼火,但这些事既然已经发生,就让它过去吧!希望你不要记恨。

当然,爸爸鼓励你宽容,不是要你丧失原则,姑息纵容,不是要你无限度地宽容别人。对小是小非、没有严重后果的个人冲突、无意的损伤,你尽可能地不要计较,多些忍让与原谅。然而对那些会为你造成很大损害的恶意伤害和破坏行为,要采取灵活的方式,去反对、去制止、去解释,保护好你自己。在反对和制止时,要注意方式方法,不要过于粗鲁简单,不要不顾场合和分寸,因为这样都不利于纠正错误，反而会起到适得其反的作用。

　　爸爸告诉你，宽容不是懦弱，不是盲从，不是人云亦云。宽容是明辨是非之后对朋友和亲人的退让，而不是对坏人坏事的妥协。我的女儿，请记住这句话：别人是自己的影子，宽容他人，就是宽容你自己！

宽容的爸爸

好爸爸有话说

　　如今的孩子大都是独生子女，都是爸妈的心肝宝贝。孩子在外面受了委屈，做家长的总会心疼得不得了。于是有的家长就会教育孩子说："别人对不起你，你就对不起他；别人打你，你就打他。"孩子如果按照这种方法去处理同学之间的关系，只能把自己陷于被孤立的境地。久而久之，不但会影响到孩子将来对人际关系的处理，甚至还会影响到孩子日后的夫妻关系。因此，教孩子学会宽容，不仅是为了孩子今天能处理好和同学之间的关系，也是在为孩子将来的幸福打基础。教育孩子时，可以多从身边小事入手，告诉孩子对他人要多理解、少计较。当孩子抱怨"龙龙借走我的动画片碟都快一星期了，还不还给我。"时，您可以这样回答："别着急。也许是因为他最近作业比较多，一直没抽出时间看。上次他不是也把卡通书借给你看了一周吗？"您这样回答，是在教孩子换位思考。当孩子抱怨"我太讨厌他了"时，您可以耐心开导孩子，提醒他多看别人的优点，不要总把别人的缺点牢记在心里。只有这样，您的孩子才能做到更好地和别人沟通、交往，才能得到更多的朋友。

4

在挫折中磨炼逆商

逆商（AQ）也叫挫折商，是指人们在面对挫折时摆脱困境和超越困难的能力。在智商相差不大的情况下，逆商对一个人的事业成功起着决定性的作用。对于在赏识教育环境中长大的孩子来说，有时遇到挫折也是一种财富，家长应该利用好挫折，把坏事变成好事。

从"当哪吒"到"当作家"

亲爱的宝贝：

爸爸在电脑前写这封信时，你正闷着头，坐在你的书桌前认真地写童话。"爸爸，'哇'这个字怎么写？"才上小学二年级，你不会写的字还很多，但这丝毫没有影响你创作的热情。你之所以会这么执着地写童话，源于你有一个出一本自己的书、成为中国著名作家的远大理想。

谈到你的理想，从2岁到7岁，经历了一个有趣的变化过程。在你三四岁时，爸爸就经常给你讲中外名人因从小树立远大理想而成才的故事。其中，对你启发最大的是莱特兄弟的故事。莱特兄弟小时候看见大雁从头顶飞过，心里特别羡慕，便对爸爸说："做个会飞的大雁多好啊！"他们的爸爸说："只要你们想，你们也能飞起来。"两个孩子试了试，没有飞起来，以为爸爸在逗他们。这时，爸爸说："那就让我飞给你们看。"说完，他飞了两下，但也没飞起来。爸爸很肯定地说："我是因为年纪大了才飞不起来，你们还小，只要不断努力，就一定能飞起来，能飞到任何想去的地方。"爸爸的话让莱特兄弟从小树立了飞起来的梦想。一天，爸爸带回一个能飞向空中的小玩具，它是用橡皮筋做动力的。莱特兄弟看到这种玩具能升上天，觉得有趣，就照样子做了几个，结果都能飞起来，这让他们萌生了制造飞机的想法。经过反复试验，世界上第一架飞机终于在他们手中诞生了。如果没有爸爸的鼓励，莱特兄弟的热情和梦想很可能就熄灭了。

在你3岁时，你最喜欢看动画片《小英雄哪吒》，帅气、勇敢又武艺高强的哪吒成为你心中的偶像。当爸爸问你长大后想做什么时，你告诉爸爸："我的理想是长大当哪吒！"爸爸笑了，爸爸没有告诉你这是一个你永远也无法实现的理想，因为你的理想是美丽的、纯真的，就像一块美玉、一颗珍珠，让人不忍心去破坏它。现在你还小，不懂得哪吒是神话中的人物，你无法成为他，但是待你再大一些,不用告诉你,你也会懂得这个道理了。

爸爸不希望替你"包办"理想,因为爸爸知道,只有发自内心的理想才能为你带来发自内心的快乐,才能成为你前进的动力。在现代社会中,有的家长对孩子期望值特别高,希望自己今生没有实现的理想能在孩子身上得以实现。他们望子成龙、望女成凤的想法可以理解,但那些让孩子感觉高不可攀的理想和痛苦的实践过程往往会吓到孩子,结果会导致孩子被"折磨"得疲惫不堪,父母也是有苦难言。爸爸不想这样对你,不想强迫你做不喜欢做的事,去实现你不想实现的理想。你的音乐天赋特别好,但是你不太喜欢乐器,爸爸就尊重你的意见,不在这方面去难为你。在你五六岁时,你特别喜欢画画,而且画的画特别有灵气。这时,你已经知道当哪吒的理想是无法实现了。有一天,你告诉爸爸:"我知道哪吒不是女孩,是男孩,所以我不想当哪吒了。幼儿园里的老师和小朋友都叫我小画家,我长大想当画家!"原来,爸爸把你的画邮寄给全国的绘画比赛组委会,结果你得了金奖。这个消息被幼儿园的老师、小朋友们知道后,他们都叫你小画家。现在,你有了明确的理想,爸爸非常高兴,同时鼓励你说,光有理想是不够的,还应该有为理想而努力的行动,这样才能实现理想。爸爸为你买了很多绘画方面的书、油画棒和画纸,鼓励你发挥自己的想象去画。作为你的"粉丝",爸爸经常会在绘画的过程中欣赏你,赞赏你,结果爸爸发现,你的进步越来越明显,成绩越来越显著。

作为孩子爸爸,如果整天只知道吃喝玩乐,混混沌沌地生活,却要求孩子要有远大理想,这是很可悲,也很可笑的事。爸爸知道,想让你有远大理想,爸爸就不能成为一个生活中没有目标的人。你上小学后,爸爸戒掉了网络游戏,每天除了陪你阅读、运动和游戏,就是写作。爸爸的习惯影响了你,家里的氛围感染了你,每天晚上,你都会坐在爸爸身边看书、画画、写童话。由于你的阅读量大,练笔机会多,你的写作优势也逐渐显露出来。上小学后,随着你的作文不断在报刊发表,你的信心也越来越足了。你告诉爸爸,现在你的理想是长大后当全国知名的作家。很好!这应是你长期为之努力的目标。在爸爸的鼓励下,你还制订了一个短期目标,那就是利用小学三年级一年的时间,完成一部6万字的童话,争取将来出版后换回稿费,用这笔稿费为自己买一个心爱的笔记本电脑。写作过程是艰苦的,要克服许多困难,还要牺牲你玩的时间,但你一点也不怕苦。一个月来,你每天少则300字,多则700字,一直在坚持写作,爸爸可真佩服你啊!

你告诉爸爸:"爸爸,你就等着瞧吧!今天人家叫我是葛作家的女儿,明天人家会叫你葛作家的爸爸。"孩子,好样的!你的未来理想很远大,你的近期目标很具体,爸爸相信你的近期目标和远大理想都会实现!

亲爱的宝贝,加油吧!

有追求的爸爸

好爸爸有话说

　　很多孩子不缺少远大的理想,缺少的是为理想而努力的信心和行动。家长在鼓励孩子时,可以为孩子讲讲日本马拉松选手山田本一的目标分解法。山田本一曾获得过两个国际马拉松邀请赛的冠军。两次比赛结束后都有记者请他谈成功的经验,但他回答的都是同一句话:"用智慧战胜对手。"若干年后,山田本一在自传中这样解释了当年的话:"每次比赛之前,我都要乘车把比赛的线路仔细地看一遍,并把沿途比较醒目的标志画下来,比如第一个标志是银行;第二个标志是一棵大树;第三个标志是一座红房子……这样一直画到赛程的终点。比赛开始后,我就奋力地向第一个目标冲去,等到达第一个目标后,我又以同样的速度向第二个目标冲去。40多千米的赛程就这样被我轻松地跑完了。起初,我并不懂这样的道理,就把目标定在40多千米外终点线上的那面旗帜上,结果跑到十几千米时就疲惫不堪了,我被前面那段遥远的路程给吓倒了。"您可以通过这个故事告诉孩子,把远大理想分解成若干个小目标,去一个个拼搏。待这些小目标一个个地全部完成,远大理想也就最终实现了。

勇敢的小家伙

亲爱的宝贝：

今天你在小区里的双杠上玩,爸爸在远处静静地看着。只见你先是两手撑着双杠,双脚上抬,小心地踩到双杠上。看起来你是想站到双杠上,但你一直在犹豫,显得有些害怕。爸爸走到你身边,鼓励你说:"不用怕,慢慢地,勇敢地站起来,有爸爸在保护你!"你试探着,慢慢地站了起来。你站在双杠上,环顾四周,看你那表情,很有些"一览众山小"的味道。"我敢站起来了!"你兴奋地说。

你今天的表现很勇敢,爸爸很高兴! 爸爸记得小时候的你胆子很小,那时你看见虫子就会惊叫起来,听到打雷就会钻进妈妈怀里,家里来了客人大气都不敢出……歌德说过:"你若失去了勇敢,你就把一切都失掉了。"爸爸从小就注意锻炼你的胆量,力争把你培养成一名有勇气、有主见、有竞争力的孩子!

爸爸为你买了不少英雄故事书,里面有许多英雄们不怕困难、不怕牺牲的故事。爸爸在为你讲故事时,会以这些英雄作为榜样,培养你勇敢的性格。打防疫针时,你很害怕,还没进门就委屈地哭了起来。这时,爸爸为你讲了关公刮骨疗毒的故事。"你看,关羽做这样大的手术都镇定自若,忍着痛和人下棋,你打针就像蚊子叮了一下,很快就完了。是不是一点也不可怕啊?"爸爸开导你说。爸爸、妈妈带你去游乐场玩时,你不敢走里面的铁索桥。爸爸看到这个铁索桥对你来说没有什么危险,你只是缺少足够的勇气,爸爸就鼓励你说:"很简单,手扶着护栏,就像你平时走路一样走就可以了。"当你小心翼翼地走过来后,眼里露出了欣喜的目光。"你看,这个铁索桥并不可怕,因为你勇敢,所以它这么容易就被你打败了!"爸爸鼓励你说。

如果爸爸是个胆小鬼,那无论怎样鼓励你勇敢也是徒劳的。因此,无论发生了什么事,爸爸在你面前,都会尽量表现得很勇敢,很坚定,为你做个勇敢的榜样。在你6岁时的一个晚上,爸爸感觉全身无力,胃部疼得很厉害。爸爸知道这次病得不轻,恐怕有危险,但你在身边,看着你担心的眼神,爸爸挤出一丝微笑,安慰你"没关系",接着告诉你妈妈打120,叫来了急救车。经检查,医生确诊为"急性重症胆源性胰腺炎",是一个能要命的病。紧接着,从区医院转诊到市医院。因为腹部有大量积液,爸爸的腹部被插入三根手指粗的塑料管注水清洗。加上鼻管、胆管和尿管,爸爸身上最多插了7个管子。当你去医院看爸爸时,看到爸爸的样子,你既心疼又害怕,默默地掉下了眼泪。爸爸安慰你说:"别哭宝贝,爸爸一点也不疼。爸爸很坚强,很勇敢,爸爸相信你也是个勇敢的孩子!对不对?"你点了点头。住院期间,爸爸每次给你打电话都会表现得很轻松愉快,还会和你讲一些开心的事,让你真切地感受到自己的爸爸是个勇敢的爸爸。

勇敢的孩子应该是敢于冒险、敢于挑战的。爸爸在带你去登山、游园时,总会和你玩一些探险类游戏,这样不仅会增强你游玩的兴趣,更会增强你的勇气。有一次,爸爸带你去登山时,对你说:"今天我们玩个冒险游戏好不好?""好啊!"对爸爸这样的建议你是从来不会拒绝的,你太喜欢和爸爸玩这个了。"你是探险队队长,我是一号队员,妈妈是二号队员。我们今天的任务是过五关,最后打败怪兽,找到山顶飞碟里的宝藏。"在接下来的"探险"中,分叉的树干,小河中的石头桩,登起来有些费力的山坡,都被我们确定为有危险的关口,一个个穿越,一个个战胜。整个游览过程,是个游戏的过程,也是个探险过程,在游玩中,唤起了你的勇气。

为了让你变得更加勇敢,爸爸还鼓励你参加各类文体活动。你小时候很害羞,在人多的场合不敢说话,更不敢表演。爸爸就经常带你去那些人多的场合,鼓励你和人交流。渐渐地,你和大家熟悉了,就敢于说话,敢于表演了。体育锻炼也能锻炼你的胆量。爸爸有时间就会陪你打羽毛球、踢毽子、踢足球……最初,玩足球时你不敢做守门员,看见球冲着你飞过来,吓得闪身就跑。渐渐地,你胆子越来越大,先是敢于扑球,后来已经扑得很准了。

有一件事给爸爸留下了深刻的印象。那就是刚刚为你布置了自己的卧室时,妈妈很担心,不知你晚上一个人睡觉是否会害怕。你听到妈妈的担忧后,有些不高兴地对妈妈说:"妈妈,别以为我是两岁小孩子,我已经四岁了,长大了,很勇敢的!"

你瞧,你有多勇敢!爸爸希望你今后能百尺竿头更进一步,成为一名有勇气,敢担当的女孩!

勇敢的爸爸

好爸爸有话说

在生活中,有的孩子怕黑,有的孩子怕虫子,有的孩子怕打雷,有的孩子怕小狗,有的孩子怕警察……孩子们的很多"怕"都是后天形成的,有的"怕"就是来自于家长的威胁和恐吓。有的家长在孩子哭闹时会吓唬孩子说:"再哭,警察就来抓你了!"长期这样吓孩子,势必会让孩子对警察产生恐惧感。有的家长在孩子哭闹时,会对孩子说:"再哭不要你了,把你送给路边要饭的。"孩子听了这样的话,会感觉非常恐惧。由于缺少安全感,孩子们对大人的依恋性会更强。所以,您在教育孩子时,最好不要依靠恐吓来换得孩子暂时的乖巧,而应该寻找孩子不听话的原因,然后对症下药。同时善于理解和赏识孩子,不要用过高的标准来要求他们,及时发现他们的长处和进步。比如,孩子吃饭时总是把饭菜掉到餐桌上,您首先要认识到,孩子还小,他们的精细动作和自制能力还不完善,出现这种现象是很正常的。这时可以通过赏识和鼓励,帮助孩子改掉经常掉饭粒的习惯。您这时可以说:"你已经比过去好多了,再加把劲,就能成为节约粮食的小能手了!"

勤奋是成功的阶梯

亲爱的宝贝：

　　关于勤奋，很多人都有精彩的论述。文学家高尔基说"天才出于勤奋"；桥梁专家茅以升说"对搞科学的人来说，勤奋就是成功之母"；数学家华罗庚说"聪明出于勤奋，天才在于积累"。为了让你懂得勤奋，爸爸在你小时候经常为你讲古人勤学的故事，为你树立勤学的榜样。车胤囊萤夜读、司马光警枕励志、屈原洞中苦读……当你听这些故事时，有时会瞪大眼睛，充满惊奇；有时会点头称赞，感慨万千。

　　虽然你现在只有6岁，可是爸爸已经给你买了500多本书，这些书已经把书柜塞得满满的了，这就为你勤奋阅读创造了良好的物质条件。有了这些好书，你经常把它们翻出来，和爸爸一起读。在爸爸写稿子忙，没时间陪你读书时，你便会一个人静静地翻看。看到高兴处，你便把书中的故事绘成连环画，画了一张又一张，画了一小时又一小时，不知疲倦。

　　爸爸经常会夸你"真勤奋"，而不是夸你"真聪明"。爸爸认为，只有夸你勤奋，才能让你从小树立"勤奋比聪明更重要"的观念。如果爸爸总是夸你聪明，而不是夸你勤奋，你可能会认为你取得的成绩是你聪明的功劳，而不是勤奋的结果。这样，你以后一遇到挫折就容易灰心丧气，认为失败不是因为自己不够努力，而是因为自己不够聪明。反之，如果你从小就懂得勤奋比聪明更重要，那在你今后遇到困难时，你会更注意付出努力，尽力把事情做好。

　　当你勤奋时，爸爸的表扬和鼓励总会激发你更加勤奋。昨天晚间，爸爸为你讲了一会儿故事后，见你闭上了眼睛，就把卧室灯关掉。爸爸对妈妈说："竹竹今天画的画太有灵气了，我感觉是她目前画得最好的一幅。"这时，你突然爬了起来，说要去大便，然后左手拿着纸笔跑进了卫生间。过了五六分钟，还没见你出来，爸爸开门一看，原来你坐在便盆上画画呢！爸爸笑着说："还从没见过哪位画家一边大便一边画画呢！你就不怕画里的小人儿嫌臭啊？"你大笑起来。原来，还没睡着的你听到爸爸表扬你画画得好，有了劲头，想抓紧时间再画出一幅好画。

因为你读书用功，你的识字量比一般的孩子都要大，还没上小学，就能看懂那些无图的童话书了。因为你画画用功，你的画画得很有灵气，还在全国的绘画比赛中屡屡获奖。

爱迪生说过："天才就是百分之一的灵感加上百分之九十九的汗水。"孩子，你的勤奋是你一生中最宝贵、最值得骄傲的财富，希望你能将这种勤奋精神保持下去。

当然，爸爸也希望你会懂得，无论是学习还是做其他事，勤奋都是有限度的，不能以牺牲自己的健康和效率为代价。爸爸相信你会处理好这一点，爸爸知道你是最棒的！

也很勤奋的爸爸

好爸爸有话说

> 诺贝尔奖得主、美国著名华裔物理学家丁肇中认为，获得成功的第一个秘诀就是勤奋。那么，怎样来培养孩子勤奋学习的习惯呢？要做到这点，离不开您的"循循善诱"。首先需要您引导孩子立志，激励孩子勤奋。俗话说："有志者事竟成。"如果孩子树立了远大的志向，他就能够用这个志向去激励自己勤奋，从而实现自己的理想。在现实生活中，需要您能及时发现孩子的志向，帮助孩子明确自己的志向，然后指导孩子树立志向，并朝着志向而不断努力。在对孩子进行勤奋教育时，要告诉孩子注意适度勤奋。孩子毕竟是孩子，不能以成人的标准去要求他们，不能超过他们所能承受的范围。同时，您在教育过程中，对待孩子的态度要平和，应该怀有一颗平常心，不要急于求成、拔苗助长，否则只会引起孩子反感，结果适得其反。

孩子的英雄情结

亲爱的宝贝：

你从小就有个英雄梦。在你只有两岁的时候，爸爸就开始为你买一些和英雄有关的书，为你讲一些和英雄有关的故事，忠义两全的典范关羽、替父从军的女英雄花木兰、精忠报国的抗金名将岳飞……这些英雄故事对你产生了深远的影响。在你两三岁时，你就有着很强的英雄情结，特别崇拜那些英雄人物。每当电视中出现这些行侠仗义的卡通英雄，你都会安静得像只小猫一样，聚精会神地看下去。只要是和这些英雄有关的东西，无论是动画片、图书还是纸牌，都会让你爱不释手。爸爸为你买的一套三国游戏棋里的三国人物牌，一直是你的最爱，玩了两年还玩不厌。

在众多英雄中，你最喜欢的是哪吒。爸爸为你讲过《哪吒闹海》的故事，你对哪吒有了初步的认识。看过动画片《小英雄哪吒》后，更是激发了你对哪吒的敬佩之情。除了哪吒，你还喜欢劈山救母的沉香，你被沉香的坚强、勇敢、帅气所吸引。

你不仅喜欢英雄，还梦想自己长大后能成为一名拥有超能力的英雄。因此，每当你不爱吃饭时，听到爸爸说"必须好好吃饭才能有力量，长大才可能成为英雄"，一转眼的工夫，一小碗饭就被你吃得干干净净。

确定了自己的英雄梦想后，你感觉还很不够，你需要把这个梦想付诸实践。一天，你背上宝剑，披上奶奶家的蓝色纱巾当作斗篷，接下来就开始考虑该如何去行侠仗义了。"爸爸，如果我遇到怪兽，我得用什么法术来对付他们啊？""遇不同的妖怪要用不同的方法来对付啊！"爸爸笑着说。"假如遇到沙怪和雪怪该怎么办？""你想，沙和雪都怕什么啊？"爸爸启发着你。"我知道了，用水来对付沙怪；用火来对付雪怪，它们肯定害怕。"你兴奋地说。

英雄情结有时也会为你带来困惑。一天，你突然问爸爸："如果山上着火了，我可不可以像小英雄赖宁那样去救火？"爸爸回答："不能！""为什么？那我就不能当小英雄了！"你显得有些疑惑，还有些失望。"因为你现在还太小，你还没有能力保护自己。"爸爸向你解释说。"那我什么时候可以去救火？长大后就可以了吗？""可以，但前提是你要保护好自己。"爸爸说。

亲爱的宝贝，你要知道，英雄是智勇双全的典范，他们面对危险时表现出的是从容与智慧，他们可能会为国、为民、为正义而献身，但他们的牺牲是不得已的。英雄需要的不仅是精神，更重要的是能力，而你们孩子是没有见义勇为的能力的。那种简单送死、轻易丧生的行为并不是英雄的行为。作为一个天真烂漫的孩子，你正处于人生的最初阶段，是受保护的对象、需要呵护的群体。你应该珍惜来之不易的生命和幸福，好好生活，乐观向上。在遇到火灾时，如果你能做到顺利逃生、及时呼救、立即报警，那你也是一位"小英雄"。

也曾有过英雄情结的爸爸

好爸爸有话说

在对女儿的教育过程中，我告诉她，英雄不仅包括李广这样在古代金戈铁马、英勇善战的人，王成这样在革命战争时期舍生取义、视死如归的人，雷锋这样在建设时期助人为乐、无私奉献的人，还包括杨利伟这样在和平时期不断进取、敢于拼搏的人……我告诉女儿，要多去学习那些少年英雄，因为"自古英雄出少年"。这些少年英雄小时候就奋发努力，崭露头角，他们的思想、感情和行为和你们很贴近，更容易模仿。"自古英雄多磨难"，在对孩子进行英雄主义教育时，家长可以给孩子们讲讲岳飞刻苦学艺、陈平忍辱苦读这样的故事，告诉孩子，英雄们大多在小时候就经受过很多磨难，是磨难让他们绝不屈服，努力进取，最后实现了人生价值。

执着方能成大事

亲爱的宝贝：

你对自己感兴趣的事有着一份难得的执着，这让爸爸很自豪。

执着的人是不轻言放弃的，因为放弃是软弱的表现。古今中外，许多名人都是有着执着的精神啊！铁杵研磨成针是种执着，司马光警枕励志是种执着，匡衡凿壁偷光也是种执着。

有一名女游泳运动员发誓要成为世界上第一位游泳横渡英吉利海峡的女性。为了实现这个理想，她开始了漫长而艰苦的训练。然而在正式比赛中，当她快要到达英格兰海岸的时候，浓雾开始降临海面，她完全迷失了方向。她不知道还要游多远，而且越来越困乏，最后她放弃了。当救生艇把她从海里拉上船时，她发现，如果她再坚持游100米就能到达对岸终点了。为此，她自己后悔不已，其他人也都为她感到惋惜。这名女运动员未能取得最后的成功也正是由于她的不执着坚持啊！

执着的精神，离不开奋斗的目标。爸爸鼓励你从小就有自己的目标，并为之去努力。你从小就希望自己长大后成为一名画家，为了实现这个理想，你画画是那么用功，有兴致时，你经常会静静地画上一两个小时。你画出的东西颇有灵气，无论是英勇的小哪吒、可爱的小动物，还是漂亮的花花草草，在你的笔下都显得那么传神，那么可爱。

你特别喜欢运动，你告诉爸爸，希望自己长大后能有运动员一样的体魄，爸爸就为你讲了那些运动员们努力拼搏的故事。你听了以后，很受启发。有一年冬天，学校举行跳绳比赛，你成为本班的6名参赛选手之一。为了取得好成绩，你放学后，不顾天气的寒冷，独自在楼下练习跳绳。待你上楼时，两只耳朵已经冻得通红。爸爸捂着你冰凉的耳朵，心中既心疼，又骄傲。

为了培养你的执着精神，爸爸告诉过你，做事不要轻言放弃。有一次，你在书上玩"找不同"时,因为有几处不同没有找到,你便有些急躁起来,向爸爸求助。爸爸没有马上给你答案,而是鼓励你自己再试一次。这一次,你终于靠自己的能力找出来了。爸爸之所以没有告诉你答案,是不希望你养成依赖心理,遇到困难缺少恒心和耐心。如果总想依靠爸爸,当你长大以后遇到困难,你又怎么能执着面对,战胜困难呢?

没有人可以永远保持旺盛的精力,但如果想取得不同于他人的成绩,你就需要具备一种水滴石穿的执着精神,需要不时地对自己进行激励。许多意志坚定的人,常常会通过为自己鼓劲来激励自己执着。前几天,你在自己的房间门上贴了一张纸条,上面写的是"认真学习,不用爸妈检查,自立自强,请勿打扰!"爸爸看着这张纸条,再看着认真学习的你,爸爸知道你已经懂得了如何更好地进行自我管理,懂得了执着努力,爸爸心里感觉格外欣慰。

女儿,爸爸喜欢你的执着。执着是深海中的航标,执着是前进的动力,执着是进步的阶梯。爸爸相信,你今天的执着定会换来你明天的不悔!

同样执着的爸爸

好爸爸有话说

有些孩子意志力薄弱,做事半途而废,有一个很重要的因素,就是父母、老师给他们出的题目太难,期望值太高。如果您帮孩子制定的目标让其即使尽了全力也无法完成,那肯定会让孩子对自己失去自信心。没有了自信,孩子又怎能做到执着和坚持呢?在这种情况下,您最好能根据孩子的实际情况,调整自己对孩子的期望,减轻他们身心上的压力,让孩子有一种"跳一跳,就可摘到果实"的感觉,让孩子在一个宽松的环境中学习和生活。只有这样,您才能经常激励他们,锻炼他们的意志力。当目标调整到比较合理的水平后,孩子再遇到困难准备放弃时,您就需要及时给他们鼓劲,鼓励他们想办法继续坚持下去,鼓励他们无论遇到什么困难,都不能轻言放弃,要坚持到底。

我相信我能行

亲爱的宝贝：

"有信心完成这部童话吗？"爸爸问你。"有信心，肯定能完成，您就放心吧爸爸！"正在书桌前写童话的你胸有成竹地回答。两周的时间里，你每天晚上都会写几百字，如今这篇题为《彩云飞飞和乌云黑黑》的长篇童话已经写了5000多字了。看来，你对自己用一年的时间完成这部6万字的童话充满了信心啊！在这样宏伟的目标面前，不是所有二年级孩子都会有你这样的自信的。你的自信源于你的兴趣，源于你的理想，也源于爸爸的鼓励。

信心就像一种神奇的魔药，得到它的人，会感觉在前进的道路上浑身充满了力量；而缺少信心的人，就会像一名战败的俘虏一样毫无斗志。爸爸希望你成为一名自信阳光的女孩，因此在你很小的时候就开始引导你、支持你、肯定你、赏识你，帮你插上了一对自信的翅膀。

每当爸爸发现了你的优点，都会及时给你赏识和鼓励，让你也发现自己的优点，这对增强你的自信心很有帮助。你喜欢画画，当你认真作画时，爸爸会夸你："画得可真认真啊！"当你画出一幅好作品时，爸爸会称赞说："未来的小画家就是不简单，画出的画这么有想象力！"当你画了很多漂亮的图画后，爸爸会把这些画都贴在家里最醒目的墙面上。爸爸还在柜子上为你做了个陈列架，摆上你参加全国绘画比赛获得的奖牌和证书，让荣誉感激发你的自信心。

爸爸还鼓励你当众背古诗、讲故事、唱歌、跳舞，以及在室外人多的地方打羽毛球。"哇！这么小的孩子羽毛球打得这么好！"很多路人会赞叹地评价你的球技。听到别人的夸奖，你的自信心更足了。

如果爸爸每次都说"你真棒"，你会不会感觉有些单调和麻木？爸爸在表扬你时通常会采用各种不同的方法。学习中，你遇到了一道难题，你愁眉苦脸地对爸爸说:"我不会!"爸爸说:"再认真想想,爸爸相信你能行!"在你经过认真思考做出来以后,爸爸表扬你说:"爸爸就知道,你只要动脑筋,一定能做出这道题来!"这样的表扬更具体了,而且让你懂得了遇到难题要动脑筋思考。爸爸在表扬你时还会使用一些肢体语言,比如向你竖起大拇指、真诚地为你鼓掌、慈爱地摸摸你的头、赞许地拍拍你的肩膀……有了爸爸的鼓励,爸爸感觉你更自信,更努力了。

与你有关的事,爸爸通常会征求你的意见,让你来做决定。爸爸这样做是为了让你意识到,这个家里的人是平等的,即使是爸爸、妈妈也不可以独断专行。爸爸周末有时间,想带你出去玩,就会征求你的意见说:"你想去动物园、海边,还是图书馆?""动物园!"你大声说。有了自己的决策权,你显得信心十足。

没有哪个孩子会十全十美。当你遇到挫折或做得不够完美时,爸爸也会注意保护你的自信心。爸爸还记得在上初一时,一次,英语老师提问爸爸单词。在发"chair"这个音时,爸爸说得不够标准。老师用嘲笑的语气对爸爸说:"这是哪国的英语?"同学们都跟着笑了起来。爸爸的自信心受到了打击,从那以后,英语课上很少举手,对英语也失去了兴趣。从这件事上爸爸意识到,保护孩子的自尊心,让孩子拥有自信心,对一个孩子来说是多么重要。所以,在你单词记得不够好、数学题做得不够对、语文生字写得不够规范时,爸爸不会生硬地批评你,而是用商量的口气,向你建议说:"比爸爸当年强多了,不过如果再加把劲,把这些单调全记住就更棒了!""如果下次做题时再细致些的话,爸爸相信你都能做对!""如果这个字这样写是不是更好些?"

每个孩子都不喜欢别人拿自己的短处去和别人的长处相比,这一点爸爸知道,所以爸爸从来不会做这样的傻事。你和邻居家的婷婷同时学习轮滑,婷婷学得比你快,在你还需要爸爸搀扶的时候,她已经能独立滑了。爸爸没有说:"你看人家都会滑了,你怎么还不会?"而是对你说:"别着急,你看,你昨天还滑不走,今天已经能滑一段了,相信明天会滑得更好。"爸爸没有拿你和她比,而是拿你的今天和昨天比。果然,在爸爸的鼓励下,你没有气馁,学得更努力了。如今,你的轮滑水平已经远远超过婷婷,在整个小区里都算是顶呱呱的了。

爸爸相信,有了自信的翅膀,你一定能振翅高飞,最终抵达理想的彼岸!爸爸相信你一定行!

自信的爸爸

好爸爸有话说

　　每个家长都希望自己的孩子拥有自信心,为孩子的成功打下坚实的基础。但是凡事物极必反,如果孩子把握不好尺度,从自信走向自负,那就会事与愿违了。当孩子骄傲自大,认为自己比谁都强时,就只看到自己的长处,看不到自己的短处,总会拿自己的长处同他人的短处做比较,无法取得进步。当孩子出现这种情况时,作为家长,您不要讥讽,不要训斥,以免伤害他们的自尊心和自信心,而是应及时把孩子从自我陶醉中拽出来,帮他恢复常态,防止脱离正轨。也不要再对其事事夸奖,而是应做到适度表扬。您可以对孩子报以轻轻的微笑和适当的鼓励。要让孩子学会正确地评价自己,既认识到自己的优点,又看到自己的缺点。应该让孩子明白,如果被暂时的胜利冲昏头脑,是会"翻船"的,就像龟兔赛跑中小白兔输给了小乌龟一样。

学会保护你自己

亲爱的宝贝：

　　"叔叔有一个很好玩的玩具，看，这个变形金刚会变身呢。想要吗？""想要！"一个幼儿园的孩子高兴得两眼放光。"这个已经有小朋友预定了，叔叔带你再去买一个好不好啊？""好！"孩子高兴地说。这是爸爸在一个幼儿园里采访时和一个孩子的对话。当时，爸爸是想对幼儿园里孩子的安全意识做一次调查，结果发现，很多孩子缺少安全防范意识，别人给一点小恩小惠，就会承诺跟人走。爸爸认为，孩子之所以会这样，与家长的安全教育缺位有关。

　　在我们身边，有许多光明、美好的东西，也有许多未知与危险，让我们不得不防。爸爸希望你从小就增强自我保护意识，在危险出现或即将出现时，及时发现、远离，甚至消灭它。

　　你最喜欢做游戏，爸爸就会经常在游戏中加入一些自我保护内容，让你从小树立自我保护意识。在你四五岁时，爸爸会和你一起画卡片，卡片上画有药瓶、热水瓶、电源插座、刀这些会给孩子带来危险的东西。在画好卡片后，我们把每幅图剪成几块，然后再拼好它。拼完后，爸爸会和你一起说说这些物品孩子们平时为什么不能碰，碰了它以后会给宝宝带来什么危险。

　　在你刚上学那年，爸爸还和你设计过一种"安全棋"。我们参考"大富翁"的游戏棋盘画出一个棋盘。与"大富翁"不同的是我们的棋盘中写的都是与自我保护相关的内容。我们交替扔骰子，再根据棋盘上的提示决定是进是退，看谁能最先到达终点。"火灾来了打119"前进3步，"放学到家不摸刀叉"前进两步，"生人来了把门开"后退五步，"私自下海游泳"后退8步……下过几次这类棋，在自我保护方面该做什么，不该做什么，你就已经烂熟于胸了！

　　斑马线也是对你开展自我保护教育的课堂。要知道，在14岁以下因意外伤害死亡的孩子当中，因车祸死亡所占比例最高。正可谓，车祸猛于虎啊！每次带你过斑马线时，坐在公交车上时，看到违章现象时，爸爸都会告诉你一些基本的交通规则，如告诉你过马路要走横道线、红灯停绿灯行、不要与车抢行等。同时，爸爸还会带你认识各种交通标志，告诉你它们代表的意思，以及看到这些标志时你应该怎么做。

商场是儿童发现意外伤害事件的高发地，所以，爸爸带你去商场购物时，也不忘给你上一堂"自我保护课"。在带你乘电梯、自动扶梯或者购物时，爸爸会告诉你哪些危险动作是不能做的，否则会带来什么后果。有一次，在商场里，你和爸爸躲猫猫，结果真的找不到爸爸、妈妈了。幸好之前爸爸告诉过你，和爸爸、妈妈走散后，要就近找售货员阿姨求助。你照爸爸说的做了，终于没有走失，很快回到了爸爸、妈妈身边。

在你上小学后，分析、理解问题能力有所增强，爸爸就会经常为你假设一些情境，问你在这种情况下应该如何保护自己。"你自己在家时，如果有陌生人来电话怎么办？"爸爸问。"告诉他爸爸、妈妈不在家。"你没有意识到这样回答的危险。"那如果对方是坏人，不就知道只有你一人在家了？""那我就说爸爸现在不方便接电话。""嗯！你可以记下他的姓名、电话号码，告诉他会让爸爸给他回电话。如果他恶意骚扰你，就马上打110报警。"爸爸说。"那要是那人到了咱家，在外面敲门，我不知道他是谁该怎么办？"你接着问。"你可以像前几天看的《小鬼当家》里的孩子那样，把电视机打开放大声音，让门外的人知道家里有人，不敢做坏事。同时大声喊爸爸妈妈，说有不认识的人敲门，把坏人吓跑。""如果那人说他是收水费的怎么办？""不管是收水费的、看电表的，还是爸妈的同事、朋友，都不能开门。"听了爸爸的话，你点了点头说："嗯！我不开门，我悄悄给你打电话。"爸爸笑着摸了摸你的头。

一天，你放学后，对爸爸说："今天我看见有几名高年级的学生把我们班的龙龙围在中间，向他要零用钱，说不给的话就要打他。爸爸，你说要是哪天他们向我要该怎么办？"爸爸告诉你："不用怕，尽量说一些好话，告诉他们自己没带钱，不要和他们发生冲突。""如果他们不同意，让我跟人借钱给他们怎么办？""那你就跟他们说要去教室借钱，然后马上趁机跑去报告老师，告诉老师他们的长相、高矮、胖瘦、衣服颜色，这样才更容易找到他们，让他们接受教育。如果真在学校遇到这样的事,回家后一定要告诉爸爸妈妈,我们会帮你出主意、想办法。"爸爸说。"放心吧爸爸,我知道该怎么做了。"你笑着说。

亲爱的宝贝,爸爸希望你能真正懂得自我保护,让自己远离危险,拥抱一个精彩亮丽的明天!

希望你能保护好自己的爸爸

好爸爸有话说

校园门前伤害案、学生横穿马路被撞……一条条令人触目惊心的新闻不断地挑战着家长们的心理承受力。作为家长,我们不该向孩子隐瞒这个世界上存在的危险,如果您不想让自己的孩子跟着陌生人走,不想他们被奇怪的味道迷昏,不想他们站在即将倒塌的墙下,不想他们去接近危险的高压电……不想他们受到可以避免的伤害,就要开始教育他们,把那些可能发生在他们身上的新闻读给他们听,让他们知道,这个世界有许多危险,但这些危险也是可以避免的。自我保护教育包含的内容很多,您应从孩子的实际出发,在生活中随时进行教育。在教育中,要多给孩子讲实例,这样才会加深孩子的印象。在讲自我保护方法时,要尽量做到简明、具体、有操作性。

失败是成功之母

亲爱的宝贝：

今晚你和爸爸打乒乓球，决胜局最终比分是11∶9，你获胜。比赛过后，看着你的小脸红扑扑的，汗水止不住地往下淌，爸爸虽然输了，但心里比赢了还高兴。爸爸记得，在你刚学乒乓球时，因为总接不到球，总会输给爸爸，气得直生闷气，直说不想学了。后来在爸爸的鼓励下，你刻苦练习，一年后终于和爸爸水平不相上下了。这件事不正验证了失败是成功之母的道理吗？

在人的一生中，难免会有挫折和失败，如果遇到挫折就放弃，那这一生终将与成功无缘。历史上成功的名人，在挫折面前多是百折不挠，愈挫愈勇，最后才取得了伟大的成就。美国前总统林肯就是个非常典型的例子。他年轻的时候，做过生意、竞选过议员，前前后后努力了将近20多次，都以失败告终，但他在困难面前不服输、不放弃，最后终于成为美国历史上最伟大的总统之一。

为了提高你的抗挫折能力，在你很小的时候，爸爸就鼓励你勇敢地面对困难，克服困难。你走路摔了跤，爸爸不会像有的家长那样，赶紧跑过去把你扶起来说："这个地面真不好，让宝宝绊了一跤，爸爸打它。"因为如果爸爸这样做，会让你把摔跤的原因归结于地面，而不是从自己身上找原因，久而久之，就会让你养成怨天尤人，不会正确面对挫折的习惯。爸爸这时候一般会说："宝宝很坚强，摔倒不哭，能自己起来。真棒！我们下次走路会注意看地面，这样就不会摔倒了。"爸爸这样做，是想让你养成靠自己努力战胜困难的习惯啊！

要让你对挫折有更强的承受力，爸爸自己就要成为一个不怕挫折的人。在挫折和困难面前，爸爸会尽量做到冷静，积极地对待。爸爸即便遇到了很大的麻烦和困难，也不会轻易在你面前表现出灰心丧气的样子。记得爸爸生病做过手术后，见你有些担心，爸爸就平静地对你说："别担心，爸爸没有事，过几天就好了，就可以继续陪你玩了。"爸爸冷静、乐观和宽慰的话，给你做出了榜样。在爸爸的影响下，你自然而然地就能学会坦然对待挫折，勇敢面向未来。

在生活中，爸爸还会有意识地创造一些机会，让你得到锻炼。比如你已经学会走路了，就要尽量少抱你，而是让你自己走。你来到超市里，看见那么多的小食品，恨不得把它们都装到篮子里，爸爸会告诉你，这是不可以的，你只能从中选两样。在和你做游戏过程中，爸爸也会注意给你一点小"挫折"，让你学会解决它。在和你下棋时，爸爸会拿出真本事，不会总让你取得胜利。在你有骄傲情绪时，爸爸有时就会让你吃点小苦头，让你尝尝失败的滋味，然后，爸爸会向你讲明骄傲使人落后的道理，提醒你下次注意。

记得有一天早晨，爸爸喊你起床，可是任凭爸爸千呼万唤，你就是不起来。爸爸想，最近几天你晚上睡得都不晚，但早晨却总是赖床不起，估计你是想留在家里，让奶奶照看，白天好和院子里的小朋友一起玩。眼看时间紧迫，爸爸想，今天就让你受一点小挫折吧！爸爸对你说："今天你不抓紧起床，已经来不及梳头了，就这样头发乱乱地上学吧！"到幼儿园后，老师看到你的头发很乱，问明原因，批评了你，小朋友们也笑话了你。第二天早上，爸爸刚叫你一声，你就乖乖就起床了，因为你怕又头发乱乱地上学，被大家笑话。当然，爸爸在为你制造挫折时会注意掌握分寸，重点在于让你懂得道理，积极进取，而不会让你在挫折面前丧失信心。

爸爸给你讲过狐狸吃葡萄的故事，狐狸因为吃不到葡萄就说葡萄是酸的，看上去有些滑稽可笑，可是这其实也是一种自我安慰的好方法啊！在生活中，我们会遇到很多挫折，其中有些挫折是你通过努力可以克服的，也有些是你即使努力也难以改变的。这时候爸爸会鼓励你也当一次说葡萄酸的"狐狸"，运用"精神胜利法"来安慰自己，解脱自己，减少你的紧张不安情绪，保持一种健康的心态。一天，你跑回家告诉爸爸："有人嘲笑我长得黑，说我黑得像个煤球！"爸爸对你说："国外很多明星都要特意把皮肤晒黑呢！因为这样看上去更健康。爸爸觉得你虽然长得不白，但也不算黑，刚刚好，看上去特别可爱!"

海伦·凯勒说过:"失败乃成功之母,信心是命运的主宰!"我亲爱的宝贝,坚定你的信心,去直面挫折和失败,去创造你的成功吧!

不怕失败的爸爸

好爸爸有话说

有的家长想提高孩子抗挫折能力,但又感觉不知从何下手;也有的家长不知道在孩子的挫折教育中应采取什么样的方法。"当他做错了事就狠狠地批评一顿,告诉他下次不能再犯,这样算不算是比较好的挫折教育呢?"一位家长这样问我。其实,挫折教育并不是简单的批评,它也离不开鼓励和表扬。挫折教育完全可以从生活中的小事入手,甚至可以从孩子的"玩""读书"这样的事情中着手。竹竹在书上玩"走迷宫"时,因没有找到正确的路线而显得有些急躁,这时我没有直接告诉她答案,也没有批评她"真笨",而是微笑着对她说:"别着急,耐心点,再试试别的路,比如从终点向起点走,也许就走出来了。"这样的话,会给孩子带来鼓励,带来启发,会在他们的头脑中留下很深的印象,使孩子今后在解决问题时树立另辟蹊径的意识。

学会得体地说"不"

亲爱的宝贝：

爸爸希望你学会与人分享,养成慷慨大方的美德。但爸爸也会注意一个"度",毕竟即使我们大人,也不可能把自己的所有东西都共享出去,更何况你们孩子。在鼓励你与人分享的同时,爸爸会注意你的感受,听取你的意见,不会逼着你把好不容易才得到的东西拿出来和其他孩子共享。爸爸告诉你,在爸爸、妈妈面前,你有拒绝的权利,在其他人面前也是如此。

和你有权拒绝别人一样,别人也有权利拒绝你。爸爸告诉你,拒绝别人的要求要友好,要委婉;接受他人的拒绝时要泰然,要理解。直截了当地拒绝别人,会像当头浇了人家一盆冷水一样,会让人感觉很伤面子。爸爸告诉你拒绝别人要讲究技巧,最好不要用生硬的语气,而是用商量的语气。有一次,爸爸为你买了一个芭比娃娃。你对这个娃娃爱不释手,就连睡觉时也为娃娃盖上一块手绢,放在你枕头边。买来娃娃的第二天,邻居家的丽丽看到了你的娃娃,很想借这个娃娃玩,说第二天还给你。你看到丽丽的手很脏,不想借给她,就对丽丽说:"这个娃娃有点认生,和你还不熟悉。你把手洗干净,咱俩一起玩。过几天,等她和你熟悉了再借给你好不好?"丽丽点点头同意了。你看,你用商量的口吻和小朋友对话,既巧妙地守住了自己心爱的东西,又避免了和小朋友闹翻,你在这件事上处理得多好啊!

爸爸、妈妈平时不鼓励你吃果冻、膨化食品,因为这些食品对你健康有害。那天,爸爸、妈妈带你去赵阿姨家做客时,赵阿姨把一些果冻和膨化食品放在你面前说:"竹竹,吃吧!"妈妈赶紧说:"不给她吃这些,在家也不让她吃的。"赵阿姨说:"吃一点没关系的。"爸爸、妈妈不好意思再拒绝,可是你这时却说:"谢谢阿姨,我不太喜欢吃果冻和薯条。"你看你多棒,在"美味"面前经受住了诱惑,敢于拒绝,而且说得很得体。

在你小时候，脸蛋粉嘟嘟的，非常可爱。亲戚、朋友和小伙伴们见了你，都喜欢亲亲你，掐掐你。他们这样的举动说明他们很喜欢你，但是爸爸也希望你能懂得保护自己的身体，毕竟，大家在亲吻你的同时，也会带给你病菌。另外，如果不引导你培养保护自己身体的意识，日后也容易受到坏人的伤害。在你4岁时，爸爸给你讲了一篇名叫《不要摸》的童话故事。告诉你要学会保护自己身体的隐私，身体的有些部位是不可以让外人碰的，以免受到不必要的伤害。一天，邻居王爷爷看见你，又要上前掐你的脸蛋，你很郑重地说："王爷爷，宝宝不能摸。"王爷爷听了你的话笑了。拒绝别人其实是很正常的事情，没有什么不好意思的。只要你的拒绝是有道理的，别人是会理解的。

我的宝贝，大胆说出你的想法，该拒绝时要拒绝。爸爸相信你会掌握好分寸的。

和你一样懂得拒绝的爸爸

好爸爸有话说

拒绝别人不是一件容易的事。有的孩子在想拒绝时，因羞于启齿而不敢说明，致使对方摸不清自己的意思，不但会产生一些不必要的误会，还容易给自己心理造成压抑。为了让孩子敢于拒绝，当爸爸的应帮助、促使孩子下决心开口，告诉孩子"你可以大胆地拒绝她的要求""没关系，解释一下，她一定会理解的"等。您可以告诉孩子，当不好正面拒绝时，可以采取迂回的战术，可以转移话题，也可以提出其他的理由。在语气方面，要善于利用语气的转折，开始态度要温和，将心比心，拉近与对方的距离，然后委婉地表明自己拒绝的意思和理由。这样的态度更容易让对方接受。如果这些办法不奏效，您还可以教孩子采用拖延的办法，推迟别人的请求，比如说"我想好了再跟你说""我再考虑考虑"等，这都是一种委婉拒绝别人的方法，不会使双方过于尴尬。

"淘孩子"更快乐

亲爱的宝贝：

昨天隔壁新搬来的邻居叔叔见了爸爸,笑着说:"你家孩子真够淘的!"你确实是个小淘气。

每天晚上吃过饭,你就开始淘气了。现在让我们来回忆一下你是怎么淘气的吧! 你和小朋友们玩捉迷藏。你藏在一堵墙的后面,悄悄地嘴里数着数,眼睛瞄着准备去抓你们的小朋友。待那位小朋友一离开你们的集合点,你嗖的一声爬上墙,跳了下去,飞速赶到集合点,你赢了! 玩腻了捉迷藏,你又去玩单杠,由于你的个子矮,够不到上面的横杠,你就用两腿夹住两边的立柱,两手交替向上爬,十下八下,你就爬到了杠子顶部。在杠子上,你一会儿做做引体向上,一会儿把两腿举到杠子上面。看着你做出一些高难动作,很多大人都感到吃惊。玩够了杠子,你又开始和几位小朋友玩滑板车,你们在小区里相互追逐着,玩得是那么开心。前些日子你玩滑板车时不小心摔破了头,可是一周过后你就好了伤疤忘了疼,又开始踩着滑板车满小区飞奔了。

记得冰心奶奶曾经说过:"淘气的男孩是好的,淘气的女孩是巧的。"你确实是个淘气的女孩,可是爸爸从来不认为淘气的孩子不好,相反,爸爸还鼓励你"淘"一点。

在你两三岁时,你常常和几位小朋友在小区里跑来跑去,尝试在各种体育器材上玩新玩法。一些孩子的家长因为怕自己的孩子和你们在一起跑会摔伤,不让他们和你们一起疯跑。这些孩子就只能眼馋地看着你们开心地玩了。爸爸鼓励你从事自己喜欢的体育活动,虽然在锻炼的过程中,经常会有磕磕碰碰,但这都是正常的,都没关系。你看你现在,腿上、胳膊上经常会擦破一点皮,每次受伤时,你都只是低头看看伤口,然后就像没事人一样,接着开心地玩了。你可真够淘气的。

爸爸认为，淘气的孩子往往更有创造力，爸爸希望你能在淘气中激活自己的智慧，为将来打好基础。你在两岁半的时候就喜欢乱涂乱画，常常把油彩画到墙上、床单上。因为怕挨妈妈说，每当妈妈进屋后，你就会停下来，假装没事一样。等妈妈走开后，你又接着偷偷画起来。妈妈看了床单上和墙上用圆珠笔画的圈圈和道道，每次都哭笑不得。爸爸认为，这是你画画的开始，是开发你想象力与创造力的绝佳机会，爸爸不但不应批评你，相反，还应该为你创造条件。爸爸在墙上贴了大白纸，让你随意在上面画。这样既保护了墙壁，又为你提供了一个超级"大画板"。有了这个"大画板"，你画得更开心了。没过多久，墙上就画满了你的"抽象画"。你现在画得很棒，和那时的勤奋练习应该是密不可分的吧！

淘气还能开发你的想象力和创造力。爱迪生5岁时，看到母鸡在孵小鸡，很好奇，淘气的他就悄悄找来几个鸡蛋，躲在仓库里，学着母鸡的样子，蹲在鸡蛋上孵起小鸡来。你说，如果爱迪生没有小时候的淘气，后来怎么能成为伟大的发明家呢？你有时出于好奇，也会做出像爱迪生这样淘气的事，在这种情况下，爸爸一般都不会指责你，而是会鼓励你、帮助你。有一次，爸爸发现家里一个新买的玩具汽车的轮子不见了，就问你："小汽车的轮子不见了，你有没有看见它在哪里？""在这里。"说着，你把手里的车轮递给了我。"能告诉爸爸你为什么要把轮子卸下来吗？"爸爸微笑着问你。"我想看看轮子里面是什么。""你发现了什么？""我发现这个轮子里面有个铁棍儿，没有这个铁棍儿轮子就安不上去。"你瞧，你的淘气源于你的好奇，你的好奇又让你有所发现。你说，你这样的淘气爸爸能不支持吗？接着，爸爸给你讲了小汽车的结构和它能在地上跑的原因，为你解开了心里的谜，增长了知识。

淘气让你坚强，淘气让你健康，淘气让你智慧……爸爸支持你这样"淘"下去。

小时候也很淘气的爸爸

好爸爸有话说

　　一天,女儿和邻居家的孩子丽丽都没做完作业就跑到外面捏泥巴玩。当丽丽爸爸走过来,看到丽丽衣服沾上了泥巴之后,很生气地说:"回家做作业去!"说完,把丽丽手里的泥人扔进垃圾堆,拉着丽丽向家走去。走在路上,丽丽还一步一回头,看着她躺在垃圾堆里的小人,脸上挂满泪水。这时,我走到竹竹身边,蹲下来对竹竹说:"哇! 好可爱的小人啊! 你是怎么捏出来的? 爸爸小时候也爱玩泥巴,也会弄得一身脏,却没有你捏得这样好。你可真了不起!"竹竹笑着说:"我长大要开个公司,生产出好多好多这样漂亮的泥人!""你的理想可真远大啊! 可是我的宝贝女儿,你想过没有,要实现这个理想的话,需要好多知识才行呢! 你是不是需要好好学习呢?""对!"竹竹点点头。"那我们是不是要先把作业完成再出来玩啊? 写完后,爸爸可以陪你一起捏泥人!""太棒了!"你拍着手,高兴地和爸爸回家写作业去了。教育家苏霍姆林斯基说过:"儿童的智慧在他的手指尖上。"淘孩子是有创造力的,家长该做的不是扼杀他们的创造力,而是鼓励他们、支持他们,让他们的创造力得以发扬光大。

5

带着兴趣
提高学商

DAI ZHE XINGQU
TIGAO XUESHANG

学商(LQ)是指一个人的学习能力和学习素质，包括学习态度、学习习惯、学习方法、学习理念等多方面。2~12岁是孩子培养学商基础的重要时期，对这个年龄段的孩子进行学商启蒙教育非常必要。

学习是件快乐的事

亲爱的宝贝：

爸爸是个喜欢学习的人。爸爸从来没有感觉学习是件苦差事，相反，爸爸一直认为学习是个快乐的过程。爸爸也希望你能受到爸爸的感染，在快乐中学习，而不是把学习看成一种负担。

"宝贝可真爱学习啊！""你又进步了！"每当你认真学习时，爸爸总会表扬你。有时，在你学习进步时，爸爸还会奖励你一本书或一块好看的橡皮。听了爸爸的称赞，你总会劲头倍增，更加认真地学习。在学习方面，爸爸赞扬较多，批评较少，即使你偶尔表现不够理想，爸爸也会委婉地提示你，或向你提出建议。

学习并非是死板的，有时学习可以像玩一样有趣，你最喜欢和爸爸在玩中学习知识了。在你学过课文《曹冲称象》后，为了让你加深对课文的印象，培养你的学习兴趣，爸爸和你玩起了角色扮演游戏。在游戏中，爸爸扮演曹操，你扮演曹冲，妈妈扮演士兵。"我看这样称大象吧！你去把大象牵到船上，然后在船和水面交界的地方画个记号……""曹冲"掐着腰，胸有成竹地向"曹操"讲出称大象重量的办法。像我们这样在玩中学习，是不是特别有趣呢？

每个孩子都有自己的爱好和专长，你也不例外。你喜欢画画、阅读和运动。爸爸就从你喜欢的这些方面入手，去培养你对其他方面知识的学习兴趣。你喜欢看多图的书，爸爸就为你借一些包含数学、物理、化学等方面知识的故事绘本。在漂亮的图案和精彩的故事中，你会懂得许多其他学科的知识，真可谓一举多得。在学习过程中，爸爸建议你把握"先易后难"的原则。你的语文能力超强，学习兴趣最浓，爸爸就让你先做语文作业。这样更容易让你带着兴趣去学习。

每个孩子都希望别人能欣赏自己、肯定自己，都希望自己能体验成功，爸爸就经常让你体验自己的成就。在我们的房间里张贴着你的各种作品,有你画的画,有你写的作文,有你认真学习的照片……通过这些东西,你能看到自己取得的成绩,会油然而生一种成就感,对自己充满信心,对学习更有兴趣。

爸爸有时间便会带你走出去,亲近大自然,走进博物馆,来到动物园……在这些有趣的地方,爸爸和你一起学习地理、历史、生物……让你认识到,学习并不只局限在书本当中,它遍布在我们生活的方方面面,可以如此有趣。

我的女儿,爸爸衷心希望你能永远带着兴趣去学习,去求知,去探索! 爸爸坚信,你会是人群中最不同凡响的一位! 加油吧!

喜欢学习的爸爸

好爸爸有话说

"这个'竹'字这么简单,怎么还能写错了? 去,把这个字抄写一页!"我们身边,经常有家长把"罚抄""罚写"作为惩罚孩子的方式,认为这样可以加深孩子对字词的印象,巩固所学知识。其实,家长并没有意识到,这种方法是极不科学的。即使您通过这种方式能让孩子牢牢记住一两个字词,却可能为孩子带来更消极的影响。如果您经常"罚抄""罚写",会在孩子脑海中留下这样的印象——学习是对我的惩罚。试想,如果孩子有了这样的想法,还能对学习有发自内心的兴趣吗? 答案显然是否定的。其实,您如果有些耐心,完全可以让孩子在轻松愉快的环境中,带着兴趣记住需要记住的字词。比如,当孩子记不住"竹"字怎么写时,您不必罚孩子写多少页,而可以对孩子说:"你看这个'竹'字像什么? 像不像一前一后的两个人正在进行跨栏比赛,你看他们比赛进行得多激烈啊! 后面的人和前面的人就差一个栏的距离。"听了这样的讲解,孩子肯定会牢牢地记住这个字。今后再用到这个字时,想到您讲过的"两人跨栏比赛",就会很容易地把"竹"字写出来了。

有牺牲精神的爸爸

亲爱的宝贝：

在昨天你们班的家长会上，老师让爸爸发言。爸爸提出这样一个观点：家长要有牺牲精神，这个"牺牲"，并不是指像那些革命烈士一样，牺牲自己的生命，而是为了把你教育好，牺牲自己的一些宝贵东西，包括时间、金钱，以及娱乐等。爸爸认为，对于负责任的家长来说，这种牺牲精神至少要坚持10年。

爸爸说过："好孩子是陪出来的。"女儿你可能会怀疑，可能会对爸爸说，有的教育专家说过，"不陪才能培养好习惯"呀！要知道，"陪"是绝对的，"不陪"是相对的。你想想，对于家长来说，对待孩子的作业，绝对不陪、不看，你能知道孩子做得对错吗？能知道孩子的字迹是否工整吗？你能知道孩子的长处和弱点是什么吗？你说，家长的这种态度是负责任的态度吗？所以说，爸爸认为，对于学前，以及小学低年级孩子来说，好习惯确实是陪出来的。在陪伴你的过程中，爸爸要发现你的短处，要帮助你想办法去努力克服；更要发现你的长处，给予充分肯定，只有这样，你才能找到自信和动力，才能成为更优秀的孩子。当然，爸爸所说的"陪伴"并不等于"包办"。只是希望你在爸爸的陪伴过程中，得到鼓励，引起兴趣，不断进步。

为了你的健康成长，爸爸需要牺牲一些自己的时间。爸爸做了8年记者，每天白天忙于采访不同的新闻，采访过后还要写大量的稿子，工作压力挺大的。可是晚上爸爸即使感觉有些累，也会抽出时间来陪伴你。爸爸并不感觉这是一种负担，而是把它当作一种责任。每天爸爸会陪你下棋，成为你的玩伴；陪你读书，成为你的书友；陪你聊天，成为你的知音；陪你打球，成为你的球友……到了周末，爸爸会陪你去图书馆，去游乐场，去电影院，去海边，去山上……爸爸的时间很宝贵，但如果这样做能为你带来快乐、健康和良好的习惯，爸爸就愿意做这样的付出！

爸爸认为,父母在孩子的教育方面不仅要舍得时间,还要舍得金钱。在你很小的时候,爸爸就开始为你买很多书。那时爸爸的收入不高,刚刚做记者,工资只有每月1000元,但是爸爸宁可自己节衣缩食,也不让你没有书看。只要是爸爸认为比较经典、对你有好处,又适合你这个年龄段孩子读的书,爸爸都会买给你看。在家里的书架上,有《安徒生童话》《格林童话》《王尔德童话》这些童话类书;有《小学生最爱玩的380个思维游戏》《越玩越聪明》这些益智类书;有《昆虫记》《十万个为什么》这些科普类书……随着爸爸收入的逐渐提高,爸爸为你买书花的钱也是水涨船高,至今已经为你买了上千本图书,家里原本属于爸爸的书架,已经完全让位给你了。

爸爸为了给你最好的家庭教育,不但会牺牲自己的时间和金钱,还会牺牲自己的娱乐。有的家长平时只顾打麻将、上网,不管不顾孩子,这样的做法最终是要付出代价的。应该说,好习惯不是逼出来的,而是陪出来的。对于低年级的小孩子来说,光为你们买书是不够的,在你们没有形成良好的阅读习惯前,需要家长的引导。因此,每天晚上爸爸都会和你一起阅读。爸爸认为,无论爸爸和你做什么,只要这个过程是快乐的,这件事就会在你的大脑中留下快乐的记号,你今后就会非常愿意去做。相反,如果这个过程是痛苦的,那你以后就会千方百计地去逃避;即使逃不掉,你也会消极对待。阅读是如此,做其他事也是一样。所以,爸爸知道,在陪你阅读时,需要多一点快乐,多一点耐心,多一点沟通,多一点讨论,让你找到自信……正因为爸爸做到了这些,才使你爱上了阅读,养成了爱看书的好习惯。

应该说,也正是爸爸肯为你做出牺牲,在绘画、阅读、游戏、运动等方面对你陪伴较多,才使得你在这些方面取得这么多的成绩!

爸爸认为,只要当家长的带着一种良好的心态去陪孩子,我们会感觉到,陪伴孩子是件多么快乐的事。陪伴孩子是一种最高境界的娱乐,为它去付出时间、金钱和娱乐,严格说来并不是一种牺牲,而是一种享受!

我愿意做个有牺牲精神的爸爸!

有牺牲精神的爸爸

好爸爸有话说

　　从陪伴到放手，这是孩子成长过程中必须经历的阶段。在有些方面需要放手早些，有些方面需要放手晚些——在孩子学习方面，应该早些放手，从孩子一年级起，就要逐渐养成孩子独立写作业的习惯。您的侧重点可以放在耐心检查、讲解和有选择地针对薄弱点进行训练方面。而在陪孩子游戏等方面，您可以放手晚些，陪伴得更久些。您可能会抱怨说"陪孩子是一件很累的事"，其实这是一种心态问题。只要您有颗童心，和孩子一起投入地看、投入地听、投入地玩，就会发现，其实陪孩子真的很有趣。对于家长来说，这十几年陪伴孩子的机会实在是难得的，是值得珍惜的，因为过了这十几年，即使您想去陪孩子，可能都很难了。不是吗？上了中学后，孩子繁重的学习压力让您很难有时间陪孩子娱乐。待孩子上大学后，一年半载才能回家一次，您能陪伴的机会就更少了。等孩子工作了、成家了，您再想陪孩子可能就需要提前"预约"了。那时的您，可能会一遍遍给孩子打电话，"周末回来吃饭吧！""十一能带孩子回来吧？"到那时，您可能会后悔，当年怎么不多抽出点时间陪陪孩子！

快乐阅读（一）

亲爱的宝贝：

爸爸很欣慰，你喜欢书，喜欢阅读。要知道，这是一个非常好的习惯。你读书之时便是在与一位智者交谈，你会学到许多宝贵的知识。

说到书的作用，很多名人都做出了生动形象的阐释。汉朝文学家刘向说过"书犹药也，善读之可以医愚"；英国文学巨匠莎士比亚说过"生活里没有书籍，就好像没有阳光；智慧里没有书籍，就好像鸟儿没有翅膀"；俄国文学家列夫托尔斯泰说过"理想的书籍是智慧的钥匙"……书像治病的良药、像生活中的阳光、像鸟儿的翅膀、像智慧的钥匙。你看，书对我们来说有多重要！

关于阅读的作用，名人们也留下了许多经典名句。唐代大诗人杜甫说过"读书破万卷，下笔如有神"；英国科学家培根说过"阅读使人充实"；德国伟大的诗人歌德说过"读一本好书，就是和许多高尚的人谈话"……

爸爸喜欢书，小时就有自己专门的书柜，里面塞满了你爷爷为我买的一排排图书。从上学前买的《小马过河》连环画，到上小学后买的《三国演义》《岳飞传》这些成套的小人书，再到后来上中学时买的中外文学名著，爸爸买的书多得真可以用汗牛充栋来形容了。可惜的是，后来家中意外失火，所有的书都被付之一炬。其他更贵重的东西被烧毁，你爷爷和我还没感觉太可惜，倒是这些书，让我们感觉格外心疼，因为其中有很多好书已经再难买到。应该说，爸爸后来喜欢上写作，后来又从事了记者、编辑这样的工作，和爸爸从小就养成良好的阅读习惯是分不开的。

多读书，读好书，可以为你带来很多好处。要知道，阅读能激发你的好奇心，培养你的想象力。人的大脑有四个功能部位，分别是感受区、贮存区、判断区和想象区。通常，人们使用感受区、贮存区和判断区的机会较多，而运用想象区的机会较少。而想象又是创造的基础，历史上许多名人都具有丰富的想象力。若想提高想象力，就去看书吧！你在阅读过程中可以自由想象，可以把自己想象成白雪公主或者是灰姑娘，还可以和洋葱头一起历险……

记得在你两岁时，爸爸指着一本图画书上的儿歌读给你听，你便会跟着学说："小兔小兔轻轻跳，小狗小狗慢慢跑……"你看着书上的小狗，还"汪汪"地叫了几声，可爱极了。要知道，在童年时期多阅读能够提高你的语言表达能力和记忆力。很多大人都发现，小时候学会的语言会留下长久的记忆，这是因为，在阅读过程中，可以把语言信息存储于大脑当中，日后需要时，只要让自己进入适当的语言环境中，语言记忆就会像感应水龙头里的水一样，自然而然流淌出来。

还记得爸爸为你买的那套《十万个为什么》吧？这是一套你很喜欢的书。它为你解开了心中的很多疑团，帮你增长了各方面的知识，也帮你提高了综合素养——无论是文学、历史、天文、地理，还是数学、物理、化学方面知识，读了都会让你有所收获。同时，大量阅读还可以拓宽你的视野，丰富你的人生阅历，弥补你们生活空间较为狭小的不足。

阅读还可以促进你的品德和心理健康发展。应该说，一本好书是可以荡涤人的灵魂的。当你读《水孩子》时，你懂得了成长就是自我完善的过程；当你读《小公主》时，你懂得了人会因心灵美而显得高贵；当你读《查理和巧克力工厂》时，你懂得了在诱惑面前要保持克制……在你阅读一本好书时，你可以通过自我感悟达到德育和心育的目的。

爸爸和你说过，过多地看电视、上网，对你们孩子来说是有害的。如果你养成了读书的习惯，就可以减少你与电视、网络等过多接触的机会，潜移默化地提高你的语文素养，培养你的思维和想象能力。

"热爱书吧，它会使你的生活变得舒畅愉快，它会帮助你辨别形形色色的思想、感情、事物，它会教你尊敬别人和自己。"亲爱的宝贝，最后爸爸想以高尔基的这句名言作为这封信的结尾，希望你能像爸爸一样，成为一名爱书的人。

爱阅读的爸爸

好爸爸有话说

　　可以说，孩子的阅读能力和学业成就与其在学前阅读学习中的条件、环境、能力密切相关，幼儿获得的早期阅读经验是他们未来进入学校学习、成为成功阅读者的一个基本条件和重要基础。美国的一项调查表明，有"亲子阅读"习惯的家庭的孩子，阅读分数比全国平均分数高28分，而没有"亲子阅读"习惯的家庭的孩子，阅读分数比全国平均分数要低48分。差距之大，应当引起家长的重视。我国的《语文课程标准》指出：小学生课外阅读总量一、二年级不应少于5万字，三、四年级不应少于40万字，五、六年级不应少于100万字。当然，对于学前儿童来说，阅读教育的重点不是读、写多少字和词，而是为孩子营造一个良好的阅读环境，帮助儿童在人生的最初阶段学会阅读，掌握自主阅读的基本技能，让儿童在愉快而温馨的学习中积累丰富的阅读经验，成为一名成功的自主阅读者。如果您爱孩子，就和孩子一起阅读吧！就从现在开始！

快乐阅读(二)

亲爱的宝贝：

从你出生的第一天起，爸爸就开始和你一起阅读了。很多朋友奇怪地问我，孩子这么小，能听得懂你讲的故事吗？我告诉他们，这是一种潜意识教育，它的作用不是立竿见影的，但影响却是长远的。爸爸坚持的这一理念来源于美国的"20分钟阅读"运动。一位名叫吉姆·特米里斯的教育家呼吁美国的母亲从孩子出生开始，每天拿出20分钟时间来陪孩子阅读。按照蒙台梭利的说法，0～3岁的孩子认知心理是属于"吸收性心智"。他们就像海绵一样，吸收着看到、听到、闻到、尝到、触到的一切信息，并在大脑里留下印迹。因此说，亲子阅读应该及早开始。

从你出生那天起，爸爸就开始和你一起"阅读"了。那时爸爸只能轻声地讲给你听。在你出生4个月后，头已经能够立起来，可以看书了。爸爸会经常抱你看一些色彩鲜艳的挂图和连环画。

在你出生8个月以后，进入到一个关键的前阅读时期和语言的萌芽期，你已经能主动翻书看了，爸爸更加重视和你一起阅读。这个阶段，爸爸为你买了一些画面很大，内容简单，又撕不烂的图画书，你要怎么翻、怎么看、怎么玩都可以。在你这个年龄，你还无法理解书里的具体内容，爸爸的主要任务就是让你对书感兴趣，让你喜欢书。这时的你，经常会把书翻到自己喜欢的那页，憨憨地笑着，很是可爱。在你10个月大时，爸爸经常指着图画书让你指认其中的图案。当爸爸问你"妈妈在哪里"时，你会伸出食指，准确地指到相应的图片。

在你1岁时，你已经能回答爸爸、妈妈提出的一些简单问题。当爸爸指着图中的一只小猫问你这是什么时，你会回答爸爸："喵！"呵，你还不会发"猫"的音呢！结果把"猫"说成了"喵"。

到你2岁以后,你的语言能力得到了很大的提高。爸爸在和你一起阅读时,你已经能够充分理解,并且还会经常提出一些有趣的问题。

如今,你已经上了小学二年级,已经完全能够自主阅读,不需要爸爸陪伴阅读了。爸爸很怀念和你一起阅读的日子,爸爸有时间时还会体验一下和你一起阅读的滋味。

由于爸爸对你的早期阅读抓得很早,又能做到长期坚持,结果收到了很好的成效。和其他孩子比起来,你的识字量大,阅读理解能力强,在上一年级时,就能写出流利的作文,二年级时作文就在报刊上发表了!

让我们继续快乐阅读,永远和书成为最好的朋友!

和你一样爱阅读的爸爸

好爸爸有话说

有些家长因工作忙、生活压力大,抽不出时间陪孩子阅读;有的家长即使有时间,也不愿陪孩子阅读,感觉那是一种负担。有的家长为孩子买来书后,就把书扔给孩子,希望孩子自己乖乖看书,其实他们并没有意识到,这样是难以让孩子养成良好的阅读习惯的。我们经常会发现,有的家庭中,孩子的书非常多,但孩子并不喜欢读书,这些书在书架上只是摆设。对于学前孩子来说,需要的是父母的贴心陪伴,需要父母对书的解读。书是联系孩子和父母的媒介,只有相互交流才能培养孩子的阅读兴趣。所以,在孩子阅读过程中,您最好不要让书本身来代替亲子阅读,更不能让孩子感觉到您的陪伴是不情愿的、不得已的,把这件事当作一种负担。在早期阅读中,您可以或抱着孩子,或搂着孩子,或坐在孩子身边——在阅读中,如果您带着微笑,他们就会感觉温馨,就会感受到阅读的兴趣。如果您和孩子能做到边阅读边讨论,效果会更加明显,因为这样不但可以增进您与孩子间的感情,还可以增强孩子的思维能力。

快乐阅读（三）

亲爱的宝贝：

家里有两个书架，这两个书架上原本都摆满了爸爸的书，有诗歌类的、散文类的、小说类的……多年来，这些书一直是爸爸的心肝宝贝。不过自从有了你，它们对我来说退到了次要地位。随着你的渐渐长大，这些书也逐渐从家里的书架上退了下来，取而代之的是为你买的那些书。如今，你的书已经堆满了一个三开门的书柜。爸爸的很多书只能放在床下了。

从你出生起爸爸就开始为你阅读，如今为你买的书也已经超过1000本。爸爸不仅经常为你买书，还经常为你借书。自你6岁起，几乎每周要从图书馆为你借6～9本书，如今为你借的书已经超过了1500本次。和同龄孩子相比，你的阅读量可以说是大得惊人了。爸爸无论是为你买书还是借书，都会精挑细选。爸爸有自己的一套选书方法，下面就和你说说吧！

首先，爸爸会根据你的年龄特点，选择你感兴趣的图书。爸爸认为，让你看你不喜欢的书，就像给你吃你不喜欢的食物，不但不会引起你的兴趣，反而会引起你的反胃，降低你的阅读兴趣。因此，每次爸爸选书时都会考虑到你的年龄特点，选择你可能会感兴趣的图书。在你0～3个月时，你的视觉发育还不完全，看不见小的图案，对色彩也没有兴趣，这时爸爸选的是一些带有大图的卡片，用来刺激你的视觉发育。在你3～12个月那段时间里，你可以看的书多了，但是很爱撕书，爸爸就给你买了一些撕不烂、色彩鲜艳、页数较少的图画书、布书和洗澡书。让你感知各种书不同的质地和色彩，调动你爱书的兴趣。在你1～2岁时，你已经进入前阅读期，开始由撕书、咬书变成翻书了。爸爸为你选了一些唐诗、儿歌、童谣类的书，供爸爸和你一起阅读。在你2～5岁时，爸爸开始为你买一些经典绘本，以及适合你阅读的薄而多图的童话书。爸爸为你买的最成功的一套书就是《儿童故事》，这套书共15本，里面包括了30个图文并茂的中外经典童话故事。《神笔马良》《狼外婆》《哪吒闹海》《猪八戒吃西瓜》这些故事你都是从这些书中读到的。当你6岁时,由于阅读量大,你已经认识了500多个汉字,自主阅读已经不成问题了。这时爸爸给你买了一些思想性较强的图书,如那套少儿版的中国十大名著。其中的《三国演义》《西游记》《封神演义》和《岳飞传》是你最喜欢的书了,爸爸每本都为你讲了两遍以上。爸爸从不会强迫你去读你不喜欢的书,即使这本书是爸爸心目中的好书,这是因为如果父母强迫孩子去读某本书,阅读就会成为一种痛苦的经验,成为一种惩罚而不是享受,这会与爸爸快乐阅读的初衷背道而驰。爸爸不愿这样做,不愿意因此致使你产生反抗的心理,最后使你对阅读失去兴趣。

爸爸还会根据你的阅读兴趣,为你制定阅读计划,有针对性地买书。爸爸买书的原则是,尽量要科学、系统地买书,不要买回来的书版本众多,水平参差不齐,内容杂乱无章。爸爸为你买的很多书都是成体系的,一般都是在通过观察和分析你对图书的兴趣和需要后,有目的地为你选书。爸爸发现你喜欢看童话书,爸爸不但为你买了前面提到的经典童话故事,还在你上小学后买了"彩乌鸦"系列和"国际大奖小说"系列,共70余本童话书。爸爸发现你喜欢绘画,就为你买了20余本教画儿童画和漫画的图书。爸爸发现,相较于薄薄的童话书,你更喜欢看厚厚的画画书,这是因为那些厚的画画书里绘画素材较多,可以为你学画提供重要参考。

爸爸为你选书时,还非常注重书的插图、装帧、用纸和印刷质量。之所以要关注插图,是因为那些画面生动、色彩艳丽的插图,可以给人以美的享受,它是文字的很好补充,可以很好地发展你们孩子的想象力、思维能力和艺术审美能力。反之,如果插图绘画水平低劣,会给人带来不愉快的感觉,让书的质量大打折扣。此外,爸爸在选书时还很注意的是:图书的纸不能太白、反光不能太强、色彩不能太艳、画面不能太细,否则会给你的眼睛带来不利影响,容易造成视觉疲劳,久而久之容易诱发近视眼。

你喜欢童话书、绘画书,但爸爸不能只给你看这两类书,爸爸在为你选书时很注意不同类别的搭配。如爸爸每次去图书馆借书时,6~9本书中,童谣、科普、绘本、智力训练等类别图书通常都会涵盖进来。爸爸之所以要这样搭配着借书，是因为不同种类的图书带给你的信息是不一样的，爸爸这样做可以全方位地培养你的阅读兴趣。实践证明，只要书选得好，你对童话、绘画以外的书也会很感兴趣。

我的宝贝女儿，你读过的书太多了，在为你讲故事时，爸爸越来越感觉自己脑子里原本储存的那些老故事已经难以满足你的需要，所以现在爸爸才会开动脑筋，尽量为你多编些新故事。

好女儿，保持住你良好的阅读习惯吧！它是可以供你享用一生的财富！

你的书迷老爸

好爸爸有话说

如今越来越多的出版社加入到少儿图书出版的队伍中来，每年出版的少儿书种类繁多。有数据显示，2015年，少儿类新书品种数超过3.2万种。如此丰富的图书，不可能本本都是精品，这就要求家长在为孩子买书时，要掌握一些选书的方法。法国著名文学史家保罗·亚哲尔在《书·儿童·成人》一书中提出了关于适合儿童阅读的好书的标准：一是忠实于艺术的书，就是那些有助于培养儿童观察力的书；二是可以解放儿童的心，使他们喜悦的书；三是能把人类高贵的感情吹进儿童心灵，使儿童尊重生命的书；四是能让孩子看了更会玩的趣味游戏活动类的书；五是开启儿童智慧，增长儿童知识类的书；六是帮孩子培养高尚道德的书。如果您能够参照这样的标准选书，那您选的书一定会是高质量的，一定会对培养孩子的阅读能力和综合素质大有裨益。

快乐阅读(四)

亲爱的宝贝:

爸爸与你一起阅读已经坚持了8年,这之中爸爸很注意亲子阅读技巧。

爸爸为你讲故事时经常会注意观察你的反应。因为你还是个孩子,注意力很容易转移。当发现你对故事内容并不很感兴趣时,爸爸会随机应变,及时调整——或者做出语音、语调变化,或者缩短这部分情节,或者提出问题让你思考,使你的注意力始终集中在爸爸讲的故事中。

爸爸在讲故事过程中还很注意根据情节加进一些动作和表情,这样会让你觉得更有趣,更爱听。比如,在讲大灰熊来了时,爸爸会模仿大灰熊走路笨拙的样子,伸出双手,做出摇摇晃晃的动作。爸爸夸张的表演经常会逗得你哈哈大笑,有时你也会和爸爸一起表演,或是模仿爸爸的动作;或是扮演故事中的其他角色,和爸爸唱对台戏。爸爸经常和你做这种表演式阅读,这是让你从小爱上阅读的一个重要原因。

爸爸在为你讲故事时,通常会留下一些停顿空间,让你参与进来,和爸爸一起交流、讨论。例如,在讲到一些关系到故事主人公生死存亡的关键处,或者是作者提出的疑问、设置的悬念处,爸爸通常会停下来,给你一点想象空间,让你说一说自己的想法。记得在你5岁时的一天,爸爸为你讲《小红帽》的故事。爸爸问你:"当你走在路上,有人像大灰狼那样走到你身边,想让你跟他去好玩的地方,你会跟着去吗?""不会。"你摇了摇头。"如果你跟他走,他会送你一个漂亮的芭比娃娃,这样你会跟他走吗?"你犹豫了一下,说:"那也不会,我要是跟他走了,就再也见不到爸爸妈妈了!""宝宝说得很对!"爸爸向你竖起了大拇指。

在讲故事过程中,爸爸始终会保持快乐的情绪,这是快乐阅读的关键所在。如果爸爸在讲故事过程中感觉自己很放松,很享受,通常这种情绪也会使孩子受到感染,使孩子的想象力得到很好的发挥。相反,如果爸爸的状态不佳,让你感觉爸爸很疲惫、很勉强、很急躁,不但讲出的故事效果不会好,还会破坏亲子关系,影响你对阅读的兴趣。

在睡前为你讲故事时,爸爸通常会建议你闭着眼睛听,这是因为当你闭上眼睛,很留心地聆听故事时,会更有利于你想象力的发挥。每天晚上,你都会在闭目聆听中甜蜜地睡去。在梦中,你也许会和小红帽一起采摘路边的花朵,也许会和丑小鸭一起变成白天鹅,也许会为卖火柴的小女孩送上棉衣,也许会用马良的神笔绘出心中美丽的图画……

你的爱书老爸

好爸爸有话说

　　想要孩子具有良好的读书习惯,您就一定要为孩子创造良好的阅读环境。如今的很多父母,宁愿花费大笔的金钱去装潢漂亮的客厅、豪华的卧室,却舍不得钱为孩子买书或者买个书架,更别说为孩子专门布置一间书房了。如果您无法为孩子提供一个温馨宁静的读书环境,却要求孩子具有较强的阅读能力,这实在是一件不可思议的事情。此外,为培养孩子的阅读兴趣,当爸爸的还应该做好榜样。父母平时喜爱阅读,经常一卷在手,陶醉其中,孩子便会耳濡目染,对书本油然而生一种喜爱之情。反之,如果家长平时对阅读毫无兴趣,很少看书,却一再告诉孩子阅读有多么重要,又怎么能让孩子信服呢?诚然,如今书价不菲,对于很多家庭来说,通常难以购置太多的书刊,这种情况下,您可以充分利用公共资源,平时多去图书馆借阅或和邻居朋友们交换阅读,这样就可以弥补家里书刊之不足。

给你一个好环境

亲爱的宝贝：

你要知道，成长环境对一个孩子来说真是太重要了！你们孩子处在不同的环境中，为了适应所处的环境，就会像变色龙一样，改变自己的保护色，久而久之，就会显现出不同的个性。一个好的成长环境，会激发孩子的积极潜能；反之，则会扼杀孩子的积极潜能。自你出生以来，爸爸一直尽自己最大的努力，希望能够给你提供一个丰富多彩的成长环境，为你的快乐成长、拼搏进取创造条件。

爸爸为你讲过"孟母三迁"的故事。孟母为了孟子能有一个良好的成长环境，先后搬了三次家，终于找到了一个理想的环境。在房价高昂的现在，爸爸无法像孟母那样频繁为你搬家选择最适合的环境，但爸爸当初在选房时也是很在意它对你的影响的。在你1岁那年，我们刚刚从抚顺来到大连，需要买个自己的房子。经过多方考察，爸爸一眼就相中了我们现在住的这个小区。它最大的特色是在二楼中央有一个大平台，就像农村里的四合院。这里不用担心有车辆通过，有各种花草，还有很多健身器材，看上去很温馨，很安全。几百户人家的孩子可以在这里一起玩耍、运动，可以为你带来许多和小朋友接触的机会。

有了自己的房子后，爸爸为你买了一套舒适的桌椅，接着就开始陆续为你购买图书。那套桌椅可以调节高低，这样你在不同的成长阶段，坐在上面都会感觉很舒服。走进我们家，就像步入一个书的海洋。三开门大书柜里，各类图书摆得满满当当的。这样，在你闲暇之时，随手就可以抽出一本，舒舒服服地阅读了。

在我们家的书柜里，爸爸还会摆上一些小小的益智玩具，这些玩具有的是买来的，有的是你做的手工。这些小动物、小卡通人物、小战士和小房子，和图书一起,构成你的快乐王国。你经常会把这些"小伙伴"拿下来,摆在一起,玩你的"过家家"游戏。

你妈妈为你提供了一个整洁而有条理的环境,这样的环境会给你带来舒适感和美感,会让你感觉心情愉快,同时,也有利于你从小养成文明的举止和良好的习惯。

同这些物质环境相比,爸爸更重视的是为你营造一个温馨、和谐的精神环境。

爸爸、妈妈都非常重视对你的教育。我们乐于做你最耐心的老师、最谦虚的学生和最知心的朋友。无论是你的功课辅导、体育活动、社会实践,还是生活起居,我们都有计划有分工。不管有多忙,只要你需要,只要你愿意,我们都会去陪伴你。我们乐于和你沟通,和你聊天,我们经常会一起开个家庭会议,在一起讲讲故事,唱唱歌,谈谈见闻。彼此有了快乐,一起分享;有了烦恼,一起商量;有了意见,开诚布公……你的成长环境,是个快乐的环境、民主的环境。

言传不如身教,我们会以身作则,用一些好习惯来影响你。你爱好广泛,不但喜欢画画、看书和打羽毛球、踢足球,还很喜欢看电视、玩电脑。在你上小学一年级时,每天放学后,回到家就开始看电视、玩电脑游戏,直到爸爸、妈妈下班后才开始写作业。爷爷娇惯着你,不忍心批评你。爸爸发现这一问题后,耐心地和你谈心,和你商定:每天放学后,先写作业,等把作业保质保量地写完了,再有选择地去看电视、玩游戏。爸爸还和你约定,每天下班后爸爸会检查你的作业情况,如果做得认真,爸爸就会为你加上一颗智慧星。攒够30颗星星,就可以为你买一本你最喜欢的卡通书。爸爸还和爷爷讲明了这样做的意义,请爷爷做好监督。为了做到以身作则,爸爸戒掉了玩网络游戏,电视也很少看,下班后的时间主要用来陪你看书,陪你玩,陪你运动。

爸爸还会为你营造一个铺满"鼓励"之花的环境。在你取得成绩时,爸爸从来不会吝惜表扬。在你喂给流浪狗食物后,爸爸会夸你真有爱心;在你捡起小区里的白色垃圾扔到垃圾箱里后,爸爸会夸你真环保;在你自己又练会一个双杠动作后,爸爸会夸你真勇敢……在你写出一篇好作文后,爸爸会夸你"这个词用得真妙,说明你平时很注意积累!""这句景物描写真生动,说明你注意观察了!""这个结尾真有想象力,说明你认真琢磨了!"这些发自内心的表扬,让你对自己更有信心,做事更加努力。

爸爸、妈妈深深理解你们这代孩子的不易,因此尽管我们重视你的学习,但也会换位思考,不给你太大的压力。我们不会要求你考试一定要满分,不会要求你每次考试都要名列前茅,不会自作主张为你报各种培训班,不会强迫你做不愿做的事情……

爸爸、妈妈愿意用我们辛勤种出的慈爱之花,为你精心编织一个和谐的环境、快乐的环境、民主的环境、健康的环境……

相信你会珍惜这个环境,会用你那聪明的脑瓜和灵巧的双手,在你人生的旅程中绘下一幅壮美的图画!

关心你的爸爸

好爸爸有话说

从"孟母三迁"的故事中我们可以看到,三个不同环境让孟子有三种不同表现——如果他们一直住在墓地附近,孟子长大后可能会成为丧葬司仪;如果他们一直住在屠夫家附近,孟子长大后可能成为屠夫;正因为孟母把家搬到了书馆附近,孟子才最终成为著名思想家、教育家,成为战国时期儒家代表人物。良好的环境能激发人的潜能,恶劣的环境会弱化人的潜能。孟母三迁,使孟子摆脱了不利环境的影响,搬到了一个具有浓郁学习氛围的环境当中,使孟子耳濡目染,幼小的心灵里根植了学习文化知识的兴趣,激发了他的潜能。这样的环境正是孟母所需要的。对于现今社会的家长来说,应该把更多的精力用到为孩子的健康成长创造良好的学习环境、生活环境和游戏环境上,为孩子的健康、快乐成长打下坚实基础。

为孩子建个博客

亲爱的宝贝：

翻开爸爸为你建的博客，发现截至今天，爸爸已经为你写了333篇日记了。博客是在2006年8月建的，到今天刚好是4个年头。当初，爸爸刚刚接触博客时，博客还属于一种新生事物。后来，爸爸之所以要为你建立这个博客，在博客开篇日志中说得非常清楚：

我亲爱的宝贝，当你降生下来以后，我的生活目标便为之改变了。让你快乐、让你健康，成为我在人生长河跋涉中新的目标。

你睡梦中的一哭一笑，你生病时的闷闷无语，你快乐时的开心笑声，每一分每一秒都在牵动着我的心绪。

爸爸是个很普通的人，我不能给你最好的玩具、最贵的书籍、最好的学校，但我能给你最无私的爱，我愿永远和你成为最知心的朋友，这份爱可能是其他一些富有的爸爸所不具备的。

我今天建立这个博客，是想记录下你成长中的点点滴滴，记录下爸爸在教育你过程中的一些心得，记录下我们生活中的那些快乐时光。爸爸希望能够把它作为送给成年的你的一份不同寻常的礼物。

在这个博客里，爸爸记下了你成长中各种各样的事。有游览发现王国这样的开心事，有玩双杠摔伤头部这样的难过事，有图画在全国获奖这样的重要事，有和爸爸演"空城计"这样的有趣事，有帮爸爸盖被子这样的感人事……每当翻开这个博客，一幕幕生动的场景就会浮现在爸爸眼前。听着博客中的背景音乐，看着博客中关于你的文字和照片，爸爸心情会变得格外愉快。

博客上的成长日志与爸爸过去记在日记本上的成长日记相比，最大的优势就在于可以任意插入图片、文字，无论爸爸怎么修改，它都可以保持美观。让爸爸最得意，也最费心思的两篇博客日志，分别是《竹竹笑貌TOP15》和《竹竹的英雄情结TOP15》。这两篇日志里，爸爸分别精选了你从1岁到6岁的15张笑脸图片和15张武侠动作图片，分别组合到一起。看着它们，就像在看一部幻灯片，你成长过程中的一个个鲜活的故事会徐徐在爸爸眼前展现出来。

你对这个博客非常感兴趣，经常会打开博客看一看。你看这些日志时，时而会开心一笑，时而会假装生气，时而会若有所思……一天，你从头到尾看了爸爸写的博客日志后，感慨地说："第一次拿笔、第一次画画、第一次在海里游泳、第一次画出连环画、第一次自己写博客、第一次用手机发短信……哇！爸爸呀，你为我记了这么多第一次呀！你真是太伟大了！"说着，你扑进爸爸怀里，亲了爸爸油乎乎的脸蛋一下。这一刻，爸爸心中特别有成就感！

博客里不仅记录了你的成长历程，也记录了爸爸的一些教女心得。在你6岁时，你很喜欢看《家有儿女》这部情景喜剧，爸爸对此虽然不反对，可也不太赞同。爸爸认为，看这部电视剧只是浪费时间，对你的成长没多大帮助。可是有一天，你在家里做的两件事改变了爸爸的看法。那天晚上，你把我拉到厨房门前，让我看墙上贴的一个小纸条。爸爸仔细一看，原来上面写的是"节约用电"几个字。爸爸哈哈大笑起来，一问才知道，你的这一灵感正是来源于《家有儿女》。原来，剧中刘星的爷爷告诉家人要注意节约用电，就在墙上贴了这四个字。你受到了启发，也采用这个方法，想让爸爸、妈妈也注意节约用电。后来我发现，这部电视剧对孩子还是很有教育意义的。于是，爸爸在一篇日志中写下心得：家长不应武断地为孩子做出决定，认为他们可以看什么，不可以看什么，而是应首先站到孩子的位置上去考量，这样也许会发现自己原来的观点并不准确。爸爸在博客日志中记下的这些心得，时时在提醒爸爸要用更新、更好的方法去教育你、培养你、鼓励你。

耳濡目染，你在学会打字后也想建个自己的博客。听说了你的想法，爸爸全力支持你，马上就帮你在网上注册了一个。在这个名为"甜点的家"的博客中，你写了《笨笨猪与聪明兔》这样的童话，记了"想吃锅包肉"这样的愿望，还放入很多自己画的漂亮图画。由于你经常看、经常写博客日志，你的识字量得到提高,文字表达能力得以增强,同时,由于博客里拥有大量的美术和音乐元素,这又使得你的审美能力得到了提高。

我的可爱的女儿,现在,我们都有了自己的博客。接下来,让我们一起用心地去经营它们吧!让我们比一比,看谁的博客更精彩,更生动!

喜欢为你写博客的爸爸

好爸爸有话说

如今,有不少妈妈为孩子记成长日志,爸爸为孩子记成长日志的还真不多,不过,这并不意味着记成长日志就是妈妈的事。在爸爸有能力、有精力的情况下,也应担起为孩子记成长日记的任务,尤其是对于那些孩子妈妈在家里承担了大量家务的家庭来说,更是如此。从写作内容来看,爸爸、妈妈的写作风格和角度可能都不同,爸爸的成长日志可能会记得更幽默、更有个性、更受孩子欢迎。对家里有电脑,并且可以上网的孩子爸爸来说,最好选择为孩子写博客,因为博客中有文、有图、有声,更容易吸引孩子的眼球。有的爸爸不知道该为孩子记什么,其实很简单,只要是与孩子有关的,只要是对孩子成长有益的,都可以写进去。以下几方面内容可以供您参考。一是记童稚趣语,就是孩子在不经意间说出的让你觉得有趣的话;二是记成长故事,比如第一次接触某样新鲜事物的态度、做法,在家取得的进步,和小伙伴做游戏中的表现,在家参与劳动的情况等;三是记外出游玩的照片及在游玩中的表现;四是记孩子最近出现的问题、你的分析和解决办法及后来的效果。每篇日志可长可短,哪怕是三言两语,一两张图片,对孩子来说,也是一笔宝贵的财富!

好习惯胜过好分数

亲爱的宝贝:

二年级期末考试结束了,很多孩子家长都在议论孩子的考试成绩。考得好的,一家人皆大欢喜;没考好的,一家人垂头丧气。你的语文、数学、英语三科分数分别是99分,98分和100分。你两科没有达到满分,可爸爸并不在意,因为爸爸知道,你有良好的学习习惯。爸爸的观点是"好习惯胜过好分数",有了良好的学习习惯,不愁将来不能成才。

小学一、二年级是培养学习习惯的关键阶段,这个阶段如果能养成良好的学习习惯,对你的一生都会产生重要影响。因此在你还未上学时,爸爸就加强对你学习习惯的培养。

会学习的孩子首先应该是一名会倾听的孩子,否则无法保证其听课质量。为了给你上学打好基础,爸爸在你上幼儿园时,就训练你的倾听能力。爸爸会为你讲一些故事,并随时提问,考查你的倾听质量。"是谁动脑筋,想办法,最后准确地称出了大象的重量?""曹冲的爸爸是谁?""曹冲是用什么办法称的大象?"在为你讲了《曹冲称象》的故事后,根据你回答问题的准确程度,爸爸就能看出你的倾听质量。由于爸爸经常和你做这样的练习,你每次听爸爸讲故事时都会很认真,生怕漏掉一个关键的词。爸爸相信,有了这个认真倾听的习惯,你上学后也会专心听课,能很快地掌握老师教授的知识。

在你上小学后,爸爸要求你在做作业时要集中精力,不能三心二意。在你写作业前,爸爸会提醒你把喝水、吃东西、上厕所、削铅笔这些事做好。坐下来后,就不要再随意走动,做这做那了。爸爸不赞成你一边看电视或听音乐一边写作业,因为这样会导致你学习不专心。早在你上幼儿园时,为了培养你的学习专注力,爸爸就经常和你玩"大眼瞪小眼"游戏,也就是我们互相看着对方的眼睛,谁也不许说话,不许笑,看谁坚持的时间最长,谁就会获胜。经过长时间的训练,你的专注能力得到了提高,为你后来上学后保持专注力打下了很好的基础。

爸爸一直认为,阅读习惯是最好的学习习惯之一。在你很小的时候,爸爸就开始培养你的阅读习惯,让爸爸欣慰的是,你这个习惯已经养成,并坚持得很好。当初,为了培养你的阅读习惯,爸爸先是讲故事给你听,然后慢慢过渡到带你看大量的图画书,并在阅读过程中多多启发你和鼓励你。在爸爸的引导下,你终于养成了良好的阅读习惯,成了一名"小书虫"。光有良好的阅读习惯还不够,你还应有一个良好的爱惜图书和整理图书习惯。爸爸从小就爱惜图书,只要是爸爸喜爱的书,即使过了几十年,书页已经发黄,也不会有一个折角。爸爸书架里的书向来都是摆放整齐,条理分明的。在爸爸的影响下,你也继承了爸爸这个习惯。你的书保管得很好,看过的书不但能做到完好无损,还会做到摆放整齐,这一点让爸爸很欣慰。

爸爸不仅希望你书架里的书能够摆放有序,还希望你书包里的学习用品也能摆放得条理分明。刚上学时,每天放学后,你的书包里总是很乱,铅笔、橡皮都没有放在笔盒里,而是胡乱丢在书包里;书本也是参差不齐地塞在书包里。想象得出,你在放学时,是一股脑儿地把它们塞到书包里的。针对这一情况,爸爸耐心地告诉你:"书本、文具要整齐摆放在该放的地方,这样寻找它们才会更方便,才不容易被损坏。"如果文具摆放总是毫无规律,那么当你需要使用时,就会经常找不到,还会因此而心烦意乱,容易影响你的学习情绪。

你在学习方面有困难向爸爸请教时,爸爸都会鼓励你自己"再试一试"。如果你实在无法独立解决时,爸爸也不会马上给出答案,而是会一步步耐心启发,使你能有所领悟,尝到胜利的甜头,对自己增强信心,勇敢地迎接下一个挑战。"爸爸,孙悟空被压在五行山下后,为什么不把自己的身体变小,然后钻出来?"读了《西游记》后,你向爸爸提出这样的疑问。"你这个问题问得太好了!爸爸怎么就没想到这个问题?你猜猜,答案应该是什么?"每当你在学习中向爸爸提问时,爸爸都会赞扬和鼓励你。"我猜孙悟空是被如来佛给打失忆了,忘了变小的口诀了!"你的回答这么另类和搞笑,想象力可真丰富啊!爸爸真佩服你!爸爸很欣赏你像这样在学习中勤于思考,敢于质疑,善于提问。爸爸认为,这是你对学习产生兴趣的源泉,因此爸爸总会重视你提出的问题,鼓励你、启发你并帮助你解疑释惑。

法国作家大仲马说过:"每一个重复的动作都有养成习惯的可能;重复的次数越多,动作也就越成熟。"同一个动作,同一件事情,只有做,而且要反复做,才能形成习惯。爸爸希望你能把你良好的学习习惯坚持下去,爸爸坚信,你的好习惯一定会为你带来好收获。要记住,好习惯会带来好分数,好习惯胜过好分数!

有好习惯的爸爸

好爸爸有话说

在一次采访时,一位孩子爸爸对我说:"我和孩子妈文化水平都不高,自己辅导孩子感觉很吃力,就先是把孩子送到托管班,后来又请了家教,可是期末考试还是考得不理想。你说我该怎么办?"我告诉了他我的看法。我认为,孩子的学习习惯不好,用家教、辅导班这两味药都是难以根治的,真正的药方在于家长做表率,与孩子一起学习、一起进步。有一位家长,他的孩子数学成绩不理想,他很着急,但他没有请家教,也没有送辅导班,而是下决心靠自己学习来辅导孩子。于是,他从简单的题入手,有不会的题就向孩子请教。孩子被爸爸的好学精神感动了,就尽力去教爸爸。同时,孩子为了能教好爸爸,就在课堂上认真听讲,回家努力学习。最终,他教会了爸爸,自己也懂得了该怎样学习。这位爸爸在孩子面前甘当虚心学习的小学生,为孩子做出表率,也让孩子找到了学习方法和自信,他的无奈之招难道不正是高明之招吗?其实,培养孩子良好学习习惯的方法不拘一格,关键在于您是否能用心去寻找,去试着找到一个最适合你们的。

我会用好网络

亲爱的宝贝：

今天妈妈感冒了，是热伤风，你看到妈妈涕泪直流、浑身无力的样子，既心疼又着急。只见你噔噔地跑到电脑前，打开网页，用拼音输入法在搜索栏中打入"热伤风怎么办"几个字。一条条信息就出现在电脑屏幕上。"妈妈，你看，电脑上写了，猛吹电风扇容易得热伤风，你肯定是猛吹电扇吹的。"你很肯定地说，"卧床休息，多喝水，药物方面可以服用藿香正气软胶囊，每日2次，每次2~4粒。爸爸，我们家有这种药吗？"你瞧，因为会用网络搜索资料，你快成了"小医生"了。

在你上幼儿园大班时，爸爸就开始教你使用电脑了。"爸爸，在网上都能干什么啊？"你问。"你在网上可以搜索你想知道的知识、查找你学习中需要的文字和图片资料、看你喜欢的动画片、听听音乐和故事、玩一些小游戏，再有就是画画了。"爸爸说。爸爸知道，你还小，在上网的问题上需要爸爸引导，爸爸就陪你一起上网。你喜欢在纸上画画，也喜欢在电脑上画画。爸爸帮你在网上下载了一些适合孩子画画用的软件，供你使用。在电脑上画画，色彩更多，可供选择的工具也更多。

爸爸不赞成你玩大型的网络游戏，但允许你玩一些益智小游戏，这是因为，那些益智小游戏可以开发你的智力，增长你的知识，锻炼你的反应能力；而那些大型网游以卖道具挣钱为目的，只要你投入进去，就可能会上瘾，总想尽快升级攒经验。如果你不想花钱买道具，就需要耗费大量的时间，很容易让你染上网瘾。

在发现你缺乏必要的挫折教育时，爸爸就会让你多玩些闯关、竞赛类的小游戏，让你在挫折中变得更坚强。在发现你缺乏耐心时，爸爸就会向你推荐一些迷宫、拼图、围棋、象棋之类的小游戏。通过玩这些游戏，你不但可以掌握电脑操作的基本技能,还可以从中学会独立解决问题的方法。

"爸爸,蚯蚓的眼睛长在哪里?"看着刚从土里挖出的一只蚯蚓,你好奇地问。"你自己先仔细观察观察,然后自己到网上找答案,这样好不好?"爸爸说。"看起来没有眼睛,我回去查查看。"说完,你回到家中,在网上搜索答案。"哇!让我猜对了,蚯蚓真的没有眼睛,也没有耳朵呢!不过它的身体很敏感,能感受光线和震动呢!"刚上小学,由于你已经学会了用拼音输入法打字,已经学会使用搜索引擎了。通过搜索,你增长了许多知识。

爸爸限制你的上网时间,因为上网时间过长,不但可能会让你染上网瘾,对你的眼睛也非常有害。爸爸高兴地发现,你在上网时能遵守和爸爸签订的《上网条约》:只上爸爸为你提供的那些健康网站;注意保护自己和家庭隐私,不在网上留下家里的电话、住址、学校和班级名;不跟陌生人交流和见面……

能利用好网络,网络就是天使;用不好网络,网络就是魔鬼。爸爸相信你能用好网络,也相信网络会成为陪伴在你身边的、可爱的天使。

会用好网络的爸爸

好爸爸有话说

> 作为家长,应尽可能地与孩子一起上网。上网时,您可以和孩子一起享受网络的乐趣,在潜移默化中为孩子带去各种知识和学习兴趣。您可以利用网络做一些有用的事情,比如帮助孩子下载与学习有关的图片、文字资料,让孩子了解课本以外的新闻时事、科学知识、童话故事,或是通过电子邮件把孩子写的作文、画的图画发给报社、杂志社,为孩子投稿。当我们正确引导孩子使用网络,让孩子知道网络的正确用途后,会为他们以后独自使用网络打下良好的基础。网上鱼龙混杂,家长应该为孩子当好第一把关人。如您实在没时间和孩子一起上网,为了保证孩子上网安全,可以为他安装一些儿童浏览器。这些浏览器具备网址黑白名单功能,可以限制或允许孩子登陆某些网站。

6

开发右脑
提高灵商

KAIFA YOUNAO
TIGAO LINGSHANG

　　灵商（SQ）是人们对事物本质的灵感、顿悟能力和直觉思维能力。人的右脑主要承担想象、虚构、感受、创造等内容，侧重于直觉的形象思维模式，被称为"艺术脑"，灵商的开发也主要是右脑的开发。2~8岁的孩子正处于开发右脑的黄金时期，对灵商的培养至关重要。

爸爸是位好老师

亲爱的宝贝：

爸爸一直认为，爸爸应该是你的第一任才艺老师，而且应该是你最好的才艺老师。爸爸无法像那些专业老师一样，教给你专业的内容，但是爸爸可以理解你、支持你、鼓励你，帮你培养起学习才艺的兴趣。

在学习才艺之前，爸爸总会让你去了解它。这个了解过程应该是有趣的，我们可以在游戏中了解，可以在电脑资料中了解，可以在光碟中了解，也可以带你去比赛现场了解……在了解的过程中，爸爸会观察你的反应，找到你的兴奋点。当发现你对这项才艺非常感兴趣时，爸爸会征求你的意见，在你同意学习后，爸爸再带你深入学习。

学习才艺不见得一定要进学习班，有时自己学习并不比进班学习的效果差。就拿你学美术来说吧！爸爸采访过一些绘画学习班，发现在一些绘画班里，老师在课上只是为孩子们提供一幅画，让孩子临摹。在画的过程中，老师要求孩子和画中画得一模一样，不可以添加或减少一点内容，更谈不上创新了。不管孩子们喜不喜欢画这样的画，都要按老师的要求画完。要知道，老师的这种做法只会打消孩子的学习兴趣和积极性，即使原本喜欢画画的孩子，在这种教学方法下，也会变得讨厌画画了。在请教了一些专业画家和教师过后，爸爸决定不急于让你进绘画班学习，而是让你在家自己画。但是爸爸会为你提供足够的"养料"——为你买了很多绘画方面的书。你可以自主借鉴这些图画书，吸收这些书中的营养，再加入自己的想象，自由绘画，结果爸爸发现，你画出的图画比那些绘画班孩子画得更美，看上去特别鲜活、灵动，富有童趣。

你学习才艺的过程，也是爸爸学习的过程。为了培养你写书法的兴趣，爸爸为你买了大量图书，在网上查阅了大量资料。"王羲之7岁开始练习书法，他每天坐在池子边练字，日久天长，他写烂的笔头都堆成了小山，他洗笔的池水都成了墨色……有一次，他为人在木板上写了几个字，送去叫人雕刻。刻工发现他写的字墨渍竟然渗入木板里面约有三分深。于是就有了'入木三分'这个成语，形容书法笔力强劲。"爸爸经常会用历史上努力学习才艺的人物事迹来激励你。"王羲之练书法可真用功啊，我也得向他学习！"你感叹地说。

在你学习才艺的过程中，爸爸经常会向你请教。爸爸认为"不耻下问"是一件光荣的事，并不会让人感到难为情。爸爸发现，每次爸爸向你请教问题，你都会很耐心地向爸爸讲解。在爸爸请教之后，你总会显得对这门才艺更感兴趣，更有信心。

有一些才艺可以先在家里自己练习，但最终还是需要进学习班学习的，比如音乐和舞蹈。在挑选学习班方面，爸爸会非常在意学习班老师的性格类型和教学方式。爸爸认为，这名老师起码应该有耐心、教学态度好、对幼儿心理比较了解。当你在才艺学习中遇到困难时，他们会鼓励你，让你树立起学习的信心。她们的教学方式应该是活泼的，能够让你感受到学习的乐趣。你的舞蹈老师就是一位很好的老师，虽然在课上她要求比较严格，但是在你们取得进步时，她懂得适时鼓励和表扬。在课下，她还会和你们促膝聊天，为你们讲一些鼓励你们学好舞蹈的小故事，深受你们的喜爱。

"我不想学电子琴了！"有一次，你在去上电子琴课前对爸爸说。当爸爸问你为什么时，你说："时间太紧张了，每次上完电子琴课都急急忙忙地去学英语，害得我差点迟到。"你说得很有道理，爸爸针对这一情况，听取你的意见，和老师商量过后，把电子琴课时间做了调整，使得你的学习时间安排得更加合理。在你学习的过程中，爸爸不仅会关心你的学习效果，还会认真观察你的情绪变化。当爸爸发现你突然对某项才艺失去学习兴趣的时候，就会认真查找原因，想出对策。比如和老师商量调整进度、教学方式、练习时间，适当给予你鼓励，以便让你继续保持学习兴趣。

你的自尊心很强，在才艺学习方面不甘人后。爸爸会保护你的自尊心，不拿别人的优点和成绩和你比，只拿你自己的过去和现在比。有一天，你学完舞蹈回来后，不开心地对爸爸说："今天琳琳的舞蹈动作做得最好，老师表扬她了。我没有她做得好。""小事情，别在意。你想想，你也被老师表扬过很多次啊！但是班里那么多学生，老师不能每堂课都表扬你啊！现在和一个月前相比，你进步多大啊！学会了那么多新的优美的舞蹈动作。你只需要和自己比，不用和别人比。在别人取得进步时，不要嫉妒，而是去赞美她，祝贺她，你就会拥有更多朋友，收获更多快乐！"

爸爸鼓励你学才艺，并不是希望你将来一定要走才艺之路，而是希望你通过尝试接触各种才艺，从中品味经典，体味乐趣，陶冶情操，提高素质。我亲爱的宝贝，带着兴趣去学习吧！

和你一起学才艺的爸爸

好爸爸有话说

一个人的精力是有限的，艺术包括文学、绘画、雕塑、建筑、音乐、舞蹈、戏剧、电影等诸多门类，如果让孩子报所有门类的学习班，进行全面学习，显然不现实，也完全没必要。在孩子学习才艺的过程中，家长要把握好一点——千万不要贪多求全。每个孩子的兴趣点不同，对有些艺术门类孩子可以侧重、深入地去学习，而对有些艺术门类孩子懂得欣赏就可以了。在那些孩子并未显露出兴趣和优势的艺术门类方面，家长可以放弃对他们的过高要求，让他们快快乐乐、随心所欲地发挥。即使他们画的美女像张飞，即使他们唱歌跑调跑得几头牛都拉不回，即使他们的舞蹈跳得一点也不美……家长也应鼓励他们，让他们处于快乐当中。要知道，对孩子提出过高的要求，让他们痛苦地学习才艺，远不如让他们从这些领域中彻底解放出来，把精力投入到其他自己有兴趣的领域更好！

快乐写作的小才女（一）

亲爱的宝贝：

　　现在你虽然刚上小学二年级，在学校还未正式学作文，可作文已经写得有模有样，颇有灵气了。前些日子，你写的那篇《好爸爸》还在《少年大世界》发表，引来许多同学艳羡。之前，还有三篇作文先后在《半岛晨报》发表。你之所以能取得这样的进步，和你平时在爸爸引导下，注重阅读、观察和练笔都是分不开的。

　　兴趣是最好的老师。想提高你的写作水平，首先要提起你写作方面的兴趣。爸爸可以说是多种方法并用，让你在写作方面找到了乐趣，增强了信心。首先，爸爸注意多向你推荐好书，打好你的阅读基础。当然，这些好书中不包括那些整页都是"哼哈嘿哟"这种简单对话的漫画书，阅读这类书就像是在看电视中的动画片，看到的都是只言片语，看它们只能用来锻炼思维能力和想象力，但对积累优美词句没有多大帮助。爸爸说的好书，是指那些编得较好的青少年版中外名著、优美的童话故事、通俗易懂的百科全书等。通过阅读这些好书，你可以徜徉在优美的词句和丰富的素材当中，耳濡目染，为你未来写作打下坚实的基础。

　　同时，爸爸鼓励你学会观察。在过去的信中爸爸说过，作文中的观察不只是用眼睛去看，还应该调动起你所有能被调动起的感官去感受。比如，我们在观察雪景时，不但可以用眼睛去看小精灵一般的雪花漫天飞舞，还可以用耳朵去听北风吹动树木的沙沙声，用嘴巴去尝雪花的清凉淡爽，用鼻子去嗅雪中梅花的幽香，用手去触摸雪花的冰凉……你把这些看到的、听到的、尝到的、闻到的、触到的，还有想到的有条理地写下来，应该就是一篇很美的写景作文了。

　　鲁迅说过，要想写好作文，一要多看，二要多练。爸爸平时鼓励你多练，当然你要在快乐中练,而不是在痛苦中练,否则,这种"多练"只会事与愿违。在你练笔之前,爸爸还经常会和你做游戏,启发你的思路,让你感受到练笔的快乐。一天,爸爸和你玩了个"画胡子"游戏。爸爸在黑板上画了个老爷爷的头像,我们中的一个人被蒙上眼睛后,要走到黑板前,为老爷爷添上胡子,看谁画得最准确。在游戏之前,爸爸启发你注意观察,让你围绕一个中心意思,把你看到的、听到的、做到的、想到的写下来。因为这是一篇记事作文,所以爸爸提醒你,要把时间、地点、人物、事情的起因、经过和结果写清楚,结果你写得很生动,很形象。你在这篇名叫《画胡子》的作文中是这样写的:

今天晚上,爸爸走到我面前,清了清嗓子,神秘地对我说:"我们玩个画胡子游戏好吗?""好啊! 好啊!"我高兴得跳了起来,连连拍手。

游戏开始啦! 爸爸先在黑板上画了一位老爷爷。老爷爷的额头上有三道皱纹,就像是大海里的波浪一样。奇怪的是,爸爸画完老爷爷的胡子,又把它擦掉了。这是怎么回事? 我感觉很奇怪。"我们把老爷爷的胡子添上去,看谁画得最准确!"原来是这样啊! 我可不能服输,我想。

爸爸先来,我把他的眼睛蒙上,然后让他原地转了三圈。他就摸索着向黑板走去。他来到黑板前,在黑板上左一下,右一下,画了两道胡子。看到他画的胡子,我把肚子都笑疼了,因为他把胡子都画到耳朵上啦!

轮到我画胡子了,我来到黑板前,眼前一片漆黑,该画在哪儿呢? 我摸了摸黑板的四个边沿,估计好大概位置,画了下去。"哈哈!"听到爸爸的笑声,我摘下眼罩一看,原来我把胡子画在鼻子上面啦! 我也"呵呵呵"地笑了。

今天的画胡子游戏真有趣,明天我还要玩!

你看,在你写的作文里,有你看到的、听到的、做到的,还有你想到的内容。文章里的语言、动作、心理、神态、外貌这些细节描写都非常准确、到位。由于你非常喜欢玩这个"画胡子"游戏,在游戏中能够做到注意观察,感同身受,所以你写的作文一点也不空洞,能把游戏的整个过程写得非常清楚,非常生动。

爸爸在一些学校采访时发现，不少学生觉得写人物作文很难。其实，只要抓好外貌、语言、动作、心理、神态这些细节描写，写人作文并不难写。记得在陪你写"我的自画像"这个题目时，爸爸拿出一面小镜子，递给你说："宝贝，你看看自己的眼睛是什么形状的？是大大的，还是小小的？""是小小的丹凤眼。"你边照镜子边回答。"你平时有什么爱好啊？"爸爸接着问道。"我最喜欢看书啦！""能和我讲讲可以证明你爱看书的例子吗？""上次去图书馆看书，到了人家下班的时间我都不知道，结果差点被管理员给锁在图书馆里……""看来你看书真是太投入了，简直就是个小书虫啊！那你就围绕'我是小书虫'这个中心意思，把你的这个特点给写下来吧！在写的过程中，可以加强语言、动作、心理、神态这些细节描写和环境描写哟！"在爸爸的启发下，你这篇作文写得很生动。

因为在写作方面注意调动你的兴趣，使得你喜欢玩游戏，喜欢写作文，作文水平也在不断提高。爸爸相信，只要继续努力，你的作文一定会越写越好的！将来的你，一定会超过爸爸！

和你一样喜欢写作的爸爸

好爸爸有话说

很多孩子怕写作文，感觉写作文很难，不知道作文该写什么，该怎么写。作为家长，我们不见得都有较好的写作水平，但我们可以在调动孩子写作兴趣方面下些功夫。在某种程度上说，兴趣比方法更重要。如果想提高孩子写记事作文的水平，您可以找些孩子喜欢的事情去做，并鼓励他们在做的过程中，调动起各种感官去观察。比如，您可以带孩子去游玩，启发孩子观察在游玩中看到了什么，听到了什么，自己做了什么，有什么样的感觉和想法。如果能把它们按照一个中心意思条理分明、详略得当地写出来，就能写成一篇很好的作文。

快乐写作的小才女（二）

亲爱的宝贝：

时间过得真快，一晃，你的小学二年级学习就即将结束了。前些天，你的作文《我的家乡》在《半岛晨报》发表，爸爸真为你感到自豪啊！

为了让你练笔，爸爸鼓励你养成写日记的习惯。最初，你感觉没什么事情可写；后来，你打开思路后发现，其实可以写的事情太多了。你看，爸爸教你做水果沙拉的家务事可以写、你和小鸡在广场里散步这样的有趣事可以写、你被评上学习委员这样的光荣事可以写、别人不理解你这样的烦恼事也可以写……前几天，在写日记时，你感觉没什么东西可写，爸爸就提示你：日记就相当于无命题作文，你不仅可以写成记叙文，还可以写成议论文啊！你可以写你刚看过的一本书，就里面的某段故事或某句话，写写你的感受。你受到爸爸的启发，写了一篇名为《买小鸡》的日记，在日记中你是这样写的：

爷爷怎么还没来？放学后，我着急地在校门口等着爷爷。

等呀等呀，爷爷还没来，我就往校前走了几步。突然，我看到前面围了一大群人，就跑了过去。啊！好可爱的小鸡呀！它们的翅膀有黄色的，有白色的，还有红色的，同学们都买了，我也要买一只。我的手刚伸进口袋里，就想起来了，我平时上学时是不带钱的。这可怎么办呀？我急得直跺脚。就在这时，爷爷走了过来，我只好乖乖地跟着他走了，因为我知道不管我说买什么，爷爷都不会给我买的，他总是说："买这个有什么用？"我含着伤心的泪水回到了家。

不过现在我想明白了：不买就不买吧！现在认真学习，等长大了，挣好多的钱，买好多的小鸡，我还要给一些想要买却没有钱的小朋友一些小鸡。那该有多好啊！

你看,你在这篇日记中写的就是自己经历的一件小事。在学校门口遇见卖小鸡的,你很喜欢小鸡,又知道爷爷不会给你买,你写出了自己的心事,说出了自己的心里话。看似很平常的生活小事,写出来不是一样具有生活情趣吗?

如今,你写完的七八本日记都已被爸爸精心保存起来,它们见证了你的勤于练笔精神,是你成长过程中的一笔宝贵财富呀!

在你们小学生常写的记叙文中,除写人、记事、写景、状物作文以外,想象作文也越来越受重视。你们孩子的想象力是最丰富的,爸爸经常鼓励你在练笔时把想象力充分发挥出来。爸爸经常会为你出一些想象作文的题目,和你一起聊过思路后,再由你写出来。有一天,爸爸和你聊起了30年后的事情。爸爸启发你,30年后,你已经38岁,和现在的爸爸一样大。那时你已经有了自己的孩子,而爸爸也已经满头白发了。那时的你,也许已经实现了自己的理想,"那时的你会是什么样呢?你可以围绕着一个中心意思去大胆想,大胆写。"爸爸鼓励着你。结果,你写出的《30年后的一天》让爸爸看后感觉很惊讶,惊讶于你的理想,以及你的想象。你在作文中是这样写的:

30年后,我已经38岁。这时的我已经成为闻名世界的女作家,在我面前,郑渊洁、杨红樱这些我童年的偶像都黯然失色了。

记得在我9岁那年,我出版了自己的第一本书——《彩云飞飞漫游记》。我这样说你可能不相信,在我写完这本书时,有不少公司都抢着要出版我的作品。有的给5000元,有的给1万元,有的给20万元……最后,有一位提出要给我1000万元,成交!书出版了,我高兴极了,我拿着得来的一大笔钱,把其中一部分捐给了灾区的孩子,一部分送给了我那白发苍苍的老爸老妈,我还去商店买了一台最好的笔记本电脑。耶!我终于可以用自己的笔记本电脑写作啦!在这以后,我又写了很多作品。等我老了的时候,我会把从小到大写的童话放在一起,出一套厚厚的书,真是太有成就感了!

我会为这个梦想的实现而努力的!

你看，你的理想有多宏伟啊，你的想象有多丰富啊！如果爸爸不为你创造这样一个想象的机会，可能就不会有这篇想象力丰富的作文的诞生了。

童话也是想象作文中的一种。你可是写童话的高手呢！在爸爸的鼓励和支持下，你不但喜欢听童话，也很喜欢写童话。爸爸告诉你，童话其实并不难写，有一个简单的方法，只要把发生在我们人类身上的故事中的角色换成动物、植物、玩具、文具等，就可以成为好玩的童话啦！在爸爸的启发下，你开始创作自己的长篇系列童话《彩云飞飞漫游记》。在《找回自信》这一章中你这样写道：

彩云飞飞回到彩云村，听说乌云黑黑研制了一种药水，能让人喝了失去自信，他不信。

一天，黑黑偷偷把药水滴在了飞飞的果汁里。飞飞和小天使回来后，小天使渴了，拿起飞飞的杯子就大口大口地喝了起来。他喝着喝着感觉不对劲，"我怎么感觉这么不舒服呢？感觉我的胆子变小了，不自信了！"小天使说。飞飞仔细一看杯里的水，很混浊，"糟糕！你可能是喝了失去自信之药了！"飞飞一拍大腿说。

飞飞准备陪小天使去找回自信。他们看见牛大伯在耕地，就问："牛大伯，怎么才能找回自信呢？""那就要耕地喽！"牛大伯头也不抬地说。小天使耕了一会儿地，感觉没找回自信，就走了。

他们遇到了鸡大婶，就问："鸡大婶，怎么才能找回自信呢？""当然是要用心孵蛋喽！"小天使跑到鸡窝里孵了一会儿蛋，感觉还是没有自信，就爬了起来，和飞飞又去找自信。

他们看见小猫在自家门外洗脸，就问："猫妹妹，怎么才能找回自信呢？""当然是把自己打扮得干净漂亮才自信喽！"小天使洗了脸，又化了妆，可是还没有找回自信。

"我们一定能找回自信！"飞飞鼓励小天使说。

就在他们都已经筋疲力尽时，黑黑来了，想趁小天使正虚弱，抢走他手里的"智慧果"。小天使勇敢地跳起来，和黑黑比IQ。"提问：从1到9哪个数字最勤劳,哪个数字最懒惰?"黑黑想了半天也没想出答案,问:"答案是什么?""'1'最懒惰,'2'最勤劳。""为什么?"黑黑不服。"因为有句话叫'一(1)不做二(2)不休'嘛!"没有打开智慧之门,黑黑狼狈地逃走了。

村民们举起小天使,一起高声喊道:"小天使已经找回自信了!"

你看,你的童话写得多有趣啊!爸爸期待你能写出更多更好的童话!爸爸可是你的"童迷"哟!

你的"童迷"老爸

好爸爸有话说

　　孩子的想象力是非常丰富的。您在和孩子一起阅读童话之后,可以和孩子一起试着续编童话,讲述故事之后发生的故事。在讲述的过程中,可以引导孩子注意把握角色的性格特点,大胆想象,在讲述的过程中做到有对话、有神态、有心理、有动作、有条理……如果能做到这些,就已经形成了一个很好的口头作文。接下来,再鼓励孩子用笔把它写下来。我在采访中发现,一些平时作文基础薄弱,文字表述能力不强的学生,往往有着丰富的想象力,他们编童话故事的能力并不逊色于作文基础好的学生。所以,家长千万不要小瞧了自己的孩子,而是应鼓励他们充分发挥自己的想象力,大胆说童话、写童话。相信,只要您能拿出耐心、掌握方法,假以时日,您的孩子一定会成为写作小能手!

插上音乐翅膀的精灵

亲爱的宝贝：

前几天，我们接到一个好消息，在"青春中国第六届全国校园才艺选拔活动"辽宁赛区的比赛中，你获得了小学 A 组英文合唱比赛一等奖。这是继你在绘画、写作方面频频获奖和发表作品之后，又赢得的一项重要荣誉。看到你兴奋地摆弄着获奖证书和奖牌，爸爸可真为你感到高兴。爸爸心想，这可真是"一分耕耘一分收获"啊！

常接触音乐，可以让人消除工作紧张，减轻生活压力，增进身心健康。因此，在你还未出生时，爸爸就开始为你做音乐胎教，让你在音乐的熏陶下快乐成长。

学习音乐，首先要学会欣赏。在听的过程中爸爸不会要求你只听那些"阳春白雪"的作品，而是会根据你的不同年龄阶段，充分考虑你的爱好和接受能力。在你小时候，家里还没有电脑，爸爸就用电视上的 VCD 为你播放音乐，播放的有古典音乐，但更多的是你喜欢的儿童歌曲。活泼的《蜗牛与黄鹂鸟》、悠扬的《让我们荡起双桨》、轻快的《童年》、舒缓的《雪绒花》……都是你那时最喜欢听的歌曲。

家里有了电脑，接通了互联网，可听的音乐更多了。爸爸经常会在网上搜索、收藏一些你喜欢的经典音乐，这样无论你是在玩耍、在吃饭，还是在睡觉时，爸爸都可以为你播放这些好听的音乐。听多了，听久了，你对音乐自然就有了欣赏鉴别能力。在罗伯特·舒曼的《梦幻曲》中，你可以感受到清新与自然；在约翰·施特劳斯的《维也纳森林的故事》中，你可以感受到春天早晨的气息；在贝多芬的交响曲《田园》中，你可以感受到一种细腻中的宁静；在老约翰·施特劳斯的《拉德斯基进行曲》中，你可以在激情澎湃中感受到无限活力……

　　在你开始学习英语以后，英文儿歌又成为你的最爱。爸爸为你买了许多英文儿歌光盘，还在电脑中专门为你建了个收藏英文儿歌的收藏夹，你想听哪首歌，就可以直接点开播放器播放了。

　　在听音乐的同时，你有时会不自觉地跟着音乐哼唱起来。为了培养你的唱歌兴趣，爸爸有时会和你在游戏中学唱新歌。一天，爸爸对你说："我们一起玩'开汽车'吧！""好啊！"一听说要玩游戏，你非常开心。接下来，爸爸和你把几把小椅子连接成小汽车，由你来做司机，爸爸、妈妈来做乘客。在你"开汽车"时，爸爸一边教你唱《小司机》和《让座》这两首歌，一起和你表演歌中的情节。几次游戏过后，你就在玩的过程中学会了这两首歌曲。

　　随着你会唱的歌越来越多，爸爸有时会和你一起举行"唱歌比赛"。爸爸先告诉你比赛规则："在这个比赛里，你唱一句，爸爸唱下句，看谁会得多！"在比赛中爸爸发现，你会唱的歌还真不少呢！其中有不少歌，爸爸都不知你是在什么时候、在哪里学会的。看来，你平时在听歌、学歌时还真是很用心呢。

　　你在5岁时开始学弹电子琴，此前之所以没有让你学习，是因为爸爸考虑到你的手指关节还未发育好，过早练琴会让你的小手受到伤害。让你学练琴，是因为它可以提高你的音乐素养，陶冶你的艺术情操。学会了一种乐器，这种技艺便可以伴随你一生，成为帮你缓解压力、放松身心的忠实伙伴。

　　爸爸为你买了一架电子琴，并为你报了一个电子琴学习班。爸爸不会弹琴，但是自从你开始学琴后，爸爸也和你一起学琴了。每次白天你学过琴后，爸爸都会请你当老师，教爸爸弹琴。"爸爸，这个音弹错了，你应该这样弹。"当爸爸弹错时，你总会认真地纠正。有了爸爸这个学生，你学琴的兴趣更浓了，在老师讲课时你学得也更认真，唯恐漏下了什么知识，晚上没法教爸爸。

　　练琴是枯燥的。在学习过程中，爸爸很注意掌握好尺度，多鼓励你，多关心你，调动你的学习兴趣。一天，老师留的作业是把当天学的每个乐句弹十遍，可是你弹了两遍就不想弹了。爸爸就说："我们来比赛好不好？弹一遍就得一颗星星，看谁最后得的星星多！"一听说要比赛，你立刻有了劲头，把每个乐句弹了十多遍。

　　有人说过，那些听到微风的低语、流水的吟唱、小鸟的鸣叫和歌手的演唱,却不懂得去欣赏这些美妙声音的人,其实是十分可怜的。爸爸希望你能成为一个有较好乐感,能够感受音乐美的人,这样你才会更用心地去体验生命和生活,通过音乐表达你内心的情感,获得精神上的愉悦!

喜欢听你弹琴的爸爸

好爸爸有话说

当孩子学音乐时,一些家长往往"望子成龙""望女成凤"心切,用"考级"来给孩子施压,让孩子背负了沉重的负担。这样做,势必会让当孩子失去学习兴趣,将学习音乐当作一件痛苦的事。在孩子学习过程中,家长应多支持、多鼓励,多为孩子增添些趣味的"调料"。对孩子来说,他们的音乐学习,往往开始于身体跟随音乐的活动。孩子要先学会把音乐放到身体里,然后才能放到乐器上。因此,在他们的音乐学习过程中,您可以陪他们随着音乐做一些肢体动作游戏。每首乐曲都是包含意境的,孩子对每首乐曲可能都有自己的理解。在游戏中,您可以和孩子一起跳舞、唱歌、伴奏……在欢快的气氛中,让孩子爱上音乐。孩子每取得一点成功,您都应及时给予表扬。作为奖励,您可以带孩子去聆听大自然的天籁之声,或带孩子去音乐会现场聆听大师们精彩的演奏,感受音乐带给他们的享受。

巧手捏出奇妙世界

亲爱的宝贝:

你知道吗？雕塑按使用材料分，包括木雕、石雕、牙雕、骨雕、漆雕、贝雕、根雕、冰雕、泥塑、面塑、陶瓷雕塑、石膏像等很多种。对于你们孩子来说，比较适合做的有泥塑和面塑，多做这样的活动，不但能使你的手指变得更灵活，还能开发你的想象力，培养空间造型能力，陶冶情操。

自你3岁起，爸爸就一直鼓励你玩橡皮泥。我们玩橡皮泥是从"包饺子"开始的。听到爸爸说要用橡皮泥包饺子，你很兴奋："用橡皮泥包饺子？""对呀！我们就用橡皮泥来玩包饺子！我们先来和面。"说完，爸爸就开始教你团泥了。你学着爸爸的样子，把泥放在手掌里，揉来揉去，把泥揉成了一个圆圆的球。"我们还得把它搓成一个长条，这样才能把它们切得更均匀哟！"说完，你又学着爸爸的样子，把泥拿在手里搓来搓去，一会儿就搓成了长条形。可别小瞧了这两步，它们可是你包好"饺子"的基础呢！

接下来，爸爸要教你"切面"啦！橡皮泥盒子里有附带的塑料小刀、小剪子等工具，我们拿出里面的小刀，均匀地把泥切成一小块一小块的。"我们再把这些小块揉成团，再压扁，看谁做得好！"说完，我们就开始比赛了。因为不想输给爸爸，你做得很认真，把泥揉得很圆，压得很扁。

"最关键的一步开始啦！我们要往'面皮'里包馅喽！"说完，爸爸带你把一些事先准备好的切碎的彩泥放在"面皮"里，再慢慢地把"面皮"对折，把边捏出皱折。"饺子包好啦！"你看着眼前包好的彩色"饺子"，开心极了。"第一次包饺子就包得这么棒，你可太了不起了！"爸爸表扬你说。

掌握了玩团泥、搓泥、压扁、黏合这些基本的泥塑手法后，你就可以独立塑造你喜欢的小动物、小植物啦！爸爸为你买了两本学做橡皮泥的彩色图书。你照着书上的样子把彩泥搓长后，一折一拧，彩泥就变成麻花、花卷；一盘一卷,就变成了蛇和蜗牛;一压一拉,就变成了带鱼和面条……看上去非常生动、有趣。在爸爸的启发下,你的想象力得到了发挥,你在面球两边添上折断的火柴棍就变成了螃蟹;在面球四周插上火柴就变成了太阳……

最初,你捏那些小动物时通常需要组接。捏一只小兔子,你需要把头、躯干、四肢和尾巴分别捏好,然后黏合在一起。随着你泥塑能力越来越高,爸爸鼓励你更上一层楼,练习"整捏"手法。在捏一个小动物时,你不再是把身体的各部分黏合在一起,而是在整团的泥中捏出头和四肢。

橡皮泥经常反复使用,里面会存有很多细菌,因此每次玩橡皮泥前爸爸都要求你把手洗干净。和玩泥塑比起来,玩面塑更卫生、更有趣。在妈妈和爸爸包饺子、包子时,爸爸通常会让你把手洗干净,然后拿出一块面给你玩。

看到自己也有了一个面团,你开心地用手摸着、拍着、揉着、搓着,看着面团在自己手中不断变化,你的脸上露出了新奇而快乐的表情。爸爸总会教你做各种各样的面食——把豆沙放在面片里,揉成团,在上面用食用色素点上一个好看的红点,就做成了豆沙包。看到你包出的豆沙包和爸爸、妈妈包的不同,多了一个红点,你显得很有成就感。"爸爸,一会儿蒸豆沙包时一定要把这个放到锅里,我想尝尝自己包的豆沙包是什么味。"你说。

你感觉只包豆沙包有些单调,于是在爸爸的指导下,你的手就像一个魔术师,变出了各种各样的面点"美食"。你用搓好的面条拼成了"0～9"这些阿拉伯数字;用洗干净的泥工刀在面片上切出一片树叶;用小面团压成了一块块饼干。最有难度的是,你把豆沙馅包在面团里后,又把面团捏成了可爱的小兔、站不稳的公鸡、胖胖的小熊……你还为这些小动物用豆沙添上眼睛和嘴巴。

和泥塑相比,面塑不但卫生,而且基本不会浪费材料。你包好的这些小动物、小植物最后都被爸爸放进蒸锅里,和妈妈、爸爸包好的豆沙包放在一起蒸。出锅后,你就可以品尝自己的"杰作"了。看着亲手包出来的小动物、小植物蒸出来变了个样子,由"小瘦子"变成了"大胖子",你感觉既新奇又喜爱。"我真舍不得吃它们,不过不吃就浪费了,我还是吃吧!"你自我安慰着,边说边把你的"作品"送到嘴里。虽然这些"小动物"的味道不会比爸爸、妈妈包的豆沙包更好吃,但因为是你自己包的,你每次吃起来看上去都特别香。

泥塑和面塑,作为雕塑的基础,对你来说都是很好玩的活动。它们可以开发你的想象力,可以提高你的创造力,可以带给你愉悦的心情,也可以让你在紧张的学习之余得到很好的放松。爸爸支持你从事这样的活动。亲爱的宝贝,如果想玩,就去玩吧!

喜欢和你玩泥塑的爸爸

好爸爸有话说

兴趣是孩子学习的动力,是孩子获得经验的条件,也是孩子进步的保证。为了让孩子对泥塑和面塑产生浓厚的兴趣,同时又在游戏中学到知识,家长可以开动脑筋,从孩子的喜好及他们熟悉的事物入手,从中选择制作的内容。比如:孩子爱吃的东西、爱玩的玩具、喜欢的小动物、爱听的故事等,您都可以把它们和泥塑、面塑巧妙地结合起来。例如:针对孩子喜欢吃糖的特点,可以让孩子做一次和"糖"有关的主题面塑活动,用泥团或面团制作奶糖、棒棒糖、棉花糖等各种不同形状的"糖";在"海底世界"这个主题面塑活动中,可以鼓励孩子制作螃蟹、海星、乌龟、章鱼等。在您的支持下,那些没有生命的彩泥和面团会在孩子手里成为有生命的造型,孩子们会在快乐的情绪当中增长才艺,开阔眼界。

在图画中放飞想象

亲爱的宝贝：

你还记得吗？自打两岁半起，你就喜欢画画，现在虽然刚上小学二年级，可是已经捧回一大堆荣誉了。女儿，别说爸爸自夸，爸爸认为，你之所以画画得不错，与你的勤奋与天赋有关，也与老爸我的经常鼓励和陪伴有关哦！

记得在你两岁半的时候，你就开始握笔画画了。你握笔的方式很特别，笔身被你小小的拳头紧紧地握住，在纸上画着圈圈、道道这些简单的线条。你两眼紧盯着自己画出的杰作，还时不时地开心地笑上两声。那时，家里的墙壁上、床头上、床单上，到处都是你的"墨宝"。发现了你爱画画的苗头，爸爸积极为你画画创造方便条件。爸爸在你床边的墙上贴上了一层白纸，这样就为你准备好了一张超级大画板，你可以尽情地在上面"挥毫"作画了。发现你画得好时，爸爸就会上前亲亲你的小脸蛋，以示鼓励。

爸爸还为你买了许多图文并茂的图书。在选择这些书时，爸爸不仅会看书内的文字是否流畅、优美，更会看它的插图画得是否精致、美观，因为它们可是你绘画灵感的重要来源呢！有了这些书，你对画画更有兴趣了。虽然那时你还不识字，但你好像能读懂图画的意思似的，经常会捧着这些书认真地翻看。每次看着看着，你就拿起身边的笔认真地对照着图书临摹起来。应该说，爸爸为你买的这些书，是你的启蒙美术老师啊！

在你4岁时，就已经能画出较为完整的人物和动植物形象。那时你最喜欢看动画片《小英雄哪吒》，你经常在纸上勾画哪吒的形象。爸爸发现，你在绘画方面对自己的要求很高，有时画着画着，就会因自己画得不像而不耐烦，然后就乱撕乱扯起来。当时爸爸想，女儿喜欢画画，期待能够画好，在她因为画不好而烦恼时，正需要我这个当爸爸的引导啊！于是，爸爸来到你身边，提出要和你一起画。一听爸爸要和你一起画，你高兴得直蹦。当时，爸爸为你加油鼓劲说："画得不像不要紧，你看你画的哪吒，虽然看上去和动画片中的不太一样，可你画的也很有自己的特点呀！也许你画的更接近书里写的哪吒的样子呢！"你听了爸爸的话，咧嘴笑了。于是，爸爸就开始陪你画"四联画"，也就是用四幅不同的画讲述一个完整的哪吒故事。爸爸没有经历过系统的美术学习，画画得并不好，但爸爸从小就喜欢欣赏名画，审美能力还不错，爸爸就把侧重点放在对你进行思路启发和宏观引导方面，结果，你对爸爸教给你的这种画画方法非常感兴趣。接连几天，我们都在一起创作和哪吒故事有关的四联画。几天后，咱们俩已经完成了一部完整的哪吒连环画，还为连环画加上了漂亮的封面和人物表。当你把画好的连环画带到幼儿园时，不但受到了老师的称赞，还被老师摆在幼儿园的橱窗里用来展览。有了第一次的成功，你画画的劲头更足了。

从此以后，我这个做爸爸的稍有闲暇，就会陪你画画。我发现，有了我这个"画友"，你对画画更有兴趣了。你还记得吗？在你画画的过程中，爸爸经常会"请教"你：这个地方上什么颜色好呢？这个地方画棵树会不会更好点？这个画得很好看的东西是什么？因为你那时还小，经常会感觉上颜色比较累，有时就会因此中途放弃，一幅本来可以更漂亮的画就会变得不太完美。每当这时，爸爸都会鼓励你抽时间把画完成。在征得你同意后，爸爸也会和你一起上色，但在上色的过程中，哪部分用什么颜色，爸爸从来都会征求你的意见，这是因为，孩子的想象力是大人难以替代的。在你画得好时，爸爸会马上鼓励你说："这地方画得太有灵气了！"有了爸爸的经常参与，经常鼓励，你是不是感觉自己在画画方面已经成了爸爸的老师呢？因为爸爸能感觉到，你的自信心越来越强了，对画画也越来越有兴趣了。

如今，你已经上了小学二年级，已经不需要爸爸和你一起完成图画了，但爸爸还是喜欢陪在你身边，喜欢看你画画。因为爸爸觉得，看你画画，是一种责任，更是一种幸福。

让爸爸感到自豪的是，由于爸爸多年来在你画画方面一直注意多参与、多启发、多鼓励，你取得的成绩才会那么棒！你的图画不但多次在《半岛晨报》《少年文艺》等报刊发表，还曾获得全国第三届"天才杯"绘画金奖、全国

"星星河"绘画比赛银奖和大连开发区绘画比赛的金奖！

　　我的女儿，你在绘画方面取得了小小的进步，但是千万不要骄傲啊！只要你喜欢，就画下去吧！爸爸会全力支持你！

你的画迷爸爸

好爸爸有话说

　　很多孩子都喜欢画画，很多家长也和我一样不会画画。在这种情况下，如何培养孩子的绘画兴趣，开发孩子的想象力和创造力呢？其实办法很简单。首先，您可以为孩子创造基本的物质条件——为孩子买来画纸、油画棒等绘画工具，以及可供孩子借鉴的图书。这类图书分为两种，一种是带有精美插图的故事书，另一种是专门教孩子画画的美术书，二者都不可缺少。在挑选的过程中，您可以针对孩子的兴趣有所侧重，比如有的男孩子喜欢画兵器，您就可以为他有侧重地挑选一些带有兵器图案的绘画书，这对提高他们的绘画兴趣大有帮助。在孩子绘画过程中，对您来说，比创造物质条件更重要的是为孩子创造精神条件，也就是您对孩子的鼓励、赞美和陪伴。学龄前及小学低年级的孩子的很多特长都是家长夸出来的，也是家长陪出来的。在您的陪伴过程中，孩子能够充分体味乐趣，体验成功，这对他的绘画兴趣形成有着至关重要的作用。

像燕子般轻盈飞舞

亲爱的宝贝：

今天和妈妈学完舞蹈回来，你一进门就兴奋地对爸爸说："爸爸，今天老师夸我下腰下得最好！看，我给你表演一个！"说着，你身体后仰，做了一个标准的下腰动作！看着你那自信而又开心的样子，爸爸心里特别高兴。爸爸向你竖起大拇指说："真是越来越棒了！"

你在两三岁时，就表现出了很好的舞蹈天赋。爸爸发现，每当听到《拔萝卜》《一分钱》《读书郎》这类节奏感强的音乐时，你就会扭来扭去地跳起来。当时，你没有专门学过舞蹈，舞蹈动作都是自己即兴编的，但你的动作看上去非常协调，很有美感。爸爸觉得你是个很好的舞蹈苗子，就经常用电脑为你播放儿童音乐和少儿舞蹈录像，为你提供学习和表演舞蹈的机会。在选歌方面，爸爸颇费了一番苦心，爸爸一般都会选那些你喜欢的、活泼有趣、简单易懂的歌曲，比如《好妈妈》《两只老虎》等。听着这些节奏明快的歌曲，看着录像中的孩子们做出可爱的舞蹈动作，你也会受到感染，跟着又蹦又跳起来。爸爸还会利用布偶、圣诞帽这些道具和你一起表演舞蹈，比如爸爸扮演大灰狼做出滑稽可笑的动作，你扮演小红帽做出活泼可爱的动作，由于我们把故事、游戏和舞蹈结合在一起，让你感觉跳舞的过程就像是在玩，勾起了你对舞蹈的浓厚兴趣。每次在你表演过后，爸爸、妈妈都会及时对你报以真诚的掌声，通过这种方式来让你认识到自己的优秀，增强你的自信心。因为你的年龄还小，爸爸、妈妈都没有受过专业的舞蹈学习和训练，所以我们从来不会自作主张，拔苗助长，让你像视频教学中教的那样，做"下腰""下叉"这类专业舞蹈动作。

学舞蹈对你培养气质、强健身体、陶冶情操都很有帮助，但是爸爸、妈妈毕竟不是专业教师，不能给你更专业的指导。在你5岁时，爸爸、妈妈想为你报个舞蹈班。在舞蹈班的选择上,我们费了很大周折,先后考察了5家舞蹈班。最初去的几家舞蹈班,看似很专业,刚进班的孩子就开始做"下腰""下叉"这些腰、腿软开度练习,一些大孩子看上去动作做得很标准,但也有几个小一些的孩子做动作时龇牙咧嘴的,显得很痛苦。爸爸想,你现在还处于舞蹈启蒙阶段,应以培养你的舞蹈兴趣和舞蹈习惯为主,不能让你直接参加这类高难度的练习。考察到第五家舞蹈班时,你试上了一节课。在试的过程中,爸爸发现这个舞蹈启蒙班并没有急于让你们练基本功,而是让你们做舞蹈游戏,排练舞蹈小品,侧重培养你们学习舞蹈的兴趣。爸爸、妈妈觉得这个舞蹈学校不错,但我们不想自作主张,便征求你的意见。你说很喜欢上这样的舞蹈课,爸爸、妈妈便为你选择了这个舞蹈学校。

虽然你很有舞蹈天赋,但爸爸并没想过将来要你走专业舞蹈道路,而是希望借此来优化你的体态和气质。要知道,体态和气质不是一朝一夕就能形成的,所以爸爸希望你既然选择了,就要坚持。你在练功的过程中,有时会比较辛苦。一个周六,你学完舞蹈回来,哭着对爸爸说:"练功很累!"爸爸很心疼你,但是爸爸对你说:"宝贝女儿,这是学舞蹈必须经历的过程,咱们不能遇到一点困难就放弃呀!你说呢?"懂事的你点了点头。周日你学舞蹈回来,爸爸问你感觉怎么样,你告诉爸爸比昨天好一些了,还学会了做"前桥"这个动作。"哇!'前桥'这样高难度的动作你都能做了,说明你很努力呀!爸爸就知道,努力就有收获!"爸爸马上鼓励你说。"我认真观察过了,竹竹做的'前桥'动作做得最标准,老师还表扬了呢!"妈妈也接着表扬你。受到爸爸、妈妈的鼓励,你的积极性倍增,立刻拉着爸爸来到客厅,为爸爸表演起来。

在你学会了一些舞蹈后,为了增加你的兴趣和信心,爸爸经常鼓励你在家人面前表演,还鼓励你找机会和邻居家学舞蹈的小伙伴们一起表演,相互激发舞蹈兴趣,互相观摩切磋。在这个过程中,你们相互之间会不知不觉地彼此模仿对方的优美之处,克服自己的不足,对舞蹈的兴趣也自然而然地加深了。

经过几年的学习,爸爸发现你的进步特别大,学习兴趣浓厚、学习态度认真,舞蹈动作优美,多次被老师推荐上台参加公开演出。我的宝贝女儿,你的努力没有白费,你的汗水没有白流,你的舞蹈学习会让你收获良多!

继续努力吧!我的宝贝!

你的"粉丝"爸爸

好爸爸有话说

在孩子学习舞蹈方面,家长不仅在孩子"学不学舞蹈、何时学舞蹈、学多久舞蹈"这样的问题中起着决定性作用,在具体的舞蹈学习方面也应发挥作用。不同的孩子有天赋差异——有的孩子天生柔韧性差,有的孩子错过了学习舞蹈的最佳年龄,他们在练"下叉""后桥"这样的基本功时可能都会感觉比较吃力。家长对此应抱有正确的心态,不要总拿自己孩子和其他孩子比较,去批评孩子的不足。而是应多看到孩子取得的进步,今天又学会了什么,今天这个动作做得更好了,及时发现和表扬,这样才能增强自己和孩子对学习舞蹈的信心。对于学习吃力的孩子,您应该和舞蹈老师及时沟通,因为如果孩子存在明显的个体差异的话,训练方法应该有所不同。您可以请老师针对自己的孩子给出建议,拿出一个最佳的学习方案,这样才能让孩子更快地取得进步。当您需要课后陪孩子练习舞蹈动作时,一定要确认自己掌握正确的方法,否则就干脆不要让孩子在家里练,以免导致孩子动作不标准或受伤。

我能写出漂亮字

亲爱的宝贝：

今天，你带回一个好消息，继你前些天被选为班里的学习委员后，今天又被写字课老师选为写字课代表，原因是你的字写得特别棒。在你带回的作业本上，老师写的评语是："字写得太棒啦，你可真是个可爱的小才女！"

字是一个人的第一名片，写得一手好字，对一个人的学习、工作和生活都有很大的益处。同时，练字能培养我们的细心、耐心和恒心，让我们养成稳重严谨、注意力集中的好习惯。在你刚上小学时，爸爸就很注意引导你养成良好的书写习惯，因为这个阶段的你正处在书写习惯的形成时期，可塑性最强。爸爸不奢望你长大成为著名的书法家，但希望你能把字写得合乎规范，端正干净。

为了培养你正确的书写姿势，爸爸在你做作业时对你要求很严格，经常提醒你要"胸离书桌一拳远，眼离书本一尺远，手离笔尖一寸远"。要知道，这不仅是你写出一手漂亮字的前提，更是你身体健康发育的重要保证。

前些天，图书馆搞了一次书法展览，爸爸听说了这一消息，感到这是带你开眼界的好时机，就放下手里的稿子，带你去那里欣赏。正所谓"见多识广"，爸爸经常鼓励你平时多观察、多欣赏、多借鉴别人优秀的书法作品，这样既能提高你的审美意识和审美能力，还能使你发现自己的不足，树立起努力的目标，提高书法学习的积极性。平时无论是在看书、上网，还是看展览时，爸爸都会及时引导你欣赏那些优秀的书法作品。"你觉得这几幅字中，哪幅写得更好些？""你觉得如果由你来写，你会写成什么样？"在欣赏这些作品时，爸爸经常会向你提一些问题，引导你多动脑思考，善于分析问题，找出问题所在，这样对培养你的观察力、想象力和创造力，增强你对艺术的领悟力都大有好处。

爸爸为你买了不少字帖，供你欣赏、临摹。欣赏和临摹的过程是种美好的艺术熏陶,也是提高写字水平的有效方式。从中你可以逐渐品味出那些字的结构如何,怎样把它写出来会更漂亮。在摹帖时,你会把字帖放在透明的习字纸下,拿着笔,照着字帖上透出来的字一笔一画去描,认真极了。从小学一年级到现在,你已经写完了5本字帖。经过不懈的练习,久而久之,你就可以从中领悟到字的行笔轨迹和字形结构。通常,你在摹帖过后还会临帖。在这个环节,你会把字帖放在习字纸旁,照着帖上的字依样画"葫芦",边写边揣摩字帖上字的笔意。在练字的过程中,你经常做到"临"与"摹"结合,在一点一滴中取得进步。在你写出一些好字后,爸爸就会把它们拿出来挂在屋子里展览。看着满屋子飘着墨香的自己的杰作,你经常会拿着笔,扬着头,显得特别有成就感。

孔子说过,"其身正,不令而行,其身不正,虽令不从。"要求你写出一手工整、漂亮的字,爸爸就不能给你留下写字潦草的印象。每当你向爸爸请教不会写的字时,爸爸都会耐心而又认真地把字写出来,尽量做到一笔一画都端端正正、清清楚楚。为了给你做练字的表率,爸爸有时间时也会练练字。在爸爸看来,练字的过程并不枯燥,它能够让人心情放松而又愉快,其实是一种很美的享受。

爸爸给你讲过王羲之练习书法的故事,从中你懂得了学好书法绝非"一日之功",绝不能"急于求成"。爸爸不会因为你某个字写得不好而怪你,而断定你在书法方面没能力、没前途,相反,爸爸会鼓励你端正学习和练习书法的态度,坚定信心,扎扎实实打好基础,打好练字这场"持久战"。

"你今天的作业写得真认真,你看这几个字写得多漂亮啊! 就像小书法家一样!""你能写出这样漂亮的字,是不是有什么秘诀啊?"爸爸看了你写出的好字,总会给你这样的表扬。想要培养你良好的书写习惯,爸爸就要用鼓励和表扬调动你的兴趣,帮你树立起自信心。爸爸的一句表扬,一个拥抱,一次亲吻,都会让你发现自己取得的成绩,鼓励你继续勤学苦练。

你在家练习书法时,爸爸从不会搞"疲劳战术"。在上小学一二年级时,你的硬笔书法练习一般每天不会超过一页田字格,软笔书法练习每天不过超过20分钟。这是因为爸爸认为你的年龄还小,很容易感觉到疲倦,如果爸爸一味让你长时间地大量书写，不但难以达到预期效果，还可能让你产生逆反心理，影响你的学习兴趣。

你的汉字写得好，英文也写得那么棒，爸爸真为你感到骄傲！认真练习书法吧，爸爸永远是你的作品最忠实的鉴赏者！

喜欢和你练书法的爸爸

好爸爸有话说

孩子写得好、画得好，家长可以为孩子投稿，帮孩子参加比赛，但一定要抱有平和淡定的心态，同时也注意帮助孩子减压。我在教育女儿时会对孩子这样说："作品获奖、发表不是唯一衡量你进步的标尺，平时每天取得的点滴进步，才是最真实、最可信、最值得你珍惜的东西。发表、获奖更好，但如果没有这些，也不说明我们的进步不大，作品不好。"如果您把孩子作品获奖、发表当成任务，不顾孩子的身心发展水平与能力，强逼孩子做到，就只会给孩子增添负担，最终不但不会得到你所期望的收益，甚至会适得其反，让孩子产生反感和厌倦。

好口才让我更自信

亲爱的宝贝：

　　说起口才，爸爸不由得想起了10年前发生的一件事。当时，爸爸站在《抚顺日报》的面试现场，面对着十几位考官，在展示出自己多年积攒的作品剪报本之后，侃侃而谈。在介绍过自己的经历和优势后，从容应对考官们的提问。最后，爸爸获得了笔试和面试总分第一名的好成绩。爸爸的口才算不上很好，但爸爸一直在努力锻炼自己。爸爸认为，在竞争日趋激烈的社会，每个人都应该努力让自己拥有一副好口才。当然，你——爸爸的小心肝，也不例外。要知道，每名毕业生在毕业求职时面临的第一道真正考验通常就是面试。在这样的场合中，不仅需要你有很好的才华，更需要你用良好的口才去展示出自己的才华、赢得机会。爸爸重视对你口才的培养，希望你能够从小努力锻炼出自己的好口才。

　　想练出好口才，首先要说好普通话。爸爸过去讲话东北方言较重，尤其是平翘舌掌握得不太准。为了给你创造一个良好的普通话环境，爸爸下了决心——平时要注意说好普通话。爸爸把《新华字典》中所有常用的平翘舌汉字搜集在一起，再进行分类筛选，编成口诀，对自己进行强化训练。经过一段时间的练习，爸爸的普通话终于有了进步。在爸爸学习普通话的过程中，你也受到了影响，平翘舌感觉很好，普通话讲得特别棒。

　　"这几天你看了《夏洛的网》这本书，听说这本书特别好，你能给我讲讲这本书讲的是什么吗？"一天，爸爸这样问你。你爱看书，也看动画片，为了锻炼你的口才，爸爸经常有意请你口头复述一下你看过的书或动画片讲了什么内容。爸爸问你的语气是真诚的，是好奇的，这让你每次都特别愿意向爸爸讲述。"哈哈！《夏洛的网》可有意思了，它讲的是……"在听的过程中，爸爸很认真，即使你讲得不够完美，也没什么了不起，爸爸也会用兴奋的眼神和表扬的手势鼓励你讲下去。

快速朗读、背诵诗词和练习绕口令都是很好的口才训练方法。一天，爸爸拿给你一篇优美的课文《秋叶飘飘》，你便开始朗读起来，"红色的蝴蝶，黄色的小鸟，在空中飞翔，在风中舞蹈……"开始时，你朗读得不够流利，接下来，一次比一次读得流畅。爸爸经常带你这样练习，可以让你口齿更伶俐，语音更准确，吐字更清晰。

爸爸要求你做的背诵，不仅要求你会"背"，还要求你能有感情地"诵"。在你背诵时，爸爸会鼓励你说："听你背诵诗文真是一种享受啊！你今天能不能让我们满足一下愿望，听听你背诵这篇《木兰诗》呢？""好啊！今天我就为大家表演一首《木兰诗》。唧唧复唧唧，木兰当户织……"听了爸爸的表扬，你的劲头总是非常高涨，有感情地为爸爸、妈妈表演起来。茶余饭后，我们经常举行家庭表演会，不仅由你来表演节目，爸爸妈妈也会参与到表演中来，因为这样可以更好地调动你的积极性，增强你的信心，锻炼你的口才。

练好绕口令，不但会让你的思维更敏捷，更会锻炼你的口才。爸爸在教你学说绕口令时，注意循序渐进，做到由少到多，由慢到快。最开始，爸爸会带你练"吃葡萄不吐葡萄皮儿"这类最简单的绕口令。如果一开始就说得很快，会让你感觉很难，让你失去兴趣，所以爸爸在你刚学时会想出办法——把一句话拆成若干部分，逐一攻克。在练"吃葡萄不吐葡萄皮儿"这句话时，你最初练的是"吃葡萄—不吐—葡萄皮儿"，后来熟练了，能把每部分说得清晰无误了，再由慢到快，越来越流利。

当你练口才遇到困难，想退缩时，爸爸会鼓励你克服困难。"知道吗？一位名叫萧楚女的老革命家，他就是靠勤学苦练才练成了好口才。他在学校教书时，每天除了认真备课以外，就是每天天刚亮就跑到学校后面的山上，把一面镜子挂在树枝上，对着镜子开始练演讲。他从镜子里观察自己的表情和动作，琢磨怎样演讲、怎样做手势会显得更加得体。经过这样的刻苦训练，他终于掌握了高超的演讲艺术。爸爸相信，你经过认真练习，将来也一定会成为一位口才特别棒的人物！"

爸爸还经常和你模拟电视上的辩论赛，就某一件事展开辩论。"正方观点是：孩子上网没好处，因为它会让孩子患上网瘾，影响学习，影响生活。"爸爸提出了自己的观点。"反方认为：你这样说是不对的。因为上网还能让小孩学会很多知识……"你反驳说。在辩论中，我们各执一词，唇枪舌剑，颇有些辩论赛的味道。然而比赛过后，我们的思想一般会统一起来，观点也会会达成一致。比如就"孩子上网是有利还是有弊"的问题，我们一致认为，什么事情都不能一概而论，只要把握好尺度，用好网络，它就是有利；反之，就会带来弊端。爸爸和你搞辩论，不仅能锻炼你的思维，更能锻炼你的口才。

怎么样，你赞成爸爸的观点吗？不赞成？来，一起辩论吧！

喜欢和你辩论的爸爸

好爸爸有话说

　　想要孩子拥好口才，家长应多鼓励孩子。告诉他们，想练好口才，除了做到"勤练习"，还要做到"善学习"。这个"善学习"，一是要学习广博的知识，二是要善于模仿高水平的演讲者。前者是学好口才的基础，后者则是练好口才的捷径。美国前总统林肯当年为了练口才，徒步30英里，到一个法院去听律师们的辩护词，看他们如何论辩、如何做手势，他一边倾听，一边模仿。他听到那些云游八方的福音传教士挥舞手臂、声震长空的布道，回来后也学他们的样子，对着一排排树桩、一行行的玉米练习演讲，最后终于练就了一副好口才。家长要多与孩子交流，让他们在交流中学会说话的技巧；同时也应创造机会，让孩子多与那些有思想、口才好的人交流，让孩子在交流中受到感染，练出好口才。

谢谢你表扬我

亲爱的宝贝：

在你学习才艺的过程中，爸爸对你的努力一直给予欣赏和鼓励。爸爸之所以这样做，是因为在你们孩子成长过程中，会非常在意父母对你们的评判和定位。你们对自己的定位，通常就是爸爸、妈妈对你们的定位。爸爸、妈妈说你很棒，你往往就认为自己真的很棒；爸爸、妈妈说你表现真糟，你就会认为自己真的很糟。爸爸需要通过赏识和鼓励，给你这样一种心理暗示：你很棒，只要努力，你会更棒！

在才艺学习中，只要你付出了努力，即使取得的只是点滴成绩，爸爸也会毫不吝惜自己的表扬。爸爸认为：在才艺学习的道路上，孩子取得的成功是父母陪出来的，也是父母夸出来的。

夸奖这件事看似简单，其实也是有技巧的，爸爸在这方面倒也琢磨出了一些规律。在夸奖你时，爸爸首先要让你感受到真诚。你想，如果在你弹琴跑调时，爸爸"夸"你一句"这个调弹得可真准啊"，那爸爸的话就是虚伪和讽刺，不但不会让你感受到得到表扬的快感，相反，还会让你的心理受到伤害，可能还会让你因此而讨厌学习这种才艺。"没关系，这个曲子刚学，还不熟，偶尔跑一下调是可以理解的。再练练，熟了就好了。爸爸知道，你会弹得越来越美的。"在这样的时候，爸爸通常会这样鼓励你。

当你在才艺学习方面取得进步后，滞后的表扬往往不如及时的表扬效果好。如果事情过了很久才想起来表扬你，你可能记不清或者忘了那件事，这时的表扬会让你觉得可有可无，表扬的效果肯定会大打折扣。爸爸在陪你画画时，每当看到你画出妙笔，就会及时表扬你说："你看你这个地方画得多好啊！你可真是一位小画家！"在你作文写得很有新意时，爸爸会表扬你说："关于同学们的神态描写、心理描写和动作描写真是太生动、太传神了，你简直就是位小作家啊!"

"你真棒""你真行"这样的夸奖话可以说,但是,在夸奖你时,爸爸一般不会只简单地使用这几个字,而是会更具体。爸爸不但要让你知道自己做得好,还要知道自己好在哪里。"你最近练书法练得非常认真,你看这个'大'字、'红'字,比爸爸写得还好呢! 真是太棒了!"在你画画时,爸爸有时还会把自己当成你的学生,就画上的内容向你请教。"这个画得非常漂亮的小鸟要飞去哪里?""这个很有创意的地方是怎么想出来的?"爸爸这样问你,是想开发你的想象力,更是想让你认识到自己画得确实很好。

在表扬你时,爸爸不仅会口头表扬,还会用使用肢体语言,比如举起大拇指、摸摸你的头、拍拍你的肩、热烈地鼓掌、真诚地抱一抱你……那天,你获得了演唱比赛一等奖,爸爸高兴得把你搂在怀里,在你的小脸蛋上用力地亲了一下,对你说:"这是你努力坚持练习的结果,你能做到这一点,可真让爸爸骄傲啊!"相对于口头表扬,爸爸这样的表扬会给你留下更深刻的印象。你说,是不是啊?

"刚才邻居家叔叔阿姨来过,他们表扬你画的这幅画太好了,说你将来一定能成为画家!"在你从外面玩够了,跑进屋时爸爸对你说。"是啊! 明天看见他们我得谢谢他们。"听了爸爸的话,你很高兴。爸爸经常表扬你,表扬多了你有时可能会不太在意,不过其他人的表扬会让你感到新鲜,受到鼓舞。

在你取得成绩时,爸爸会表扬你,也会奖励你。对你的奖励,有精神奖励,也有物质奖励。口头表扬、真诚的拥抱、亲吻额头,都属于精神奖励。记得上次你的图画发表后,爸爸给了你物质奖励,那就是一套你喜欢的卡通书。当时爸爸对你说:"能在报纸上发表图画,实在是一件不容易的事。你的画画得这么好,爸爸可真为你感到高兴。这套卡通书是奖励给你的。如果今后再取得这样的成绩,爸爸还会奖励给你一套你喜欢的书。"爸爸的表扬和激励鼓舞着你继续努力,画出了更多更美的图画作品。

"爸爸,谢谢你的表扬! 是你的表扬,才让我现在的画画得这么好,作文写得这么好的。"一天,你突然对爸爸说了这样一句话。听了你的话,爸爸感觉很惊讶,这样的话不像是出自一名9岁孩子之口。"这些是爸爸应该做的,因为你确实做得非常棒！你配得上这些表扬！"爸爸发自肺腑地说。

今天，你琴弹得很认真，画画得生动，作文也写得非常活泼，爸爸又得表扬你了！

爸爸由衷地想说："女儿，你太有才了！"

欣赏你的爸爸

好爸爸有话说

"爸爸总是说我这不好，那不对，我再也不想学琴了！"一位孩子对我这样抱怨他的爸爸。其实，在孩子们学习才艺的道路上，我们不应让孩子孤独前行，尤其是对学前及小学低年级孩子来说，在前进的道路上，更需要做父母的用赞美和鼓励的语言与他们相伴。孩子在学习才艺的过程中不可能总会有可喜的成绩，他们也会遇到挫折。在孩子遇到挫折时，如果家长一味地埋怨、批评，就很可能会抹杀孩子的灵性，扼杀孩子的天性，埋葬孩子的理想，让孩子选择逆反和逃避。在这种情况下，家长更应该把自己坚强的一面展现给孩子，用鼓励和赞美的话语，告诉孩子"你很棒"，发现自己的闪光点，坚定信心地直面困难，挑战自我。

7

游戏与运动带来好健商

健商(HQ)指一个人的健康智慧及其对健康的态度。包括一个人已具备和应具备的健康意识、健康知识和健康能力。自孩子2岁起,家长就应多为孩子创造参加游戏和体育运动的机会,让孩子拥有良好的健商。

百玩不厌的角色游戏

亲爱的宝贝：

今天晚上，你扮演三毛，爸爸扮演老兵，妈妈扮演日本鬼子，我们在一起摸爬滚打，尽情疯闹，玩了将近一个小时的角色扮演游戏。游戏过后，你红扑扑的小脸上挂满了汗珠，原本柔顺的头发也变成一缕一缕的了。看来玩这个游戏不但能锻炼你的表演能力，还能很好地锻炼你的身体啊！

过去你对《三毛从军记》这本书并没有多大兴趣，因为你感觉三毛太弱小、可怜，不像小英雄哪吒那样具有英雄气概。然而，自从爸爸和你一起表演这本书中的故事后，你开始喜爱起三毛来，对《三毛从军记》这本书也是格外钟爱。每次一起表演时，你都意犹未尽，希望爸爸能和你多表演上一会儿。你正义感很强，三毛这样的角色自然是非你莫属，而爸爸通常会扮演长官、老兵、日本鬼子、动物这些辅助角色。每次表演时，你都会演得格外认真、投入。当演到三毛摔倒的时候，你会"扑通"一声倒在床上，一点都不惧怕是否会疼痛。表演时经常会需要一些道具，爸爸鼓励你找一样东西来替代，比如我们会把电视遥控器当作枪，把识字卡片当靶子，把呼啦圈当作救生圈。

书中有一个情节，是三毛用被子弹打出小洞的头盔当淋浴头洗澡。你在表演洗澡的时候，从上到下，从里到外，洗得特别认真，逗得爷爷、奶奶哈哈大笑。爸爸在旁提醒她："不要洗完屁屁再洗脸！"你听了忍不住仰头大笑起来。

爸爸不仅在家里和你玩角色游戏，带你出去游玩时，为了让你玩得更尽兴，爸爸也会和你痛痛快快地玩这样的游戏。记得那次带你去森林动物园，由于我们出发较晚，中午12点才到达森林动物园。刚进公园，爸爸就发现你有些烦躁，知道你是有些困了。但是既然来了，就要让你懂得坚持。爸爸现在得想个办法来吊起你的胃口，吸引你的兴趣，否则，我们只能前功尽弃，打道回府了。爸爸看见路上一串串由彩色石子铺成的巨大"脚印"，有了主意。

"宝贝，爸爸跟你做个游戏好吗？"爸爸笑着对你说。"好啊，什么游戏？"你立刻精神起来。"看见了吗？地上的脚印是九尾狐狸的，它偷完龙珠逃走了。你是小哪吒，我是姬发哥哥，我们要破案，去找回龙珠。""好啊！妈妈是石叽大魔头。"妈妈听了你的角色安排很有意见，希望你把她的角色改成哪吒的妈妈或女娲娘娘，但你都不愿意，说游戏中必须得有一个反面人物。妈妈无奈，只好答应了。在游戏中，爸爸演得认真，你演得也特别投入。寻找龙珠这个动力让你忘记了困倦，看上去又勇敢又机智。一路上，我们看了鸵鸟、猴子、老虎、熊、大象等许多动物。每当你感觉疲劳或无趣时，爸爸便会吊你的胃口说："破案的线索也许就在前边，我们去问问前面的猴子，看它知道不知道九尾狐狸在哪里？"来到猴笼前，一只金丝猴异常凶猛，忽地扑向我们，"砰"的一声落在前面的玻璃上，吓得你一哆嗦。你年纪小，胆子也小，在两栖动物馆看着蛇和鳄鱼，你吓得紧拉着爸爸的衣角，直往爸爸身后躲。"小哪吒是勇敢和坚强的，让我给你些力量。"说着，爸爸伸出手，把自己的手心和你的手心贴在一起，就像武侠剧中传递内功一样，做出很用力的样子，帮你"传递勇气"。"好了，你有没有感觉胆子大了不少？""嗯！"你用力点了点头。终于来到了狐狸的笼子边，"九尾狐狸找到啦！"你高兴地跳了起来。在爸爸的提醒下，你在笼子前操练起自己平时常练的哪吒"功夫"，为的是吓一吓"九尾狐狸"，让它归还盗走的"龙珠"。"爸爸，我感觉胆子大了，不怕了。"你对爸爸说。

"案子已经破了，其实龙珠就在你的心里啊！你变得更勇敢、更坚强、更健壮，你就找到了你自己的龙珠。"走到动物园出口处时，爸爸对你说。

我们玩角色游戏的过程可以让你收获很多。玩游戏可以开发你的智力，可以锻炼你的口才，可以锻炼你的体魄，还可以为你带来快乐，有如此多的好处，你说，爸爸又怎能拒绝和你玩这样的游戏呢？

如果你愿意，明天爸爸还会和你玩这样的游戏！

喜欢做角色游戏的爸爸

好爸爸有话说

　　孩子想玩角色游戏时，家长应全力支持，并积极支持和参与。当孩子不知该扮演什么时，您可以给孩子一点提示，如对孩子说："你是谁啊？哦，原来是警察啊！"同时，您还可以递给孩子一把玩具枪作为道具。这样，孩子就会受到启示，玩起"警察抓小偷"的游戏。在角色选择方面，一般是根据孩子的兴趣和志愿来选择，但您也可以根据孩子的特点提出建议。如孩子平时特别胆小，可以建议他担任勇敢的"解放军"角色；如孩子缺乏领导组织能力，可建议他担任"国王""王后"这类在游戏中起组织作用的角色。在游戏中，孩子由于受自身知识经验的限制，游戏内容可能会有些枯燥，这时您可以参与进来，和孩子对话，为孩子增加新的道具，丰富孩子的游戏内容。最后游戏结束时，您最好不要用生硬的口气命令孩子该停止了，该去看书了，而是可以告诉孩子"小偷抓住了，警察也要回家了，女儿还等着他回家讲故事呢！"只要你经常和孩子玩这类能够锻炼身心的角色游戏，一定会为孩子带来多重收获！

踩枕头"过桥"

亲爱的宝贝：

晚上，爸爸经常会和你疯玩一会儿。疯累了，再坐下来为你静静地讲上一段故事，伴你愉快、轻松地入梦。你很喜欢爸爸的故事，更喜欢和爸爸疯玩。我们疯玩的花样多极了，玩的道具也是多种多样。我们经常会就地取材，有时把床上的枕头拿来当道具，也能玩得特别开心，特别痛快。

"接招！"瞧，爸爸把枕头丢向你，开始进攻了！枕头很松软，打在身上也不疼，不用担心你会被丢得哭鼻子。"哼！看我的！"你也不甘示弱，接住爸爸丢来的枕头丢了回来。一时间，卧室里枕头横飞，转眼间，我们就都玩得满头大汗。这个游戏可真锻炼身体啊！

丢枕头游戏的运动强度很大，丢一会儿我们就累了。没关系，还是用枕头做道具，我们可以换一种玩法。爸爸把几个枕头沿着同一方向分别摆在床上，中间留些空隙。要过桥喽！爸爸和你踩着枕头，一步一步小心地向前走着。"河里有鳄鱼，千万别落水哟！"爸爸提醒着你。"爸爸，你踩到床啦！你落水了，你输了！"你兴奋地对爸爸喊道。看，你玩得多认真！这个游戏能锻炼你的平衡能力，经常玩它，你的平衡感一定会很强。

总在枕头上慢慢地走，你玩腻了，想玩点更刺激的。"我们先不动这些枕头。现在这几个枕头已经不再是河里的石头，而是陆地上被点燃的栏杆，我们要像刘翔那样跨过去，不能碰到栏杆，看谁最快。"爸爸又有了新点子。"我一定不会输给你！"你握握小拳头，和爸爸比了起来。几场比赛下来，你以5:3取得了最后的胜利，虽然累得满脸通红，但看得出你特别开心。

最有趣的一种玩法开始了！"现在有请CBA最大牌女球星葛嘉竹为大家表演'大灌篮'！"爸爸报幕声刚落，你就拿起一个枕头向爸爸走了过来。爸爸的两臂向前伸出，围成一个圆圆的篮筐形。"请开始吧！"爸爸用下巴指着两手围成的篮筐说。"篮球架还会说话啊?"你问爸爸。哈哈!小家伙说话还挺幽默呢!只见你双手举起枕头,伸进"篮筐",两手向下做出扣篮的动作,嘴里还喊了"耶"的一声。"球"进了!随后,爸爸把"篮筐"的高度向上略微调了调,你继续"灌篮"……在这个游戏中,你越玩越兴奋,不过,爸爸可是有些辛苦哟!爸爸的两手一直要保持向前伸的姿势,还要承受你"灌篮"的力量,看来这个游戏不但能锻炼你的体力,更能锻炼爸爸的耐力呢!

看似普通的枕头,不但能帮我们锻炼身体,还能为我们带来如此多的快乐呢!看来,锻炼身体的方式实在是多种多样,而快乐其实就在我们身边,就看我们会不会去发现和创造啊!

喜欢和你扔枕头的爸爸

好爸爸有话说

晚间孩子睡觉前,家长和孩子玩一玩、疯一疯,既可以为孩子带来愉悦,又可以锻炼孩子的身体,真可谓一举两得。当您不知该和孩子玩什么时,四处看一看,最佳道具也许就在身边。您可以选枕头,也可以选被子。您和孩子也可以在被子上爬行,比比看谁快。这个游戏既可以锻炼孩子的身体协调性,又可以锻炼孩子的爆发力。在比赛过程中,您不必爬得过快,但也不必每局都让孩子获胜。因为输得过多,孩子可能会失去游戏兴趣;但让孩子局局都获胜,孩子又会怀疑家长是否在让着自己,同样会失去游戏兴趣。您也可以和孩子在被子上比赛摔跤。在比赛中,您可以把动作做得夸张些,像职业选手那样左摇右晃,但要注意尽量做到虚张声势,以疯和玩为主,因为毕竟是游戏,不是真正的比赛,不要下手太猛,以免伤到孩子。另外,晚间和孩子疯闹过后,孩子会比较兴奋,难以尽快进入梦乡。每次游戏过后,如果家长能为孩子再讲上一段故事,那这样的夜晚对孩子来说无疑是最幸福、最完美的!

足球里的快乐

亲爱的宝贝：

爸爸晚上下班后，带你到小区里痛痛快快地踢了会儿足球。虽然你是一名女孩，可谁说女孩不能踢足球了？中国女足还在世界上取得过骄人的成绩呢！谁敢说你长大后不能成为一名女足运动员呢？

爸爸鼓励你尝试多种体育活动，不但陪你玩羽毛球、乒乓球，有时间还会陪你踢踢足球。踢足球时，需要你奔跑的速度，灵活的反应，肢体的协调，在这个过程中，你的上肢、腹肌、大腿、小腿肌肉都要经受锻炼，因此，经常踢足球会为你带来健康的体魄。

我们在踢足球时玩法特别多，每次都会为你带来无穷的快乐。在室外的习习凉风中，我们的足球游戏开始了！爸爸先发球，"砰"的一声，爸爸用脚内侧把球传给了3米以外的你。你还真不简单，眼疾脚快地用脚内侧把球停住了。你用眼睛瞄了瞄爸爸，用力一踢，足球又飞了回来，球速还挺快。虽然稍微有点偏，但对于刚学踢球不久的你来说，已经算不错了。就这样，你来我往，我们踢了十多分钟。

爸爸把几个饮料瓶隔一米摆一个，摆成笔直的一排。"来，我们带球穿进这个小树林，比比看，谁带球走得快，又不把水瓶碰倒！"听了爸爸的建议，你带着球就走了起来。又圆又硬的球就像一个淘气包，很不听话，到处乱滚，总会碰倒饮料瓶。但是你没有泄气，慢慢地，很小心地带着球，最后终于过了关，虽然速度有些慢，但相信只要多加练习，就会越来越熟练的。

该换换花样了。"过来抢我的球啊！"爸爸招呼着你。你跑到爸爸身边，伸脚来抢，爸爸一个假动作，把球向右前方一拨，从你身边跑了过去。你扑了个空。"咦？跑过去了，看我不追上你！"不愿服输的你追了上来，卖力地抢着爸爸脚下的球。就这样，我们在球场里奔跑着，欢笑着，球一会儿回到爸爸脚下，一会儿又跑到你的脚边。

如果踢足球不玩射门，那就不是完整的足球游戏。我们在场地里摆一个小门，开始玩射门游戏了！首先由你来射，爸爸充当守门员。你射门很认真，也很用力，虽说多数球都射偏了，但你也射出了一些好球。尤其是其中几个凌空抽射的球，射得特别干净利索。就连爸爸这个"守门员"看了，也禁不住连声为你这个"对手"叫起好来。你告诉爸爸，你有个目标，那就是等过些日子体育老师在班级里选女足球运动员时，争取被选上。到时在对女生进行射门考核时，你一定要让体育老师大吃一惊。你的想法不错，我的宝贝，像这样坚持练下去，爸爸相信你会成功的！轮到你当守门员时，爸爸射过去的球基本都被你接住了，你的反应能力还真不错。

在正式的足球比赛中，射门一般都是在运动中进行的，所以爸爸还和你演练了在跑动中传球和射门的动作。在跑动中，爸爸把球传给你，你回传给爸爸，再传，再回传，几次反复过后，最后一脚射门由你来完成。由于在跑动中射门难度比较大，最后接球时你不是跑过了头，就是距离球门太远，很难完成射门。"不管是学什么，都会遇到困难，但是要坚持，不然你就什么也学不会！"在爸爸的鼓励下，你没有放弃，经过多次练习，你终于成功地射中了一次。"进喽！进喽！"进了球的你，就像是足球世界杯比赛中进球的队员一样，又蹦又跳，异常兴奋。

在踢球时，爸爸还支持你随意踢，也就是想怎么踢就怎么踢，从踢球中寻找乐趣。你可以向高处踢，踢得越高越好；也可以向远踢，踢得越远越好；你也可以用头顶，看最多能顶多少个。这样玩可以锻炼你的力量和平衡能力，也可以培养你对足球游戏的兴趣。

我的女儿，你喜欢踢足球，就像你喜欢打羽毛球、玩单杠、跳舞一样，只要对你的身心健康有利，爸爸就会支持你，爸爸愿意做你的启蒙教练！爸爸相信，将来你一定会拥有健康的体魄，爸爸一定会为你在这方面取得的进步而感到骄傲！

喜欢和你踢足球的爸爸

好爸爸有话说

　　母爱如河，父爱如山。在亲子游戏方面，爸爸与妈妈不同的是，爸爸可以更多地向孩子展示力量美，与孩子做竞技类游戏，与孩子玩足球、篮球、排球等球类游戏。在陪孩子踢足球时，不但可以教孩子那些传统的玩法，还可以改变单一的练习形式，编一些创新的游戏。比如在玩足球时，也可以和孩子玩玩"企鹅运蛋"，也就是让孩子双脚夹着球，向前行进，和爸爸比赛，看谁最先到达终点。这样的游戏可以让孩子对游戏更有兴趣，更喜欢参与体育活动，对增强孩子的体质大有裨益。在体育游戏的整个过程中，要让孩子养成良好的游戏习惯：在每次游戏过程中，要按规则做游戏，不作弊；在游戏结束时，要懂得及时收起球具。当您想让孩子收起足球时，可以告诉孩子："现在我们累了，球宝宝也累了，球宝宝想回家了，你先把它送回家吧！"紧张、激烈的游戏，加上最后精彩幽默的结束语，会使孩子的身体、心理都得到彻底的放松，使这项游戏在孩子头脑中刻下深深的、愉悦的烙印。

好玩的石头

亲爱的宝贝：

爸爸经常会带你去海边玩石子，我们的玩法真可谓五花八门。在海边，自然少不了玩打水漂。爸爸捡起一块片状的石头，侧过身，伸手把石头用力向水面甩过去，石头就像一个轻功高手，在水面如蜻蜓点水一般，连跳多次，在水面上留下一圈圈美丽的涟漪。在爸爸的带动下，你也玩了起来。"爸爸，我不如你扔得好。"你撅着嘴说。"这是因为你缺少练习啊！多练练就好了。"爸爸鼓励你说。虽然看上去你现在打出的水花还不够漂亮，不过向海里扔石子，本身就锻炼了你的臂力，能达到锻炼身体的目的就很不错啊！

扔完石子，爸爸和你玩起摆石子来。在满地大大小小的鹅卵石中，爸爸和你挑了很多奇形怪状的石子。爸爸拿起一颗方形的石子说："我是方形的，所以名叫'方方'，你看，我的身上有一些好看的图案呢！就像一片树叶一样。你手里的石子是圆的、方的，还是三角形的？你能给它也起个名字吗？你观察一下，石子上面的图案像什么？""我的名字叫圆圆，因为我是圆形的，我身体上的图案是三角形的。希望能和你成为好朋友！"你瞧你说得多好啊！比爸爸说得还精彩。"我们每人用石子拼个图案，看谁摆的有创意，好不好？""好！"话音刚落，你就开始行动了。只见你把身边的鹅卵石一块块摆在沙地上，只一会儿的工夫，一个美丽的庄园就在你那双灵巧的小手下诞生了：有高高的城堡，有带有树林的小院，有浅浅的河流……虽然你的小手脏兮兮的，脸上带着汗，可看你跑来跑去的样子，爸爸知道，你喜欢这样的游戏，在这里你能找到真正的快乐。

在海边可以玩石子游戏，在家里同样可以玩。爸爸上小学时，经常玩一种名叫"抓石子"的游戏。在玩的时候，我们把三颗石子在桌面上散开，拿起其中一颗石子向上抛。趁向上抛的石子未落到桌面前，马上抓起桌面上第二颗石子,再来接住刚才向上抛的石子。依次类推,再抓起第三颗石子。如果三颗石子同时接住,再同时往上抛,此时手掌迅速翻过来,使三颗石子落于手背上;然后再往上抛,若能接住三颗石子,就算是游戏成功了。如果抛起的石子没接住,或者桌面上的石子没抓起,就算是游戏失败,由对方开始做这个游戏。爸爸知道这个游戏的玩法,但爸爸手笨,远没有你灵活。经过一段时间的练习后,你很快就超过了爸爸的水平,经常会战胜爸爸,爸爸成了你名副其实的"绿叶"。经常玩这个游戏,对培养你的手眼协调能力可是大有帮助哦!

你看,普普通通的石子可以有这么多种玩法呢! 这些看似简单的石子游戏,作用并不简单哟! 它们对开发你的智力和强健你身体都大有好处哟!

等到了周末,我们还一起去痛痛快快地玩石子吧!

喜欢和你玩石子的爸爸

好爸爸有话说

我们做家长的,在小的时候都玩过丢石子、打水漂这类的游戏。如今,我们的下一代大多是独生子女,他们的玩具比我们童年时的玩具更多、更高档。但是,同我们这一代孩子比起来,他们的游戏并不丰富。我们可以注意到,他们的玩具更多的是适合孩子独自在家里玩的玩具,不利于锻炼身体。正是由于这种原因,如今很多孩子就像温室里的花草,经不得风吹雨打。作为孩子爸爸,应该为孩子提供更多到户外玩的游戏。您可以带孩子到河边、海边、树林,和孩子一起玩扔石子、砸石子、踢石子,这些都是不错的选择。当然,和孩子在野外玩石子游戏时一定要注意安全,讲究卫生。在挑拣石子时不要那些尖锐的石子,以免割伤手;在玩过石子之后,要注意洗手,避免病从口入。

报纸也"疯狂"

亲爱的宝贝：

今天，爸爸和你把四张大报纸粘在一起，折成了一艘"大船"。对你来说，这个"庞然大物"就像一艘航空母舰一样，让你吃惊，让你兴奋。你坐在船里面，手舞足蹈地摆出各种造型，配合爸爸拍照。报纸除了可以为我们提供新闻信息外，还可以成为我们很好的游戏材料呢！

你很喜欢和爸爸玩"踩尾巴"游戏。游戏开始前，你和爸爸都站在一个画好的圆圈里，每人腰间都系着一根由报纸搓成的、能拖到地上的"长尾巴"。比赛开始啦！我们俩在圆圈里转来转去，争着踩对方的"尾巴"，但在踩对方"尾巴"的同时还要注意保护好自己的"尾巴"。这个游戏能很好地锻炼你快速反应、灵活躲避的能力呢！

用报纸我们还可以玩"过河"游戏。爸爸取来十多张报纸，把每张报纸对折成只能容下两只脚的大小，隔一段距离铺上一张。准备好后，爸爸对你说："看，前面是一条大河，那些报纸是石头，我们得踩着石头才能过河。在过的时候一定要注意，千万别掉到河里呀！不然就输掉了。"开始过河了，你勇敢地从一块"石头"上走到另一块"石头"上。刚开始，你走起来很容易，可是越走，"石头"间的距离越大，难度也更大，到后来，需要跳跃才能通过。不过你很勇敢，也很认真，大多数时候都能很顺利地完成"过河"任务。在游戏中，爸爸之所以这样摆放"石头"，是为了逐渐增加难度，锻炼你的胆量和跳跃能力！

把报纸团成大大小小的纸团，也可以有很多种玩法呢！我们把报纸揉成一个个拳头大小的纸球，玩"打坏蛋"游戏。我们在墙上贴一张画有"坏蛋"的图画，然后都站到两米开外，用纸球比赛"打坏蛋"，看谁打中的次数多。打着打着，我们嫌不过瘾，不打"坏蛋"了，改成相互打起"雪仗"来。你追我赶，你打我躲，"雪团"在空中飞来飞去，真像冬天打雪仗一样过瘾。我们玩这种扔纸团游戏,不但可以锻炼你的目测能力和投掷能力,对你的身体健康也是非常有益的。

有一次,爸爸和你一起做了两个大球,又在两个球中间插入一根棍子,一个杠铃形状的玩具就摆在我们面前了。爸爸先为你演示"杠铃"怎么玩。只见爸爸大摇大摆地走到"杠铃"前,动作夸张地展示了一下自己两臂的肌肉,接着假装往手心里吐了口唾液,然后弯下腰,两手握在"杠铃"中间棍子的两端,做出特别费劲的样子,一用力,把杠铃举到胸前,再加一把劲,把杠铃举到头上。看着爸爸夸张的动作和表情,你被逗得哈哈大笑,也学着爸爸的样子举起杠铃来,样子特别可爱。

我们都喜欢用报纸玩游戏,但是你要记住每次玩过报纸游戏后要认真洗手哟!因为爸爸和你说过,很多报纸上面含有大量的油墨,油墨里面有对人身体有害的铅,如果它们粘到手上不及时洗掉,接着又用手去拿食物吃,很容易对你的身体带来危害呀!

喜欢和你玩报纸游戏的爸爸

好爸爸有话说

废旧报纸是种既廉价又实用的游戏材料,家长可以充分发挥自己的聪明才智,和孩子用它来做多种多样的游戏。您可以选择前面介绍的几种报纸游戏,也可以试试以下两种玩法。一种是"拳击游戏",准备一张报纸,一人用双手紧紧握住报纸的两边,然后将胳膊伸直,把报纸竖起,由孩子手握拳用力击向报纸,看看需要击打几次才能将报纸击破。击破一张报纸后,还可以增加难度,把报纸逐渐增加到两张、三张,锻炼孩子的手臂力量。另一种是"运球游戏"。您和孩子可以把一些团好的小纸球分别放在两张报纸上,然后你们按规定好的路线向终点跑去,看谁最先到达终点,上面的纸球又没掉,谁就最终获胜。只要动脑筋,报纸游戏的玩法层出不穷。请您快和孩子试试好玩的报纸游戏吧!

小球里的大快乐

亲爱的宝贝：

今天，爸爸带你去体育馆打了两个小时的乒乓球。和一个月前相比，你的乒乓球技术进步明显，其中一局一开始就和爸爸打得难分伯仲，最后还战胜了爸爸，真是让爸爸刮目相看。乒乓球重量轻，弹力好，玩起来变化多端，很适合你们孩子玩。爸爸不但经常带你去体育馆练习打乒乓球，在家里也经常把乒乓球作为道具，玩一些有趣的、有益身心的游戏。

"宝贝，我们一起玩个乒乓球游戏吧！"晚饭后，爸爸对你说。"好啊！"一听说要玩游戏，你的眼睛显得特别亮。"看，这有个乒乓球。你把球放在球拍上，水平地端着它，绕桌子走一圈。在走的过程中，注意别让乒乓球掉下来。你走到终点以后，爸爸再这样走，看谁的球不掉，用的时间又最短，就是最后的冠军。""这太容易了，我肯定赢！"你胸有成竹地说。"哈哈，别高兴太早，我可是会捣乱的哟！"爸爸笑着说。游戏开始啦！只见你把乒乓球放在球拍上，就像端着满满一杯开水一样，小心翼翼地向前走去。爸爸开始捣乱了，一会儿用力拍手，一会儿突然跺脚，一会儿做鬼脸，一会儿又大喊"球掉了"。你想笑，但又怕乒乓球掉在地上会输掉，就强忍着笑，继续小心地向前走。终于到了终点，你把球拍塞到爸爸怀里，抱着爸爸，和爸爸笑成一团。要知道，玩这样的游戏不但能锻炼你的专注力，还能增强你的平衡感呢！

爸爸买了一大盒乒乓球，我们可以想各种花样儿，尽情地玩。爸爸经常和你玩"抢球比赛"。我们先把十多个乒乓球放在一个大盘子里。比赛开始后，我们争着用汤勺把乒乓球舀到自己面前的小碗里。"哈哈，我的乒乓球最多，我赢啦！"比赛结束后，看着自己盘里的球最多，你兴奋地举起了自己的小拳头。这个能提高你手眼协调力的游戏，真是让你百玩不厌呀！

爸爸还经常和你玩"扔炸弹"游戏。在游戏中，我们并肩站在一起，分别向离我们2米多远的小筐扔"炸弹",看最后谁扔进小筐里的"炸弹"最多。一开始你很难把"炸弹"扔到筐里,但随着不断的练习,你逐渐找到了感觉,命中率不断提高。"哈!扔进去啦!"看着乒乓球落入小筐当中,你开心极了。

把乒乓球当作高尔夫球来打也很有趣。爸爸把易拉罐和卷好的纸筒用胶带粘在一起,做成高尔夫球杆,在地上分别粘上两个小圆点,把它们分别作为比赛的起点和终点。我们从起点开始击球,看谁用最少的杆数把球打到终点。我们有时会把比赛设在室内,有时也会把比赛设在室外。这种游戏,又简单又好玩,是你和爸爸都喜欢的一种游戏。

你最喜欢的乒乓球游戏"吹球游戏"。爸爸和你在桌子上用积木围成了一个"足球场",两端各摆一个10厘米宽的小球门。比赛过程中,我们不能用手扔,更不能用脚踢,而是要用嘴吹,看谁把"足球"吹进对方球门次数最多,谁就获胜。哈哈!难度够大的吧!爸爸把乒乓球放在球场中央,开球啦!你和爸爸都鼓起腮帮子吹起"足球"来。爸爸吹出的气流大,吹得远,开始时占了上风,但爸爸的准确度明显不够,经常会把球吹出边界。你吹出的气流小,但你很认真,吹的方向很明确,最后,你趁爸爸松劲时,"呼"的一下,把球吹进了爸爸的球门。"1:0!"你大喊起来,脸上洋溢着得意的笑。这是个可以提高肺活量的游戏,玩的时间过长会感觉比较累,所以爸爸每次和你玩一般不会超过10分钟。

"吹球游戏"好玩,"吸球游戏"也很有趣。在游戏中,我们俩各取一根吸管,分别吸两个摆在桌子上的乒乓球,看谁最先把乒乓球吸到桌子边缘,掉在地上的小筐里。最开始玩这个游戏时你感觉有些费力,因为它比吹球的难度更大,但慢慢地,你越来越熟练了。你看,后来在玩这个游戏时,乒乓球就像"长"在你的吸管上一样,很"听话"地跟着你的吸管走着。在锻炼肺活量方面,"吸球游戏"和"吹球游戏"有异曲同工之妙。

我的宝贝,现在爸爸又琢磨出一个可以用乒乓球做道具的游戏,你想知道是什么吗?哈哈!爸爸卖个关子,晚上玩时再告诉你吧!

喜欢和你玩乒乓球的爸爸

好爸爸有话说

　　乒乓球圆圆的，轻轻的，一点也不漂亮，看上去是那么简单，但对有心人来说，却丝毫不简单，因为利用它可以演变出无数种玩法，可以为孩子带来无数的惊喜和收获。作为爸爸，在闲暇之时和孩子玩玩乒乓球，真是一种不错的选择。您可以去球馆里玩，和孩子练习对打。这种玩法要求孩子"眼疾手快"，对平时学习负担繁重、长时间近距离看书的孩子来说，打球既可以强健他们的体魄，又可以有效地改善他们的视力。在家里，您可能没有正规的练习乒乓球的场地，但是这不会妨碍您和孩子用乒乓球收获健康和快乐。只要您开动脑筋，大胆实践，就会创造出许多孩子喜欢的游戏。比如，在家里没有球台和球拍的情况下，您可以和孩子把旧书当作球拍，面对面地击打乒乓球，这样也可以进行紧张激烈的比赛，玩起来也会很有趣哟！快拿起一个乒乓球，陪孩子去玩吧！

到大自然中去"寻宝"

亲爱的宝贝：

今天，爸爸带你去了童牛岭，在那里我们的收获可真不小，拾了好多形状各异的"宝贝"。周末休息时间，爸爸最喜欢带你去大自然中"寻宝"了。

秋天来了，五彩斑斓的树叶就像一个个调皮的精灵，三三两两地从树上飘落下来，在地上铺上一层金色的地毯。走在树林里，看着这些形状各异的树叶，你显得很好奇。"宝贝，你看这些树叶有多美呀！你有没有发现，每一片叶子的形状都不一样。我们在地上挑出一些最美的叶子，拿回家当书签好不好？"爸爸说。"好啊！好啊！"你拍手赞成。"看我们谁挑的叶子种类最多！"爸爸的建议调动起了你的积极性，你开始低头认真捡拾起来。"看，我捡的这片叶子就像一把锯的锯齿。"爸爸拾起一片叶子递到你面前。"是啊！你看我这片，胖乎乎的就像小猫的耳朵；那片瘦瘦的，就像小狗的尾巴。"你的想象力还挺丰富的。我们把那些漂亮的叶子小心地夹在本子里，再装进背包，这样可以避免叶子被折坏。回到家后，我们先把它们一片片夹在书里压平，然后把它们小心地摆放到相册里，这样一本树叶标本集就做成了。

春夏两季，虽然树上有很多叶子，但不像秋天会有大量的树叶飘落。这时，我们不会去摘叶子，因为这样会破坏生态和环境。但是，这并不能阻止我们玩"寻宝"游戏。在这样的季节里，爸爸会事先准备一些小卡片，上面写上小"宝贝"的名字，如"面包""雪糕""香味橡皮""童话书"等字样，然后把这些小卡片藏在几个隐蔽的地方。爸爸还会准备一张藏宝图，把这些"宝贝"的位置在图上直接标注出来，或做一些提示。开始"寻宝"啦！你拿着指南针，对照着地图，仔细地在树林里找着，树上、树下、草丛、石头下……不放过每个角落。"找到啦！"你在一块石头下翻出一张小纸片，认真地读了起来。"童话书！"你看到纸条上的小字，高兴得跳了起来，"爸爸，一会儿要给我买童话书。""没问题,我们继续找,还会有更多惊喜呢!"我们在树林中找来找去,足足找了有一个多小时,可你丝毫不感觉累。最后,所有的"宝贝"都被你找到了,抓着一大把"宝贝",你开心得脸上笑开了花。最后,爸爸会带你去超市,把这些写在纸条上的"宝贝"兑换成真正的"宝贝"。这样的游戏,既能引起你的兴趣、开发你的智力,又能锻炼你的身体,真可谓一举多得啊!

我们可以去山上"寻宝",也可以去河边、海边"寻宝"。记得有一次,我们来到海边时,正赶上退潮,五彩的贝壳、小巧的海螺、漂亮的石子、碧绿的海带、灵活的螃蟹……像开会似的,聚在海滩上。你在海滩上的"宝藏"中挑啊、选啊。"爸爸,你看,这个贝壳多好看!"你举起一个五彩的贝壳给爸爸看。那天,你挑了很多漂亮的贝壳和海螺放进背包,带回家后,把它们清洗干净,把一部分放在鱼缸里,另一部分用来做漂亮的贝壳手工画呢!

和你去大自然"寻宝"真是太有趣了!这个过程既锻炼了你,也快乐了爸爸。这个周末,爸爸还带你去"寻宝",爸爸这就去准备准备。

喜欢和你"寻宝"的爸爸

好爸爸有话说

美国一家统计中心的调查数据表明,和20世纪70年代末相比,现在的儿童每星期游戏时间少了25%,户外活动时间少了50%,做家庭作业的时间却增加了3倍,由此造成了如今的小学生中"近视眼""小胖墩""病秧子"日益增多。作为家长,多带孩子去户外,去拥抱大自然,去"寻宝",无疑是一件既快乐又奢侈的事情,也是让孩子远离这些健康问题的良策。在户外,您可以和孩子玩的东西太多了,可以寻找的"宝藏"也层出不穷——带孩子捡树叶、捉蟋蟀、看蚂蚁、溜冰、游泳……大自然中,到处都有快乐,到处都是"宝藏"。当然,通过到大自然中"寻宝",您最终得到的最大"宝藏",是孩子的健康和快乐!

跳绳跳出好身体

亲爱的宝贝：

俗话说，生命在于运动！跳绳是一项非常棒的运动项目——一根细绳，一块空地，就可以让我们摇出快乐、摇出健康、摇出生命的精彩来呢！

经常跳绳，能增强你的身体力量，促进新陈代谢，提高身体的灵敏性、协调性和快速反应能力，还能培养意志力和节奏感，对身心健康和智力发展都十分有益，因此，在你四五岁时，爸爸就开始教你玩跳绳了。

在学跳绳前，爸爸会经常和你做一些跳跃练习，带你玩青蛙跳、跳蹦蹦床、单脚跳这样的游戏。你很喜欢去儿童游乐场玩蹦蹦床。在那里，你一上一下，开心地蹦着，就像一名在波浪中勇敢冲浪的运动员。你蹦得满头大汗，可也丝毫不感觉累。要知道，这些游戏可以为你学跳绳打下牢固的基础。这样的游戏你玩得熟练了，在实际跳绳时也就会变得容易很多。

接下来，爸爸教你学空手跳。"一、二、三"，你随着爸爸打的拍子，举起空着的双手，抬起双脚认真地跳着。在你熟悉这个节奏后，就可以尝试跳绳了。爸爸教你一只手握住绳的两头，按节奏做出跳绳动作，告诉你："绳子落地时双脚要跳起来。"熟悉了这个动作以后，爸爸再教你两手握住绳柄，把绳垂在身后，然后由后向前摇绳，双脚随着绳的摇动迅速跳起，让绳从脚下滑过。最初，你显得有些笨拙，只跳一下，绳子就会绊到腿上。"爸爸，跳绳怎么这么难啊！"你遇到了困难，有些泄气。"别灰心，爸爸当年学跳绳时还不如你呢！刚开始跳得不熟练很正常，因为手和脚的协调能力是需要练习的，每个人都需要有这样的练习过程。只要坚持下去，你肯定能跳得很好！"爸爸鼓励你说。

在爸爸的陪伴下，你经常练习，跳得越来越熟练了，由最初一个也跳不成，到后来的3个、5个、10个、20个……这时，爸爸可以和你开展比赛了，这样可以更好地调动你的积极性。"现在爸爸和你比一比，看看谁跳得多。""好啊!"你最爱和爸爸比赛了。爸爸跳了10个就"掉"了,这时,你笑了,充满信心地对爸爸说:"我肯定能战胜你。"说完,你就认真地跳了起来,结果你跳了25个。爸爸张大了嘴巴,很惊讶地对你说:"你也太棒了吧!再好好练一练,爸爸就没法超过你啦!"听了爸爸的话,你对跳绳的兴趣更浓了,练习跳绳也更加刻苦。现在,你已经能连续跳100多个啦,真不简单!

只玩一种跳法会让你感觉枯燥,爸爸还会教给你一些花样跳法。"我们试试反向跳!"爸爸对你说,"和你过去跳法不一样的是,你把绳垂在身体的前面,而不是后面。在跳的时候,双手由前向后摇绳,而不是像过去那样由后向前摇。"在你跳绳技术更熟练后,爸爸开始让你尝试单脚跳。"像爸爸这样,把重心放在起跳的右脚上,左脚悬空,手的动作不变,绳子从跳动的右脚下滑过。右脚跳累了再换左脚。"爸爸一边示范一边对你说。

"双摇跳"是难度比较大的跳法,爸爸每次只能跳一个"双摇跳",在这方面,你可比爸爸强多了。在你学会这种跳法后,跳五六个"双摇跳"一点问题也没有,而且看上去,比爸爸跳得更轻盈,更从容。

如今,你也学会了"跑跳"。看着你边跑边跳的样子,爸爸可真佩服你,不过爸爸也会提醒你,这种跳法有一定的危险性,在"跑跳"时身体不能过度前倾,否则很容易摔倒受伤。

虽然你现在已经上了小学二年级,可你还是喜欢和爸爸玩"袋鼠跳"。你站在爸爸身前,爸爸摇绳,一边说着"一二三,跳",一边带着你像袋鼠一样一起跳起来。这种跳法需要你和爸爸密切配合,起跳要同步进行,否则就容易失败。

目前你正在尝试着双脚交替跳,也就是在数单数时,绳子从一只脚下通过;数双数时,绳子从另一只脚下通过。爸爸鼓励你尝试新的跳法,如今很多跳法爸爸都无法效仿了。不过,爸爸并不为此感到遗憾,只会为此感到自豪!

看到你在跳绳方面取得越来越多的进步,爸爸感觉自己的苦心没有白费。如果你能长期坚持这项运动,那将会带给你一个好身体,也将会带给你一个好人生!

喜欢和你比赛跳绳的爸爸

好爸爸有话说

　　无论是对孩子还是大人，跳绳都是一项非常好的有氧运动。闲暇时，您可以多鼓励孩子去跳绳。当然，光鼓励还不够，您最好还要陪在孩子身边，欣赏一下他们跳绳的身姿，那将会是一种美好的享受。在欣赏的过程中，如果您能给孩子一些鼓励和赞扬，那将会对孩子爱上这项运动产生积极意义。如果您能参与进去，那就更好了。在您和孩子比赛过程中，让孩子培养兴趣，找到自信，体验成功，对孩子来说意义深远。当然，在孩子做这项运动时，您也要给孩子一些善意提示。应该告诉他们，不要在饭前和饭后半小时之内跳绳，否则会给身体带来不良影响。也应提醒他们，跳绳要选在平坦的地方，否则容易扭伤脚。在跳绳前要热身，可以简单地伸伸胳膊、踢踢腿、弯弯腰，再上下弹跳几下。等到身体感觉有点微热后再开始跳，以防运动时受伤。

爸爸童年的"老游戏"

亲爱的宝贝：

　　捉迷藏、跳长绳、丢沙包、翻花绳、扇纸牌、玩泥巴……都是爸爸小时候喜欢的游戏。想起这些"老游戏"，就会勾起爸爸一段段美好的回忆。这些游戏很好玩，对健康很有好处，所以爸爸会把它们介绍给你，和你一起开心地玩一玩。

　　爸爸小时候和你的奶奶玩过"翻花绳"这个游戏。当爸爸把这个游戏的玩法告诉你后，你很感兴趣，不但很快就学会了爸爸教给你的几种玩法，还琢磨出几种新的玩法，和爸爸编出了"楼房""大桥""自行车"这些新的花样。你看，利用一根简单的花绳，就可以起到开发你的智力，增强手、眼、脑的协调性和手指灵活性的作用，这是多好的游戏啊！

　　爸爸小时候喜欢玩捉迷藏，你现在也是一样。爱玩捉迷藏是孩子们的天性。在你一岁时，爸爸经常会隔着屋子里的玻璃和你玩捉迷藏。爸爸藏起来，再露出脸，你见了，就会被逗得哈哈大笑。在你两三岁时，你就会自己选择躲藏地点了。有时你会藏在床边的角落里；有时你会把头藏在门后，屁股却露在外面；有时你会在被子里塞上一个枕头当"疑兵"迷惑爸爸，自己却跑到爸爸身后……玩捉迷藏真是个能让你开心、让你流汗的游戏。

　　爸爸小时候经常和同学们一起踢毽子，这可是对人身体健康非常有益的游戏呢！刚开始玩时，你一个也踢不到，可是由于爸爸经常和你一起玩，如今你已经踢得很好了，一次能连续踢20多个，比爸爸还厉害呢！

　　爸爸小时最爱玩的游戏就是"扇纸牌"，当时我们叫它"打啪叽（音）"。纸牌是圆圆的小硬纸片，有正反两面，正面画有人物图案，反面是空白的。玩的时候，首先以出"手心、手背"或"石头、剪子、布"确定出场次序。然后一个人把纸牌放在地上，正面朝上，另一个人用自己的纸牌朝着地上的纸牌用力扇。如果没有把对方的纸牌打翻成反面朝上，就由对方来扇。谁把对方纸牌打翻过来，就叫"过"。"过"了就算赢。谁赢了，对方的纸牌就归自己。爸爸小时候的纸牌图案多是古典名著中的人物。《水浒传》里的林冲、武松，《三国演义》里的张飞、赵云，《岳飞传》里的岳飞、岳云……厚厚的一摞人物牌揣在衣袋里，不管啥时候，不管在哪里，不管天多冷，不管风多大，爸爸和小伙伴们凑到一起就开始玩。玩这种游戏既可以开阔你的眼界，让你了解文学作品中的人物和故事，也可以锻炼你的身体，所以爸爸支持你玩这种游戏，也为你买了好多纸牌。在陪你玩时，爸爸会教给你一些技巧：扇纸牌是个力气活儿，要猫下腰，使圆劲，瞅准角度下手狠，即使不"过"也得让它滚三滚。同时，扇纸牌也是个技巧活儿，手臂要举得高，衣服跟着飘，顺着风势一扭腰，纸牌准会"死翘翘"。由于经常和爸爸一起练习，你的技术已经逐渐超过爸爸。放学做完作业后，你有时就会带着一堆纸牌跑出去，和小区里的男孩子们一起玩。但是你很听爸爸的话，每次都和小伙伴们玩"假"的，也就是不赌输赢。在游戏过后，你会把赢来的纸牌"完璧归赵"。

此外，爸爸还和你玩过放风筝、老鹰抓小鸡、抽陀螺这些"老游戏"。"老游戏"伴随爸爸度过了童年中的快乐时光，相信它们也会为你带来无穷的快乐！

愿意和你玩"老游戏"的爸爸

好爸爸有话说

　　我们做父母的，自己童年的记忆中都有着难忘的"老游戏"。抖空竹、叠罗汉、滚铁环、放风筝、捏泥人、滑冰爬犁、翻花绳、老鹰抓小鸡、斗蟋蟀、抽陀螺、跳房子、扔沙包、踢毽子、拍纸牌、打弹珠、跳皮筋……有些游戏适合男孩玩，有些游戏则适合女孩玩，更多的游戏是男孩、女孩都可以玩的。您在闲暇时，离开电脑，离开电视，离开牌桌，陪孩子抖抖空竹、捏捏泥人、踢踢毽子、拍拍纸牌，找回自己童年时玩"老游戏"的感觉，不但可以愉悦您自己，更可以为孩子带来健康和快乐！孩子正在心里召唤着您，就请您快快行动吧！

不用道具的游戏

亲爱的宝贝：

　　乒乓球游戏、报纸游戏、枕头游戏、石子游戏、呼啦圈游戏……这些都是需要道具才能做的游戏。在生活中，我们也可以不需要任何道具，就可以玩出让我们特别开心的游戏。

　　在你三四岁时，爸爸和你玩得最多的就是"骑大马"这个游戏了。你第一次玩"骑大马"是在我们家里的地板上。当时，你对正忙着做家务的妈妈说："妈妈，抱抱！"爸爸对你说："来，宝贝，和爸爸玩'骑大马'！"说完，爸爸趴在地板上，压低了身子，让你骑了上去，然后爸爸就在地上爬了起来。"我是赤兔宝马，今天带你去旅行吧！你想去哪里旅行？""我想去北京！"你开心地说。"好的。请你坐好，我们要去北京旅行啦！"说完，爸爸还学了两声骏马叫起来的"咴咴"声，逗得你哈哈大笑。

　　有过第一次骑大马的经历，你深深地爱上了这个游戏。有一次，爸爸带你去楼下的小区里玩。这时，你突然对爸爸嚷嚷起来："爸爸，骑大马，骑大马！"我的宝贝女儿，这可是在小区里呀！周围有那么多的街坊邻居，我怎么好意思趴在地上学大马让你骑呢？即使爸爸有这个勇气，那地面也太脏了啊！对，有了！爸爸想起一个好主意，就对你说："在这里玩'骑大马'太脏了，我们玩'双拳叠罗汉'吧！这个游戏更好玩。""好啊！"一听说有更好玩的游戏，你立刻两眼发亮，拍手叫好。爸爸伸出一个拳头，让你把一个拳头放在上面，紧接着，爸爸又把另一个拳头放了上去，循环反复。我们放拳头的速度由慢到快，到最后拳头谁在上谁在下已经分不清楚，乱成一团，而我们俩也笑成一团。我们的游戏吸引了很多孩子，很快，那些孩子也参与到游戏当中来了。

　　在家里，爸爸有时会和你搞搞恶作剧——和你玩挠腋窝游戏。在你使小性子时，爸爸趁你不注意，向你发动"偷袭"，"张牙舞爪"地挠你腋窝。开始时，你还强忍着，假装不为所动，后来你终于忍不住了，"扑哧"一声笑出声来。接着，你开始反击了，扑过来，左一下右一下，挠爸爸腋窝。我们两个经常是从床上疯到地上，从这个屋子闹到那个屋子，在屋子里留下笑声一片。我的宝贝，你要知道，从中医学角度来看，这个游戏能够刺激到腋窝处的一个重要穴位——极泉穴，经常玩这个游戏可以促进气血流通，有宽胸理气、养护心肺的作用呢！

爸爸告诉过你，玩"倒立"这个游戏有很好的保健作用。日本的一些小学校提倡学生每天练习倒立。有医学家认为，每天倒立5分钟，相当于睡眠2小时呢！在你看书、画画之余，爸爸会帮你练习倒立。你看你在爸爸的帮助下，两手着地，大头朝下，然后慢慢贴着墙把两脚放到墙上……哈！倒立成功了！"嘿！爸爸，是我在练倒立，你怎么大头朝下了？"倒立在那里的你对爸爸开玩笑说。"倒立时最好不要讲话，要全神贯注，把注意力集中到头顶中央的穴位。"爸爸对你说。一开始，你每次只能持续到爸爸数两三个数，后来经过不断练习，越来越有耐力，如今已能坚持到数100个数。爸爸经常提醒你，玩倒立游戏时要注意安全，在饭后或喝水过多时不要做这个游戏。另外，因为这种游戏有一定的危险性，而你现在又小，所以要在爸爸的保护下才能做这个动作。

爸爸小时候经常和小伙伴玩一种叫"跳山羊"的游戏，它的玩法和奥运会上的比赛项目"跳马"很相似。爸爸小时候可是玩这种游戏的"高手"呢！在你没上小学时，爸爸就开始和你一起玩这个游戏了。在游戏中，一般都是由爸爸当"山羊"，手撑脚背保持身体下蹲动作。你助跑一段路后，撑住"山羊"的后背，双腿分开，从"山羊"头上飞越而过。随着"山羊"的不断升高，你跳跃的难度也不断加大。在这种游戏中，你的跑、跳、爆发力、臂力、平衡能力，以及你的胆量，都能得到很好的锻炼。

你还很喜欢玩"老爸陀螺"这个游戏。在游戏中，爸爸坐在地板上，两手拄在身后的地上，以臀部为圆心，像陀螺一样转着，而你则围着爸爸转圈跑着，要和爸爸进度保持一致。爸爸越转越快，你也越跑越快。转了几圈过后，我们就都气喘吁吁了。

你看，不用道具，我们也可以有这么多种玩法，而且每种玩法都能让我们玩得这么开心，身体得到充分的锻炼。

只要你愿意，爸爸愿做个"老顽童"，陪你玩耍，陪你快乐，陪你长大！爸爸愿做你永远的、最忠实的玩伴！

你的玩伴老爸

好爸爸有话说

> 其实，即使身边没有什么玩具和道具，您也可以陪孩子玩得特别高兴。比如我们小时候常玩的"石头、剪子、布"这种游戏，玩法是如此简单，不需要任何道具，您只需要和孩子每人伸出一只手做出"石头、剪子、布"中的一个动作就够了。可即使是这样简单的游戏，如果您带着耐心去陪孩子玩，也一样会和孩子从中体会到发自内心的快乐。实际上，我们和孩子玩什么并不是最重要的，最重要的是我们要有一颗童心、一颗耐心，和一颗爱心，这样我们才能懂得孩子的所思、所想、所爱，才能知道该和孩子在什么时候、什么地点，玩什么、怎么玩，才能带给孩子一个阳光、快乐和健康的童年！

8

你不理财
财不理你

NI BU LICAI
CAI BU LINI

　　财商（FQ）是指人们的理财能力，特别是投资收益能力。孩子没有理财的本领，您为他留下再多的钱也会被慢慢花光。财商是一种人们迫切需要的能力，也是一种最容易被中国的家长忽略的能力。

如何看待金钱？

亲爱的宝贝：

在你3岁时，看到自己喜欢的娃娃、奶酪都可以用钱买来，你感觉很神秘，你对爸爸抛出了一连串的问题，你说："是不是钱什么都能买啊？""我们家有多少钱啊？""我们家的钱要是花光了怎么办？"爸爸知道，你已经开始懂得了金钱的作用，但你还太小，还不能对金钱有正确的认识，在这方面爸爸需要用你能接受的方式，对你进行引导。

爸爸决定先从你提出的问题入手，让你对钱有个正确的认识。"钱能买来很多东西，像饼干这些食品啊、小汽车这些玩具啊、《安徒生童话》这样的图书啊……不过也有很多东西是它买不来的，比如人们都向往的信任、爱、快乐、智慧，等等。"怕你不理解，爸爸还为你讲了个故事。在故事中，有一位富有的女人，虽然她有花不完的金钱，但她一想到自己已经不再年轻就郁闷不已。仙女问谁愿意用青春来换这位女人的金钱，一名年轻的贫穷女人同意了。可是当她们互换身份后，很快她们就都后悔了，因为富有的女人过不惯没有钱的日子，贫穷的女人不喜欢不再年轻的日子。仙女又把她们变回原来的样子。结果两个月后，富有的女人抑郁而死，而贫穷的女人面对有钱的老头、漂亮的小伙子和自食其力的农民，贫穷的女人最终选择了嫁给农民，和农民每天辛勤劳动，过上了幸福生活。"这个故事告诉我们，金钱不是万能的，没有健康、追求和快乐，有再多的钱又有什么用呢？"爸爸对你说。

"我们家有多少钱啊？会不会花光啊？"你问爸爸的话中体现出了你的一种不安全感。"爸爸、妈妈有足够的钱来保证我们的正常生活，放心，我们现有的钱花光了，还会再挣来，只要辛勤劳动，就不怕没有钱花。"爸爸的回答帮你打消了疑虑。不过很快你又有了新的疑问。想到前些天在超市爸爸没有为你买一个玩具车，你又问爸爸："钱够花，你怎么还不给我买玩具车呢？"爸爸说:"爸爸之所以不买它,一是因为你已经有这类的玩具了,已经足够你玩;二是因为这件玩具也不值298元这个价钱。所以,我们不需要在这上面再花这笔钱了,而应该把钱花在为你买面包、买书,带你去游乐场玩这些更恰当的地方。"

人们对钱的看法,可以说是多种多样,有人说应"视金钱为粪土",有人说"有钱能使鬼推磨",还有人说"君子爱财,取之有道"。爸爸认为,前两种观点都比较极端,第三种观点应该说是相对正确的金钱观。人们挣取金钱,就要靠辛勤的劳动,靠合法的渠道进行。对于你们孩子来说,还不能出外挣钱,不用要求你们"取之有道",但应该教育你们从小树立起"用之有道"的意识。记得在你7岁时,爸爸对你说过,我们的家庭不富有,也不贫穷,爸爸希望你能树立起正确的金钱观,不虚荣、不攀比、不自卑、有爱心。有一天,你放学回家后对爸爸说:"今天我们班的小勇带了一个漂亮的游戏机上学校,听说买一个这样的游戏机要花好几千块钱呢!要是我也有一个就好了。"爸爸说:"你们现在最主要的任务就是学习。你想啊,花几千块钱买这样一个游戏机,能为你们带来什么?能为你们带来大量的知识吗?能为你们带来一个好眼睛吗?"你毫不犹豫地说:"不能。""对啊!所以你不用和小勇攀比有没有游戏机,要比,就比比读书多少,比比学习态度好坏。"

爸爸希望你不要和富裕家庭的孩子攀比,同时希望你能向贫困家庭的孩子多献爱心。爸爸告诉过你,帮助别人应该是不求回报的。你的储蓄罐里有自己的零花钱,你是那么珍视它们,没事时总要盘点一下里面攒了多少钱。但是当爸爸提议从中拿出一些,为家庭贫困的小姐姐买些书,作为六一儿童节的礼物时,你毫不犹豫地拿出了20元钱。你和爸爸冒雨把书送给那位女孩,虽然对方并不知道我们的姓名,但你和我的心情都很愉快。从这件事中,爸爸感觉你不小气,很大气,爸爸表扬你是有爱心的好孩子。

爸爸很欣慰,爸爸欣慰的是你对金钱有了正确的认识。爸爸认为,正确的金钱观,远比有了金钱本身更重要。

靠劳动挣钱的爸爸

好爸爸有话说

　　"这么久了，羊阿姨一直在帮助兔妈妈打理生意，她却坚持不要一分钱。你知道她为什么这样做吗？是因为她和兔妈妈间的友谊啊！你看，在这一件事上能看得出来，金钱不是最宝贵的，友谊就比金钱更珍贵。"为了让女儿学会正确看待金钱，我经常会把生活、工作中发生的事情，编成一个个生动有趣的故事讲给孩子听。这个故事，就取自我们的现实生活，孩子听了不但容易理解，还会留下深刻的印象。您也可以试试这个办法，把您想告诉孩子的道理编成通俗易懂的故事，让孩子在故事中懂得钱是什么、如何赚钱、如何花钱，如何让自己成为钱的主人而不是奴隶。

爸妈挣钱真不易

亲爱的宝贝：

记得在你4岁时，有一天，爸爸、妈妈带你从超市购物出来。你对爸爸说："爸爸，你钱包里的钱怎么总也掏不完呢？你是不是会变钱啊？"爸爸听了，笑着问你："那你说钱是哪来的呢？""是爸爸、妈妈变出来的！"你天真地说。"阿凡提那么聪明的人，都变不出真金子，爸爸又怎么能变得出钱来呢？爸爸、妈妈的钱都是辛辛苦苦工作挣来的啊！"爸爸对你说。

爸爸联想到你在超市里见到好玩的玩具就想买，见到好吃的就想要，在你的印象里，钱来得很容易，就像大海里的水一样，永远不会枯竭。爸爸心想，应该让你知道钱是怎么挣来的，让你知道钱来得有多不容易，这样你才会懂得更珍惜爸爸、妈妈的劳动。

爸爸带你走在街上，看到交警在路口辛苦地执勤、建筑工人在工地上苦干、营业员在商铺门口吆喝，都会向你讲解他们工作的辛苦。

有些事情只有亲身经历了，才会留下深刻的印象。爸爸决定带你去做一次采访，让你了解爸爸的工作辛劳。几天后，恰值五一劳动节，爸爸根据报社的总体策划，要去金马路上体验环卫工人的工作。爸爸意识到，这是个让你了解社会的好机会，就和你约好，第二天早晨要带你去采访。听说要和爸爸一起去采访，你兴奋极了，就像要去春游一样，在你的小包里装了很多好吃的。第二天早晨五点半，爸爸就叫你起床了。平时这个时间你还在香甜地睡觉，无论如何也是叫不起你的，不过因为今天要和爸爸采访，你还是揉揉惺忪的睡眼，乖乖地起床和爸爸出发了。15分钟后，我们到了金马路上，发现清洁工们早已经上岗了。据清扫班班长说，他们凌晨4点多钟就骑着自行车从家里出来。"为什么不坐公交车？"你问。"那么早，还没有公交车呢！"班长笑着说，"我们要赶在上班高峰前把马路清扫完，这样等市民早晨上班时，大街上就是干干净净的了。"爸爸接过清扫班长递过来的工作服,穿在身上,看上去肥肥大大的。爸爸穿戴完毕,你看着爸爸的一身行头,兴奋地说:"爸爸,你可真像位环卫工人!"爸爸拿起一把大扫帚就扫了起来。由于人手少,每名环卫工人的作业面积非常大,可以想象,即使他们不用清扫马路,光是这样来回走上几个小时,也是累得不得了呢!你跟在爸爸后面,不时地指挥着,"那有一张纸!""这有个饮料瓶!"爸爸在马路上来回走了几趟,就累得气喘吁吁、满头大汗了。

最初,你对这个工作还感觉挺新鲜的,感觉就像"过家家"一样,在爸爸身边跑来跑去。可渐渐地,你感觉累了,没有了最初的热情和劲头,脚步也越来越慢。"爸爸,当环卫工人真够累的!他们一定挣得很多吧?"你扬着红扑扑的脸蛋问。"他们挣得不多,一个月也就挣1000元左右。""那他们还干!看来他们真挺不容易的!""你看,挣钱是不是不太容易啊?""对呀!"你点点头。"爸爸做记者也不容易啊!每天要外出采访各种不同的人和事。今天是体验环卫工人的辛苦,有时还会遇到危险呢!""哦!还有危险啊?快告诉我,是什么危险?"你最喜欢听那些很刺激的事了。接着,爸爸就向你讲述了在一次采访过程中,爸爸打110叫来警察,抓住诈骗团伙的事。当时,爸爸和那个团伙的主犯面对面,那个瘦高个男子猜出是爸爸叫的警察,面露凶光,说以后要找爸爸单独谈一谈。"这钱挣得可真不容易啊!"听了爸爸讲的采访中的故事,你深有感触地说。

过了些日子,那是在一个风和日丽的星期天,爸爸、妈妈又带你去了妈妈所在的公司。当你看到妈妈从家里出发,要坐公交,转快轨,再乘两段公交车,总共需要花费两个小时才能到公司,在公司忙一天后,晚上又要两个小时才能到家时,你深深地感受到了妈妈工作的不易。

爸爸、妈妈过去也对你讲过钱来得有多不易,但作为孩子,你的理解能力有限,对爸爸、妈妈的话没有多深的印象,在花钱方面也不懂得珍惜。这两次体验,让你对爸爸、妈妈的工作辛苦有了深刻的认识,让你知道了我们家的钱挣得有多不易。它比爸爸、妈妈的多次说教要有效得多。在你从妈妈公司回来的路上,你对爸爸、妈妈说:"以后我不能再乱花钱了。你们为了养我,这么辛苦地挣钱,我将来长大能挣钱了,挣好多好多的钱,好好报答你们!"

我的宝贝女儿,爸爸、妈妈为你做这些,并不是希望得到你未来的报答,而是希望让你懂得珍惜别人的劳动,合理使用家里的金钱,树立理性消费意识,为你将来理财打下良好的基础啊!

会挣钱也会花钱的爸爸

好爸爸有话说

和孩子在一起时,您可以试着问孩子这样一个问题:"钱是从哪来的?"看看孩子如何来回答。不同的孩子给出的答案肯定是多种多样的。有的可能会说钱是从银行取出来的,有的可能会说钱是爸爸口袋里掏出来的,有的可能会说钱是商店找回来的。这时,您应该让孩子明白"钱是爸爸妈妈通过辛勤工作挣来的"。为了让孩子深刻理解工作的辛苦,您不但可以让孩子到您的工作单位中、到社会上去体验,也可以在周末设立"宝宝工作日"。在这天里,通过协商,可以让孩子帮助父母做力所能及的家务。当然,在这个过程中您需要注意的是:给孩子安排的"工作"要适当,不能过难,也不能过易,关键在于让孩子体会一下劳动的辛苦和挣钱的不易。这个过程对孩子来说,会是一种很好的感恩教育和理财教育。

零花钱从哪里来?

亲爱的宝贝:

说到你的零花钱,共有两种来源:一种是爸爸、妈妈给的;另一种是你靠自己的劳动挣来的。

从你4岁起,爸爸就开始给你零花钱了,因为这时你已经学会了简单的加减法,能算简单的经济账,有了初步理财能力。爸爸为你买了一个储钱罐,是可爱的老鼠形状的。你把爸爸给的钢镚儿一枚枚放进储钱罐里后,时不时地就会拿出来看一看,数一数,看看自己的"资产"有多少。有了零花钱,你就可以买一些自己喜欢的《天线宝宝》书、喜欢的好看文具、爱吃的雪糕……你的零花钱你做主,只要是对你无害的,爸爸都不会反对。

爸爸会控制你的零花钱,不会在你每次张口要零花钱时都给你,更不会你要多少钱就给多少钱。"定期、定量给零花钱"是爸爸注意把握的一个原则。每次爸爸给你的零花钱通常不会太多,这是因为如果给你过多的零花钱,容易让你养成大手大脚花钱的习惯;也不会太少,否则会让你在零花钱方面总处于"饥渴"状态,容易造成你的自卑心理,为你带来负面影响。一般来说,爸爸平均每天会给你1元钱,一周给一次。爸爸感觉对于现在的你来说,这些钱已经够用了。

每周一是给你零花钱的日子,爸爸会告诉你零花钱要计划着花,否则每周末不但没有零花钱花,还会受到适度的惩罚。有一次,你周二买了一个玩具,花光了一周的零花钱,结果从周三到周日你都没有零花钱可花。接下来的一周里,爸爸从你的零花钱中扣去了一元钱,作为对你上周乱花零花钱的惩罚。这件事给你留下了很深的印象,虽然扣去的只是一元钱,但在此后很长一段时间里你都没有乱花过一分钱。当然,爸爸也会做到特殊情况特殊对待,如果遇到你们幼儿园或学校组织春游、运动会这类的集体活动,需要增加零花钱,爸爸会额外给你一些零花钱。

爸爸也会鼓励你通过劳动挣钱。爸爸在家里会为你创造劳动的机会,你可以通过做家务来挣钱。比如你如果愿意帮妈妈洗碗、擦地、买酱油,每天都可以挣到5角钱。当然,爸爸会把握好尺度,让你做的家务不会很累,爸爸可不希望累坏了你,害得你再也不想帮爸爸、妈妈做家务;但也不会让家务太轻松,不然,会让你感觉挣钱太容易了,不懂得尊重爸爸、妈妈的辛苦劳动。在爸爸的鼓励下,你很愿意通过做家务来攒零花钱。因为钱来得不容易,你对自己辛辛苦苦挣来的零花钱也显得格外珍惜!

让爸爸、妈妈感到欣慰的是,你在要零花钱方面非常诚实,从未像有的孩子那样要小聪明,从爸爸这里要一份零花钱,接着又从妈妈那里要上一份。

我的女儿,你的零花钱来得不容易,爸爸相信你会珍惜它,花好它,让它实现更大的价值,花得更有意义。

小时候也珍惜零花钱的爸爸

好爸爸有话说

由于孩子的年龄还小,不懂得如何有计划、有节制、合理地使用零花钱,所以,家长在给了孩子零花钱后,不能不闻不问,而是应进行适当的监督。在竹竹小的时候,我告诉她每天买了什么东西、花了多少钱都要告诉爸爸。如果零花钱不够,可以向爸爸、妈妈提出来,只要是合理要求,爸爸会考虑额外再给一些。所以,竹竹从小到大都能合理地使用零花钱。另外,建议在给孩子零花钱方面,爸爸妈妈之间也要"通通气",否则,孩子可能会以一个理由向爸爸要了钱之后,又以同样的理由向妈妈再要一次,这样就可以得到双份零花钱了。久而久之,不利于孩子养成诚信意识和健康的理财习惯。

做中国的"柠檬水女孩"

亲爱的宝贝:

今天,《半岛晨报》的稿费来了,是你发表《鱼儿一家》那幅图画得的。虽然金额不多,只有20元,但对你来说已经是一笔不小的数目,相当于你三周的零花钱呢!你用它买了一本书、一些自己喜欢的小食品,还为爸爸、妈妈买了一小袋咖啡。美中不足的是你在冲咖啡时用的是凉白开,结果没有冲开,但爸爸喝到嘴里还是感觉格外甜。

看着你发表在报纸上的图画,爸爸想起美国"柠檬水女孩"的故事来了。这位名叫朱丽·墨菲的女孩受卡通片的启发,在妈妈的支持下,自售柠檬水,体验创业的乐趣。让她没想到的是,原来简单的想法和做法,却屡次被当地的卫生监督员阻挠、驱赶。这件事被网友全程记录下来,并以"美国法西斯分子是如何迫害小女孩创业热情的"为题发到网络上后,掀起了轩然大波。最后,在舆论压力下,当地官员亲自向这名女孩的妈妈道歉。美国加州一支棒球队被柠檬水女孩的事迹感动了,他们邀请母女俩前往球队比赛的现场卖柠檬水。女孩把收入所得的一半捐给他们参与的自闭症儿童基金,另一半捐赠给曾帮助过自己的儿童福利医院。这件事有两点给爸爸留下深刻印象,一是美国女孩卖柠檬水的做法,体现了女孩从小树立起来的创业意识;二是朱丽挣钱后把自己挣来的钱捐给儿童福利医院的愿望,体现了女孩的慈善意识。二者都是值得你学习的。

朱丽有她的创业打算,你也有自己的创业计划。第一步,你打算要画出很多好画,写出很多好作文,然后投稿给报纸、杂志,赚取自己的零花钱。你一直勤于画画,而且画得很有灵气。功夫不负有心人,你的努力终于得到了回报。在你5岁时,你在《半岛晨报》发表了你的第一幅画《动物运动会》,赚到了你的第一笔零花钱——15元。此后,你对投稿有了兴趣,不但把自己的画投寄到报社,还把自己精心写出的作文投寄过去。结果,你在这两个领域都取得了胜利。3年来,你已经在市级以上报刊发表图画4幅、作文3篇,挣得稿费120元。虽然看上去数目还不多,但日久天长,积少成多,几年下来也会是个不小的数目。

第二步,你计划写出一本自己的童话书,里面不仅有你自己写的6万字童话,还有你自己绘制的插图。你的目标是靠这本书挣上4000元稿费,攒下自己人生的第一桶金。

现在,爸爸已经帮你办好了一张银行卡,准备把你今后挣得的稿费都存到里面,为你成立一个专门的稿费基金。只要你肯坚持,肯努力,你的创业一定会成功,你的理想一定会实现!

中国"柠檬水女孩"的爸爸

好爸爸有话说

一位美国男孩在12岁生日时,没有向爸爸、妈妈要玩具、食品,而是希望能得到一台割草机作为生日礼物。他的妈妈明智地给他买了一台。用这台割草机,他靠替人割草赚了400美元。孩子爸爸建议孩子用这些钱做点投资,于是孩子决定购买耐克公司的股票,并因此对股市产生了兴趣,开始阅读报纸的财经版内容。幸运的是,他购买股票的时机把握得不错,赚了一大笔钱。做家长的不要因为孩子小,就忽视了对孩子创业意识的培养。您可以鼓励孩子从感兴趣的事情入手,从简单的事情做起,鼓励孩子利用收集废品等机会去赚钱,积少成多,为未来创业积累经验。

我学会了购物

亲爱的宝贝：

不少孩子一走进超市，就会要这要那，爸爸、妈妈不给买就又哭又闹。你小时候也是这样，爸爸记得在你5岁时，有一次，你因为爸爸没有为你买一个玩具，把爸爸的眼镜都碰到了地上。爸爸不想你在花钱方面太随意，而是希望你在购物方面能做到有计划、有节制、有方法。

你第一次独立购物是在上幼儿园时，夏天你想吃雪糕，爸爸给你2元钱，告诉你买完一根雪糕后要找回来1元钱。最初，你有些不敢独自去买，但是爸爸鼓励你，远远地看着你。渐渐地，你终于敢于自己买东西了，也懂得了算简单的账。

带你去超市时，爸爸一般会大致拉个清单，把大家需要买的东西写上去。你5岁时，还不会写字，没关系，你会画画，你可以把你想要的东西画上去。清单拉好了，走进超市后就不能变卦了。有一次，你告诉爸爸想要奶酪、书和彩笔，爸爸就让你在清单上画好了这几样。走进超市，买好了这些东西后，你又被一件洋娃娃玩具吸引住，缠着爸爸一定要买。家里已经有三个娃娃，这个娃娃与家里的相比只是模样不同而已。爸爸拿出购物清单对你说："你看，今天的购物清单上没有娃娃，我们没有买娃娃的计划，所以今天不能买。如果想买的话，也得是以后买。"你知道爸爸定了的事轻易是不会改变的，就不再坚持，乖乖地吃着奶酪跟爸爸回家了。

你上小学后，爸爸会给你一些自主购物的机会，这样可以锻炼你的理财能力。在自主购物过程中，爸爸为了让你做到花钱有节制，每次去超市时只会给你10元钱的自主权。这10元钱，由你自己说了算，你可以买自己喜欢的书、文具或食品。当然，因为你还小，经受诱惑能力差，爸爸也会把握一些起码的原则，要求你不可以购买可乐、薯片那些不健康的"垃圾食品"。有了自主权,你选择的空间更大了,你会认真算账,研究买哪几样东西能既称心又划算。一天,在超市里,你经过认真比较,最终决定买一袋优酸乳、一小袋饼干和一小袋瓜子。"一共是9.8元,还剩2角钱,回家存进我的储钱罐里,不许贪污哟!"你调皮地做了个鬼脸,提醒爸爸。

爸爸还会教给你列购物清单时应注意的方法。爸爸告诉你,购物应该做到理智,在买东西前想想我要买什么? 为什么要买它? 到哪里去买? 众多品牌和大小不一的包装中买哪一种? 一天,你买了电视广告中宣传的饼干,吃到嘴里后,你对爸爸说:"并没有电视上宣传的那样好吃啊!"爸爸告诉你,广告有时会有夸张、失实的情况,今后在买东西时,要注意分辨,不要被广告宣传所迷惑。还有一次,你想买一顶帽子。爸爸建议你多走几个地方,货比三家。我们首先来到一家商场,发现那里的一顶帽子很漂亮,标价80元。我们没有急于买下,又来到另一家商店。"爸爸,你看,这里的帽子卖60元,比刚才那家要便宜20元呢!"看到和前一家商场一模一样的帽子,价钱却相差这么多,你很惊讶。后来,我们又走了两家商店,最后在其中一家经过砍价,以45元买下了那顶帽子。通过这件事,你懂得了同样的商品在不同的地方价格有时会不一样的道理。

由于爸爸经常这样指导你,你很快就学会了自己买东西,每次你买东西都会让爸爸很放心。"爸爸,你看,这袋奶的保质期快到了,咱们别买了!"你看了一袋鲜奶上的日期和保质期后对爸爸说。瞧,你还挺细心的!

在书店里,妈妈看中了一本教育方面的书,你却拉着妈妈的手说:"妈妈先别买,把书名记下来,回家上网查查,在网上买更便宜呢!"你真成了购物小专家了!

小宝贝,继续努力吧! 相信你会是个购物小能手的!

理性购物的爸爸

好爸爸有话说

　　有的孩子购物愿望特别强烈，每当进入超市，便要这要那，买上一大堆可买可不买的东西，全然不考虑爸爸、妈妈的购买能力和实际需要。当孩子有这样的表现时，家长不要简单地呵斥孩子，也不能满足他的一切要求，而是应从孩子的思想和习惯等方面找出原因，因势利导。那些疯狂购物的孩子，有的源于与父母沟通少，想用购物来填补心灵的孤独；有的源于孩子之间的盲目攀比；也有的源于受到电视广告的影响。当您找到孩子冲动购物的原因后，应耐心对孩子言传身教，纠正孩子的错误消费倾向。对于与父母沟通少的孩子，您可以通过各种方式加强与孩子的沟通，而不是通过购买食品、玩具来作为补偿。对于喜欢攀比的孩子，您可以告诉他们"比知识""比智慧"要比"比金钱"更值得提倡。对于受电视广告影响的孩子，您可以通过一些真实的例子，让孩子知道电视广告不全是真实可靠的，购物时要不看广告看"需要"。

在"玩"中学消费

亲爱的宝贝:

　　爸爸认为,一个人如果不懂理财,即使有金山银山也有用完的一天,所以爸爸要从小培养你的财商,增强你未来生存和适应社会的能力,这样比直接留给你金钱更有用。3岁是孩子多种潜能的逐渐形成期,所以爸爸对你的理财教育也是从这个年龄开始的。对于3岁孩子来说,最好的理财教育方法是与你做理财游戏。爸爸、妈妈经常会和你玩各种各样的理财游戏。

　　我们最开始玩的游戏是"超市购物"。在游戏前,你会做好准备工作。爸爸和你一起剪下很多长方形的纸片,在这些纸片上面画上铅笔、娃娃、皮球、汽车玩具、饮料、面包等图案后,它们就变成了商品。写上"1元""2元""10元"等文字后,它们就变成了用来购物的金钱。游戏开始啦! 爸爸扮演收银员卖东西,妈妈和你扮演顾客买东西。"我要买一杯饮料!""对不起,你说话不太礼貌,我不能卖给你!"爸爸说。"请卖给我一瓶饮料好吗?"你憨笑着对爸爸说。"很愿意为你服务! 3元钱一瓶!"爸爸拿着你的文具盒充当超市的扫码器,在"饮料"上"刷"了一下,嘴里发出"嘟"的一声,表明已经刷过了条码。你在你的"钱币"中挑来挑去,最后拿出"5元钱"递给了爸爸。"收5元,5元减去3元等于2元。这是找你的2元。"爸爸把"2元钱"递给了你。这个游戏很贴近超市购物实际,小时候你特别喜欢和爸爸、妈妈一起玩。

　　超市里的推销员可谓巧舌如簧,但有时他们的宣传是名不副实的。面对他们的推销,你能否经受得住诱惑呢? 为了培养你的理智消费能力,爸爸有时会在家中对你进行这方面的考验。在游戏中,妈妈通常扮演推销员,你和爸爸扮演顾客。"推销员"把饼干放在小纸杯里,端到你面前说:"欢迎免费品尝某某牌饼干!""谢谢,我的购物筐里已经有饼干啦! 不用再买了!""可好吃了,尝一尝吧,不要钱!""谢谢了,不尝了。"瞧! 在爸爸的引导下,你抵挡住了美食的诱惑,懂得了不去买那些可有可无的东西,而是把钱省下来,购买其他更有用的东西。你可真棒!

爸爸还经常和你玩"餐馆点餐"游戏。在游戏中,爸爸担任"服务员",你和妈妈扮演顾客。"我要一盘鱼香肉丝、一盘烧茄子、两个鸡翅、两碗粥,还有一根烤肠!"你点出你和妈妈爱吃的几样,咽了咽口水。"今天我们推出一道新菜风味炒鸡,才25元,来一盘吧!""服务员"建议说。你想了想,很坚决地说:"谢谢,我就要这些。""一共25元钱!"我笑着说。"你为什么不买爸爸推荐的菜呢?"妈妈问。"够吃就行了,他推荐的菜那么贵,肯定菜量很多,要多了我们吃不了多浪费呀!"你瞧,你还挺懂得节约的。

在游戏中,你树立起了正确的消费意识,懂得应该如何去消费。这使得你在实际消费时也能有自己的正确判断。我的女儿,爸爸相信,你是一名"游戏高手",也会成为一名"购物高手"的!

喜欢理财的爸爸

好爸爸有话说

家长在闲暇之时,抽出一点时间来和孩子做一次消费游戏,既可以培养孩子良好的消费意识,又可以增进和孩子的感情,实在是一举两得、乐在其中的一件事。在游戏中,不仅要向孩子传授消费技巧,更应向孩子渗透正确的消费理念。如今的电视广告很多都是在刺激和煽动孩子消费的欲望,甚至向他们灌输这种观点:买东西,就是买幸福。我们应该在游戏中告诉孩子,幸福并不意味着拥有很多玩具、食品,还包括很多精神层面的东西,比如和谐的家庭、献给灾区的一份爱心、人与人之间的相互帮助等。相信,只要您用心地去言传身教,让孩子耳濡目染,最终一定能把孩子培养成一名有见地、懂节省、守纪律的理财小能手。

用好我的记账本

亲爱的宝贝:

　　在你一年级下半年的一天,为了激发你的兴趣,爸爸特意为你买了个漂亮的卡通笔记本,爸爸告诉你,这个本是专门供你记账用的。爸爸之所以让你在这个时候记账,是因为经过一年级一学期的学习,你在写字、算术方面已经有了一定的基础,具备了基本的记账能力。爸爸对你说:"你每挣到一笔钱,就把钱数写在本子左边;每花掉一笔钱,就把钱数写在本子右边。爸爸还希望你能把花钱的用途简单写下来,如果有不会写的字,可以用拼音或图画来代替。"你最初感觉很新鲜,坚持得很好。"爸爸,今天我买了一根雪糕,记在本上了,你看!"说着,你把本子递给了我。我接过来一看,禁不住笑了起来,你不会写雪糕两个字,在本子上画了个雪糕,最可笑的是雪糕上面还画了两个眼睛,一个弯弯的像月牙一样的嘴巴,图画的旁边,你端端正正地写上"1元"两个字。"第一次记账就记得这么棒,真不错!"爸爸笑着表扬了你。

　　可是记了两星期后,你对记账没有了新鲜感,渐渐觉得它成为一种负担。一天,你对爸爸说:"爸爸,你每天就给我1元钱,每星期就是7元钱,我不记账不也知道是这些钱吗? 我记账有什么用啊?"爸爸笑着对你说:"你这个问题问得非常好,说明你动脑筋了。虽然爸爸每周给你的零花钱总数大致相同,都在7元钱左右,可是这7元钱都用在什么地方、用去了多少,如果不记下来的话,详细情况你能知道吗?""不知道。"你回答。"对呀! 通过记账,你就能清楚地知道自己把钱用在什么地方,每天用了多少,还剩多少。知道了这些,你才能更好地计划你需要买的东西呀!""嗯! 我明白了,那我还要坚持记。"你懂事地点了点头。

　　记账满一个月后,你又拿着记账本来到爸爸面前:"爸爸,我上个月省下6元钱,这节省的钱怎么记呀?"爸爸耐心地告诉你:"你上个月省下的6元钱可以记到你这个月得到的零花钱里,这6元钱加上本月全月得到的零花钱就是你本月的收入总数。"因为你缺少记账经验,不懂的地方还很多,因此每逢你来请教爸爸时,爸爸总会不厌其烦地解疑释惑。

通过一段时间的记账后,爸爸发现你在花钱方面有了变化,变得更会花钱了:该花的钱,就要花;可以不花的钱,坚决不花。通过记账我们发现,你买雪糕和饮料花去的钱最多,而你知道,吃太多的雪糕、喝太多的饮料对身体健康有害无利。你就有意识地减少了买雪糕和饮料的次数,渴了喝白开水,把省下来的钱买自己喜欢的图书。

爸爸希望你能把记账习惯坚持下去,学会管理零花钱,从小树立节约意识。

和你一起记账的爸爸

好爸爸有话说

美国富豪洛克菲勒在金钱方面从不放纵孩子,他每周只给孩子1美元50美分零花钱,在我们很多家长看来,这位富翁是如此吝啬。洛克菲勒为每个孩子准备了一个小账本,要求他们都要在自己的小账本上记清一周内每笔零花钱支出的用途。到了周末,孩子到他这里领下一周零花钱时,要先把账本交给他审查。如果账目清楚,用途正当,那么下一周孩子就会多得到10美分的零花钱;如果账本记录不符合规定或支出不当,那么孩子下周的零花钱就会下调10美分。通过这种方法,洛克菲勒让孩子们从小养成了记账和不乱花钱的好习惯,他们成年后都成了企业经营的好手。我们不妨像洛克菲勒一样,为孩子和自己都买一个记账本吧!让我们和孩子一起记录每天的收入、支出,增强理财意识和理财能力,做一个理财"高手"。

我学会了储蓄

亲爱的宝贝：

今天，你把你的储蓄罐打开，"哗"的一声把里面的钱全都倒在桌子上，兴奋地说："发财了，发财了！都攒这么多钱了！又该存到银行里了！"瞧，你已经养成了很好的储蓄习惯。

在你4岁生日那天，爸爸陪你去超市买了一个很漂亮的储蓄罐。储蓄罐是你自己挑的，米老鼠形状，你非常喜欢。喜欢就好，为你买一个你喜欢的储蓄罐是鼓励你储蓄的第一步哟！储蓄罐买回来后，爸爸告诉你："以后有了多余的零花钱，就可以投到这个储蓄罐里。相信你会越攒越多，成为一个'小富翁'的。"从那以后，有了零花钱你就会把它们投到储蓄罐里。为了让储蓄罐早日吃饱，你还有意"讨好"爸妈，每天为妈妈捶背，为爸爸打洗脚水，想多挣一些零花钱。

大约一个月后，你告诉爸爸，很想知道储蓄罐里已经存了多少钱。"你可以打开它，我们一起数一数。"爸爸笑着对你说。你飞奔到书架前，把储蓄罐一把揽在怀里，三步并作两步跑到爸爸面前，打开储蓄罐底部的塞子，向下用力一控，"哗"的一声，大大小小的硬币堆在我们面前。看着眼前有这么多硬币，你开心极了。接着，你就和爸爸一起数了起来。爸爸教你把硬币按面值先进行分类，相同面值的每数到10枚摆成一摞，放在一起。最后爸爸拿起笔，教你把一摞摞的数目记下来，最后再统计出总钱数。最后，你发现自己已经攒了20多元钱时，开心极了。"太好啦，我成大富翁啦！"你蹦跳着说。

当储蓄罐已经"吃"得满满的，再也装不下硬币时，你愁眉苦脸地找到我说："爸爸，再给我买个储蓄罐吧，这个已经装不下钱了。"我说："走，爸爸带你去银行。""去银行？那里像游乐场一样好玩吗？"你感觉很新鲜。"和游乐场不同，在那里可以像变魔术一样，把你的零钱存进一个卡里，在你需要这笔钱的时候,还能随时取出来。""哦!真神奇啊!和孙悟空的本事差不多了!"你感觉很新奇。

带着身份证和户口本,爸爸带你来到银行,为你办了一张银行卡。银行卡很漂亮,上面带有卡通图案,你一看就特别喜欢。当你把自己所有的零花钱交给银行窗口阿姨时,你的表情很严肃,就像你要永远和这些钱说再见了似的。你的眼睛一眨也不眨地盯着,好像生怕阿姨给数错了。"你的零钱已经存到这个银行卡里了。"听了爸爸的话,你立刻对这个卡产生了兴趣。"看来那位阿姨真的会变啊,她是魔术师吧!""你看,我们把那些零钱放在这个卡里,是不是比放在储蓄罐里更轻便,更安全?""可是如果这个卡丢了呢?我们的钱不是全丢了吗?"你还想得挺周到的。"丢了也没关系,在银行的阿姨那里已经记下了你的名字,只要我们带着户口本到这来,告诉阿姨一声,她就会再给你一张卡,你的钱就会放进那张新卡里。钱是不会丢的。""哦,这可真太有意思了!"你拍着手说。爸爸指着存款凭条上的数字告诉你:"看,这就是你存的钱数,和我们在家时数的钱数是不是一样?""嗯,是一样的。"你点点头。

爸爸告诉你,我们之所以要把钱存到银行里面,是因为银行的作用和储蓄罐的作用差不多。钱存在银行的好处是钱不仅好找,不容易丢,还很安全。即使丢了也能够找得回来。另外,钱存到银行里还有一个好处,那就是银行还会付给我们一些利息,钱存在那里能让我们钱的数额变得越来越多。

我的女儿,通过用储蓄罐存钱和到银行存款这样的储蓄实践,爸爸很高兴地看到你的理财意识有所提高。当然,在学会储蓄的同时,爸爸还希望你能记住爸爸曾对你说过的话:"不该花钱的时候别乱花,把钱存起来;但该花钱的时候一定要花好,不要小气,不要让自己成为钱的奴隶。"

和你一样会储蓄的爸爸

好爸爸有话说

　　每逢春节,孩子总会收到一些压岁钱,少则数百元,多则成千、上万元。孩子的压岁钱如何打理呢?有的家长直接把孩子的压岁钱据为己有,但这样很容易引起孩子的"抗议"。我建议您可以帮孩子把这笔钱存进银行。由于压岁钱同平时积攒的零花钱相比通常数额更大,您这时可以向孩子讲讲储蓄的种类,征求孩子意见,是采取活期储蓄、定期储蓄还是零存整取。在竹竹7岁时,她收到了2000元压岁钱。在谈到怎样存这笔零花钱时,我是这样对竹竹讲的:"活期存款的优点是随时可以提取,但是它的利息很低,这样'钱妈妈''生'出的钱会更少一些。定期储蓄利息最高,'钱妈妈''生'出的'钱宝宝'会多一些,但是只能到规定的时间才能够取出来,否则生出的'钱宝宝'就不多了,而是像活期存款'生'出的'钱宝宝'一样少。零存整取的利息比活期高,比定期低;'钱妈妈''生'出的'钱宝宝'比定期少,比活期多;存的时候比较自由,但是也只能在规定的时间去取。你想选择哪一种呢?""那我选定期储蓄吧!因为它生的'钱宝宝'最多。"瞧,在爸爸的引导下,孩子懂得按自己的需求去选择储蓄种类了!家长朋友们,快去为孩子开个银行账户吧!

在"玩"中学投资

亲爱的宝贝：

"爸爸,炒股票是不是很危险,很不好啊?"你问爸爸。爸爸愣了一下,心想可以借机向你讲讲股票方面的知识了。"在银行里存钱属于一种投资,炒股票呢,也属于一种投资。但是它和银行存款不同的是,它的风险要大得多。就像'钱妈妈'生'钱宝宝'一样,在银行存款,只要你存的钱数额不是特别少,你的'钱宝宝'就会越来越多;但是炒股票就不同了,和银行存款相比,它有可能会生出更多的'钱宝宝',也可能不但一个'钱宝宝'也没生出来,还把'钱妈妈'也赔进去一些。""哦,是这样啊!那我不炒股票了!"看来你是怕你的钱受损失。"现在你还小,可以简单了解些炒股票的原理,如果有兴趣,我们可以在网上模拟炒股。"说着,爸爸打开一个模拟炒股网页,向你演示了如何购买一只股票。几天后,当我们打开那个网页时,发现你"买"的那只股票居然涨了不少,几天的时间,你就挣了50多元。爸爸告诉你,如果你买的是真的股票,你就真的挣了50元。但是一周之后,我们发现,由于股价下跌,不但新挣的这50元都赔了进去,原来投进去的本金也赔进去200多元。通过这件事,爸爸向你讲了高收益往往伴随着高风险的道理。

大富翁游戏是个很好的游戏,它可以很好地培养你的投资理财意识和能力。你从小到大,爸爸为你买了至少有6套这类游戏棋。在这种游戏里,你可以懂得:人生有"机会",也有"命运"。我们俩一人选好一个棋子,扔骰子决定前进到棋盘中的哪个格子。当你来到爸爸的地盘,"寄宿"在爸爸盖好的房子里时,要交"过路费"。而当你买了地盖了自己的房子后,就可以收取爸爸的"过路费"了。有了房子后,你还有机会把房子换成旅馆,这样就可以向爸爸收取更多的"过路费"。最终,你有可能成为"大富翁",也有可能"破产"。最终是成为"大富翁"还是"破产",与你的运气有关,但更为重要的是与你的投资理财意识和能力有关。你很喜欢玩这类游戏。在游戏中你懂得了，不要一下子买太多的地皮、盖太多的房子，不然你的现金就会紧缺；你明白了买到地皮后，通过投资盖房子，然后换旅馆，可以赚取过路人更多的路费；你还学会了如何与银行兑换钱币……而这一切都在欢笑声中学会。

近两年，爸爸还为你买过"三国风云"棋、"世界旅行"棋，它们的玩法与大富翁有异曲同工之妙，虽然情境不同，但都能使你在提高兴趣、增长见识的同时，提高你的投资理财意识和能力。

我亲爱的宝贝，爸爸虽然已年近四旬，却有一颗童心，只要你愿意，爸爸就愿意和你一起玩投资理财游戏。待你长大以后，也许你会发现，你未来的投资理财之路与游戏中大同小异，今天的游戏可能会帮你赢得未来。

喜欢和你在游戏中理财的爸爸

好爸爸有话说

有的家长担心过早地让孩子了解投资方面的知识会让孩子滋生不劳而获的心理，因此不敢向孩子传授股票知识，其实这是不必要的。毕竟孩子们不可能真的投入到股市当中，只要向孩子讲明劳动创造财富的基本道理，那么让他们提前了解一些投资理财知识有益无害。您可以坦率地告诉孩子，买了某家公司的股票后，你就成了那家公司的股东。记得有一次，我和女儿还玩了模拟开公司游戏。女儿把自己想象成一家动画电影公司董事长，我和孩子妈妈买了她公司的股票，成了公司的小股东。我们在一起召开了股东会议，商量这个动画电影公司应该怎么经营才会做得更好。您和孩子玩这类游戏，可以为孩子带来多方面好处：可以教给她投资理财技巧，可以让她树立团队意识，更可以帮她树立远大的目标……

会理财懂节约

亲爱的宝贝：

在你很小的时候，爸爸就为你讲那些中外名人勤俭节约的故事，因为这样的故事生动有趣，比简单的说教更容易让你接受，它们会潜移默化地影响你的观念和行动。当你听爸爸说英国女王伊丽莎白二世每天深夜都会亲自熄灭白金汉宫走廊的灯，她坚持自己用的牙膏要挤到一点不剩时，你对爸爸说："过去我用牙膏有点浪费，以后我的牙膏也要像英国女王那样，用得一点不剩！"你看，这就是故事的力量、榜样的力量。

爸爸希望你做到节约，爸爸自己首先注意不虚荣、不浪费、不讲排场，当然，爸爸更不会乱花钱。遇到大宗花销，爸爸都会和你们娘俩一起商量，确保钱花得不盲目、不冤枉。爸爸的行为影响了你，渐渐地，节约已经成了你的行为习惯。你不但自己做到节约，还反过来监督他人。一旦爸爸妈妈在节约方面有些疏漏，你就会为我们纠正。一天，爸爸看到你在家里的门边贴了一张纸条，就好奇地走过去看。爸爸仔细一看，上面写着"请随手关灯，节约用电"几个字。原来，你刚刚看到妈妈走出卫生间没关灯，就想出这个办法来提示妈妈。

爸爸培养你的节约习惯，注意从日常生活中的小事着手。在爸爸的影响下，你很爱惜自己的图书、玩具。平时看书时，你总会很珍惜，生怕把书折角、弄脏。即使你的书借给同学后，还回来时会破损、折角，你也会自己粘补，让书保持完整，避免浪费。

家里订了两份报纸，过去每天看过后的报纸经常会被随意丢弃。后来，爸爸意识到这样有些浪费，便把报纸的处置权交给了你。在爸爸的鼓励下，你很懂得节约，每天晚上把报纸整整齐齐地摞在一起。当报纸攒到一定高度，你就把它们卖给前来收废纸的叔叔。爸爸告诉你，卖废报纸得来的钱可以作为你的零花钱。对此,你特别兴奋。从小学二年级起,你就把卖报纸作为自己挣零花钱的手段之一。

在生活中,爸爸还告诉你要节约花钱,让你知道钱是怎么来的,钱来得有多不容易,你应该懂得节俭的意义。

我亲爱的宝贝,爸爸想告诉你的是,爸爸教育你节约,并不是舍不得花钱,更不是花不起钱,而是希望你能树立勤俭节约的意识,丰富你的理财手段,帮你适应未来可能出现的艰难困苦的生活环境。

爸爸相信,你现在做得很好,将来会做得更棒!

懂得节约的爸爸

好爸爸有话说

当孩子还没有养成节约习惯时,您不必急躁,而是应耐心地动动脑筋,想想办法。比如,当您想让孩子懂得节水,您可以通过和孩子一起看书、上网搜索、观看视频、给他们读一些有关缺水的资料等方式,让孩子了解到人类没有水的生活将会是什么样子——土地会因干裂而无法种庄稼,人和动物会无法生存……这样就会让孩子们对缺水的危害认识得更全面。记得我当初和孩子看了大连是全国最缺水城市的宣传资料后,女儿感慨地说:"过去真不知道大连这么缺水呢!看来我真的得节约水了,不然真的像人家说的那样,如果我们再不爱惜水,我们人类的最后一滴水就是我们自己的眼泪啊!"在为孩子讲节约水资源的重要性时,您还可以拓宽思路,和孩子们进一步搜索与石油、煤炭、铁、木材等资源有关的资料,让孩子意识到,这些地球上的资源都是有限的,浪费资源就会使资源枯竭,人类就会丧失生存的家园。对孩子进行这样的教育,您就会激起孩子强烈的节约愿望,促使孩子树立节约意识,并把这一意识转化为节约的自觉行为。

9

好爸爸教出宝贝好心理

HAO BABA JIAO CHU BAOBEI HAO XINLI

　　心商(MQ)是人们维持心理健康、缓解心理压力、保持良好心理状况和活力的一种能力。心商的高低，直接决定了人生过程的苦乐，主宰人生命运的成功与否，而家长在教育孩子的过程中运用的教育方法，会对孩子的心商产生重要影响。因此，家长在教育过程中，应注意方式、方法，注重对孩子健康心商的培养。

我想嫁给山山

亲爱的女儿：

　　前几天，你很羞涩地把一幅画塞到妈妈手里，然后就跑开了。妈妈看了画先是惊叫一声，然后严肃地把画递给了爸爸，并小声地对爸爸说了一句："你看看，这可怎么办？"爸爸好奇地接过画，只见画上的一个公主穿着婚纱，拉着身边王子的手幸福地笑着。公主身边的王子，服饰很怪异：上身内穿西装，外套武将盔甲，下身穿的是时髦的休闲裤。两人拉着手，站在两座城堡间，有一位女伴向他们头顶喷起美丽的彩带和礼花。爸爸再仔细一看上面标注的小字，原来彼此拉着手的公主和王子竟然是你和你的同桌山山！7岁的乖女儿长大后想嫁给自己的同桌同学，怪不得你妈妈看了画后会神秘兮兮的。爸爸看了画，没有像妈妈那样紧张，而是笑了。爸爸知道，你还太小，还无法清楚地区分友情和爱情。你画的这幅画只是一种好奇和模仿，是一种美丽的想象，没什么可大惊小怪的。不过，借这幅画，爸爸倒是可以和你好好谈谈心，帮你树立起正确的爱情观。

　　接下来，爸爸问了你几个问题。"你喜欢山山吗？""嗯！""能告诉爸爸你为什么喜欢他吗？""他长得很帅，我长大有点想娶他，不，是嫁给他！"听了你这话，爸爸感觉又惊讶又好笑："你告诉过他你长大后想嫁给他了吗？""没告诉，我怕他会误会。我可不想嫁给我们班的大昭，他的脚太臭了，老师总让他回家好好洗洗澡。"说完，你呵呵地笑了起来。爸爸也笑了："你认为，要成为一个好的爱人，应该有什么条件呢？""男的要给女的买戒指，要送一大把花，还要像爸爸那样有力气，能背得动女的。"你说出了自己的想象。"那么，你说喜欢和爱是一回事吗？"你想了想："好像不太一样。爸爸和妈妈是爱，爸爸和其他女人只能是喜欢。"听了你的话，爸爸、妈妈都哈哈大笑起来。"说得没错。一个人爱上另一个人是一件很神圣很美好的事，它是长大后才能做的事。而你现在,喜欢你的同桌,这种'喜欢'只是普通同学之间的'喜欢'而已,和'爱'是两码事。"听了爸爸的话,你点了点头。"一个人的一生就像一年中的四季一样,每个季节都有各自的特点,都有每个季节该做的事。违背了季节的规律,你种的粮食和果实就可能无法收获!明白吗?"爸爸接着说,"现在你是一名优秀的小学生,主要做的事就是好好学习。等你学习好了,将来就可以考上称心的大学,从事自己喜欢的工作。走进外面精彩的世界时,你就已经长大了,那时有太多优秀的男孩可供你挑选。你可以从中挑选一名最称心、最优秀的男生,做你的爱人。明白吗?宝贝。""明白了,爸爸。"你做了个鬼脸,笑着回答。"宝贝真懂事!"爸爸表扬你说。

过了几天,你放学后说:"我烦死山山了!""怎么了?"爸爸问。"你看,他把我挠的。"说完,你伸出胳膊给爸爸看上面的伤痕,"我的胳膊就过界一点点,他就挠我。还男子汉呢!连小女孩都欺负,太没素质了!我长大了可不嫁这样的男人!"听了你的话,爸爸、妈妈都笑了。实践证明,当初爸爸没有斥责你,而是耐心向你讲清道理是正确的。

你曾对爸爸讲过,有一天,你亲眼见到两名6岁的小伙伴在家里玩"过家家",一起学着电视剧中的样子玩拥抱,结果把你吓得跑回了家。其实,像你们这么大的孩子并不能真正懂得什么是恋爱,分不清什么是友谊,什么是爱情,如果把你们那种对异性的好奇,对异性的了解、亲近的需求,统统简单加以禁止,上纲上线定性为早恋,甚至跟踪盯梢、训斥打骂,那只能给你们的心理造成不必要的负担。这时,你们如果能得到积极的引导,便会打开心灵之窗,让大人们看到你们的纯洁和美好。相反,如果受到粗暴的强制,你们便会把受了伤的心灵紧紧封闭起来,拒大人们于千里之外。所以,我们大人不应该用成人的眼光看待你们、批评你们。

我懂事的宝贝,爸爸相信,经过引导,你会很好地学会如何与异性同学正常交往,逐渐树立健康正确的爱情观。爸爸也相信,你会用幸福和快乐的鲜花,编织出一条美丽的人生图画。

相信你的爸爸

好爸爸有话说

　　虽然小学生中真正的"早恋"现象不常见，他们大都是一种"朦胧的感觉"，但做家长的做好一些预防措施也是必要的。我们的社会是复杂的，有太多会给孩子带来消极因素的东西。比如，现在不少学生都喜欢看言情小说，而市面上很多这类小说中的大胆描写其实很不适合学生阅读，所以有必要在孩子读的书方面把一把关。我在采访中发现，有的家长本人就喜欢看言情小说，家里的这类小说随处摆放。在这种情况下，又怎能奢望孩子不看这些书、不受这些书影响呢？此外，在上网方面，做家长的也应重视起来，让孩子远离有害信息、网页。同时，建议家长多看一些心理教育方面的书籍，多和孩子交流，引导孩子，告诉他们小孩子之间有"好感"存在是正常现象，但要正确区分友情和爱情，把精力更多地投入到其他有意义的事情当中。

宝贝成长需放手

亲爱的宝贝:

上小学二年级的你,写作业已经能够完全自主了。今天翻看你的作业,发现你的作业字迹工整,答案准确,真是写得又快又好。实践证明,爸爸培养你的独立意识和自主能力是成功的。

在你上幼儿园时,爸爸就开始培养你的独立意识。爸爸在采访中发现,我们身边很多孩子之所以不够独立,不是因为孩子不想独立,而是因为孩子的爸爸、妈妈不让孩子独立。爸爸要让你懂得,有些事是要你独立完成的,爸爸不能替你包办。

在你上幼儿园后,爸爸希望你能养成良好的行为习惯。每天早晚不需要爸爸提醒,自己去刷牙、洗脸;睡前把衣服整齐地叠好,放在床头;小手绢脏了,自己去把它洗干净……当然,习惯的养成是需要时间的。爸爸首先需要用兴趣去引导你,然后慢慢地放手。就拿洗手绢来说吧,一天,爸爸对你说:"宝贝,你看你的小手绢,多脏啊!它的心里可能在哭呢,因为没人帮它洗干净!""那怎么办?"你着急地问。"你能把它放进水盆里,让它和水哥哥玩一会儿,让水哥哥把它洗干净吗?""好啊!"你听了爸爸的话,兴冲冲地跑进卫生间,打了一盆水,拿上香皂,蹲在地上洗了起来。虽然地上被你洒了不少水,但没关系,这是你在学会独立的过程中必须付出的代价。其实,爸爸知道,你对很多事都很好奇,也很喜欢自己去做,只不过在很多情况下,爸爸妈妈没有让你去做这些事,影响了你的独立实践。

遇到问题,爸爸会把选择权交给你,鼓励你"自己想办法"。一天,你跑回家告诉爸爸,小朋友不和你玩了。爸爸微笑着对你说:"小伙伴不和你玩了,自己想想原因,想想有没有什么好办法。"在你成长的过程中会遇到各种各样的问题,如果每件事都由爸爸来为你思考和决断,那你永远长不大。爸爸鼓励你思考和决断,就会让你成为自己的主人,学会独立判断。即使你想得不够周到、做得不够完美,你也会从自己的错误中收获更多。

每当你在自主学习、自主劳动等方面取得进步时,爸爸就会给予你表扬和鼓励。"作业做得太认真了!""作业在全校展览了,真不简单,恭喜你!"为了更好地鼓励你自主学习,爸爸还为你在墙上设了一个学习状况星星榜,对每天的完成作业情况进行记录评分。当天你的作业在字迹、准确度等方面做得好时,爸爸就会在上面画一颗星星。集够30颗星星,你就可以在网上挑选一本自己喜欢的图书,爸爸会买来送给你,作为奖励。

想起前几天你为勉励自己而贴到墙上的座右铭,爸爸笑了,那上面写的是"独立作业,认真书写"几个字。爸爸知道,对此,你能做到,也能做好!

欣赏你独立的爸爸

好爸爸有话说

在孩子做作业方面,家长应该鼓励孩子养成独立思考、认真审题和自我检查的好习惯。在审题时,孩子可能会不断地问这问那,如果这时您直截了当地给出答案,不利于孩子养成独立审题的习惯。在孩子小学一年级时,您可以多陪伴、多引导,然而对于小学二三年级以上的孩子来说,识字已经相当多,您已经没有必要再陪着做作业了,而是应及早让孩子独立审题、独立完成作业。在孩子做完作业后,很多家长喜欢马上帮忙检查,这样很难让孩子养成自己检查的习惯,会弱化孩子的自主意识。实践证明,很多孩子考试成绩不理想,很多时候是由于在答题后没有认真检查,因为他们平时做作业时就没有自我检查的习惯。所以,我们应鼓励孩子每次做完作业后,自己认真检查一遍,不要认为做完作业就万事大吉,把剩下的检查工作全都推给父母。

你们俩，我该听谁的？

亲爱的宝贝：

　　爸爸记得，在你小的时候，爸爸经常为你买书。当时你的妈妈很反对，说家里有几本书就可以了，在经济条件不太宽裕的情况下，没有必要总买书。爸爸感觉妈妈经常在你面前说这样的话，会对你产生不好的影响，便私下里和你妈妈沟通，向她讲明孩子多阅读的好处，建议她在教育方面跟我有异议时最好私下里探讨，尽量不要当着你的面争执，否则可能会让你感觉无所适从。比如从这件事上，可能就会让你产生困惑，"为我多买书好不好？""我多看书好不好？""我不看书或少看书的话，会不会让他们减少争吵？"听了爸爸的建议，妈妈表示赞同，从那以后，我们有了意见分歧，很少在你面前表露出来，就是希望给你创造一个和谐、安宁的环境。

　　"世界上没有两片相同的叶子"，爸爸和妈妈性别不同、性格不同，从小经受的教育环境也不同，因此在教育你的过程中，有不同的看法也是正常的。虽然我们在教育观念方面可能会有很多不同，但有一点是完全相同的，那就是希望能为你创造一个更宽松、更美好的成长环境，帮助你开创一个美好的未来。在对你的教育方面，爸爸、妈妈的态度会尽量保持一致，即便观点不一致，也不会因此大吵大闹，给你制造紧张空气，而是会心平气和地沟通，力争把意见达成一致。

　　当妈妈教育你时，即使爸爸认为妈妈做得不够完美，也很少插话，而是会在私下里向妈妈提出意见、建议。记得那是你在小学一年级时，有一次，因为你的作业写得不够认真，妈妈很生气。而当妈妈向你指出你的作业做得不够好时，你有些心不在焉，没有马上去改正错题，而是还在画你的画。妈妈一气之下，撕了你正在画的画。当时，你哭了。看到妈妈的做法，爸爸心里很不好受，但爸爸想，我们解决分歧的方法会被孩子看在眼里，记在心里，影响她长大后的家庭生活。因此,考虑到你未来的幸福,爸爸、妈妈这时应该用更灵活的方法来解决分歧,而不是吵架。所以,爸爸当时没有说什么。过了一会儿,爸爸来到厨房,悄悄地和妈妈说出自己的观点,告诉她对孩子应有耐心,发现问题要冷静分析原因,然后想出有针对性的办法。你今天这种做法有些过激,会对孩子心理产生消极的影响。妈妈听了爸爸的话,认为爸爸说得对。她告诉爸爸,她撕完画后也感觉很后悔。她回到你身边后,真诚地向你道了歉,接着,她一边把撕坏的画用胶水黏合到一起,一边耐心地向你说明她的良苦用心。同样,当妈妈认为爸爸在教育方面做得不够完美时,也会像爸爸这样做。我们这样彼此支持,可以实现教育的连续性,同时可以减少彼此矛盾的产生,为你创造一个良好的成长环境。如今,这一点已成为爸爸、妈妈教育你时共同遵守的一项重要约定。

在对你的教育方面,爸爸、妈妈还会简单做个分工。比如在学习方面,爸爸侧重于辅导你的文科课程,妈妈侧重辅导你的理科课程。在生活方面,爸爸侧重于陪你运动和玩耍,妈妈侧重于培养你良好的饮食起居和卫生习惯。由于爸爸、妈妈在教育方面职责明确、分工合作,这样就不至于自乱阵脚,经常在你面前出丑。

爷爷和爸爸这两代人在教育孩子的方法上经常会出现分歧,有时会让你感觉无所适从。爷爷很宠爱你,当爸爸教育你时,爷爷有时会因疼爱你而直接介入进来,替你求情,说爸爸做得不对。但爸爸认为,宠爱没错,但也要有原则,不能溺爱。记得有一次,你看见商场里的一个娃娃很好看,就想要爸爸、妈妈买。爸爸不想你养成乱花钱的习惯,就对你说:"家里的娃娃已经很多了,今天还有更重要的东西要买,不能买娃娃。"你很不高兴。晚上提到这件事时,你爷爷就说:"孩子喜欢就买呗!多少钱?我给你买。"爸爸听了,私下里和爷爷耐心沟通。首先赞扬了你爷爷几句,肯定了他老人家的辛苦和功劳,然后指出娇惯的后果。爸爸对爷爷说,如果孩子"要啥给啥",那总有一天你会满足不了孩子的要求。在这种情况下,孩子可能会认为大人无能,不爱他了,甚至会恨大人。当索取成为习惯,就很难培养起孩子的责任感和奉献意识。劝说一次两次效果并不明显,但经过多次劝说,爷爷总算认可了爸爸的观点,注意在教育方面和爸爸步调保持一致。

俗话说:"教儿教女先教己。"要想把你教育好,爸爸、妈妈首先要管好自己。只有自己先做好了,才能成为你的好榜样。爸爸、妈妈会在教育方向保持一致,让你在一个和谐、温馨的环境中,走向通往未来成功之路。

懂得与人和睦相处的爸爸

好爸爸有话说

> 即使您是个火爆脾气,在教育方面也应学会控制好自己的情绪。夫妻在教育方面有了分歧,应有意识地让自己冷静下来,在必要时可以做出一点妥协,不为别的,为孩子。有的爸爸看到孩子妈妈教育方法不合自己的心意,一怒之下什么都敢说,什么都敢骂,什么都敢做。还有的孩子爸爸因此和孩子妈妈赌气、冷战,表现在行动上就是——你这么说,我偏要那么做;你要孩子这样,我偏要孩子那样。要知道,孩子爸爸这样做很容易导致孩子是非观念紊乱,不知该何去何从。天长日久,会对孩子心理造成不良影响。正确的做法是在孩子面前不要发作,私下里夫妻间进行耐心沟通,最后达成一致意见。

爸爸该怎样批评你

亲爱的宝贝：

世界上没有不会犯错误的人，你在很多方面都表现很棒，但你也会犯错误。在你犯了错误之后，爸爸大多情况下会宽容、会引导，但有时也会给予你适度的批评和惩罚。对于你们孩子来说，自制力还不够强，在你们犯错之后，及时而适度的批评会引起你们的注意和警惕，从而避免错误行为的再次发生。

记得在你上幼儿园时，有一次，你把同班小朋友的脸抓伤了。回到家后，爸爸问你："为什么要抓小朋友的脸呢？"你说："他抢我的玩具。""他抢你的玩具是他不对，不过你也不应该抓他的脸，知道吗？"你点了点头。"今天你抓了小朋友脸，犯错误了，爸爸要为你扣掉一颗小星星了。"说完，爸爸在墙上你的表现栏里记下这件事，为你减去了一颗小星星。当你犯错误后，爸爸会批评和惩罚你，但爸爸的批评和惩罚会适度。如果爸爸对你的惩罚过重，容易引起你的对抗情绪；过轻，可能又不足以让你重视，使你引以为戒。这个日常表现星星榜是爸爸特地为你制定的一个奖惩规则。通过这个星星榜，你知道了在学习和生活方面做得好时会得到什么样的奖励，犯错后会受到什么样的惩罚。有了这个星星榜，你每天表现更加积极，总会争取多得星星换取奖品，避免因犯错误而被扣掉星星。有了这个规则，当你犯错后，爸爸会注意控制自己的情绪，不会因一时冲动而随意惩罚你，而是会耐心地向你讲道理，同时按照我们事先制定好的规则办事。国有国法，家有家规，爸爸认为，这样做更容易让你口服心服，更容易在你心中树立起爸爸的威信。

"你简直是个混蛋！"这是谩骂；"见过笨的，没见过你这么笨的！"这是挖苦；"明天小考再考得这么糟，别回来见我！"这是威胁……有的家长在批评孩子时，会怒火中烧，怒目圆睁，声色俱厉，口不择言。爸爸在批评你时不会这样做,这是因为谩骂、挖苦、威胁、训斥和高压只会严重地刺伤你的心,不会让你口服心服。爸爸说过,在我们家里,三个人是平等的,爸爸和你之间是父女关系,也是朋友关系。爸爸对你说话不能居高临下,就像你不能对爸爸不礼貌一样,我们之间的事情都应该平等协商。实践证明,用平和、真诚的话语来启发你、教育你,比用粗鲁、高压的态度对待你,会起到更明显、更持久的效果。爸爸这样做可以减弱你的防御心理和对立情绪,更容易让爸爸的话语恰似涓涓细流,让你感觉入耳、入脑、入心。

在惩罚你的过程中,爸爸会做到"一事一罚",而不会因为你今天犯错而把过去的陈年旧账也一起翻出来清算。当你犯错时,爸爸、妈妈只会有一人出面来批评、惩罚你,而不会出现爸爸处罚过后妈妈又来处罚的情况。在批评和处罚的同时,爸爸会让你懂得自己错在哪里。处罚过后,爸爸不会抓住这件事不放,也不会时时提起这件事,因为这样做很容易引起你的厌烦情绪,让你对自己失去信心,对爸爸产生对抗心理。

你还小,有缺点、犯错误是正常的,爸爸不会因为你犯了一点错误就全盘否定你。在批评你的时候,爸爸经常会一分为二,先肯定你的优点,接着指出你的错误,最后再给予你鼓励。有一天,你没有和爸爸、妈妈打招呼就从爸爸衣袋里拿了钱,去楼下超市买了一袋油炸零食。爸爸出去找你时,恰好遇见你在吃那袋零食。爸爸把你的零食拿过来,对你说:"你今天放学后作业完成得很好,很认真,爸爸对你这一点提出表扬。可是刚才你没有和爸爸打招呼就从爸爸衣袋里拿钱,还去买这种对身体健康有害的油炸零食,是不是做得不对呢?"你点了点头。"那爸爸只能把它丢进垃圾箱了,以后再想吃什么,如果零花钱花光了,可以告诉爸爸,不可以自己去拿。好吗?""好!"你说。"爸爸就知道我的宝贝女儿能懂得这个道理,下次也能做得很好。"在这件事中,爸爸先肯定了你认真做作业的优点。如果爸爸总是忽略你的优点,就可能会让你觉得爸爸眼中只有你的缺点和毛病,故意和你过不去。爸爸用这样的方法对待你,会更容易让你接受,更有利于你的进步。

爸爸、妈妈对你的批评和惩罚不是目的,而是希望你由此认识到自己的错误,避免再犯。在教育你的过程中,爸爸对你的表扬要比批评多得多,这是因为你是一位非常懂事、非常优秀的孩子！

很久没有批评你了，爸爸感觉，现在实在没有什么事可让爸爸批评你。爸爸相信，今后爸爸对你的批评会越来越少，表扬会越来越多！

并不想批评你的爸爸

好爸爸有话说

　　"又做错一道题，爸爸今天要是没检查出来，明天老师又会给你打上一个红叉，你说难看不难看！""怎么才考这么点分啊？啊？平时就知道玩，跟你说了多少次了，上课要认真听课，考试要认真检查，你每天都在想些什么？"有的家长平时总爱把唠叨挂在嘴边，怕孩子记不住自己的话，希望能通过反复重复的办法来加深孩子的记忆，让孩子今后不再犯相同的错误。心理学上有个名词叫"超限效应"。也就是说，如果一个人接受某种刺激过多、过强、过久，超过了合理的限度，就会引起他心理上的厌倦和反抗，使他的行为朝相反的方向发展。所以，今后您在批评孩子时，最好能做到点到为止，以鼓励为主，否则你的话只会引起孩子的反感和排斥，造成他们对您的话充耳不闻，不会真正放在心里。俗话说："好话不说二遍。"要记住，唠叨十次不一定比智慧地说一次更有效。

宝贝一定要听话吗?

亲爱的宝贝:

　　"妈妈,今天我和老师说了,我辞去写字课代表这个职务了。"今天放学后,你带回一个让妈妈不开心的消息。"妈妈昨晚不是和你说过不要辞吗? 老师让你当课代表是对你的信任,你怎么说辞就辞了呢? 真不听话!"听着妈妈的唠叨,你不作声了。正在看书的爸爸当时没有发言。晚上,爸爸坐到你身边,一边看着你在床上摆着七巧板,一边问你:"我不知道昨天你和妈妈说了什么,我想你辞去写字课代表一定有自己的理由,能告诉爸爸是怎么回事吗?"你放下七巧板,对爸爸说:"是因为我太忙了,当学习委员每天要帮老师管纪律,还要管作业,整天忙得不可开交,再当写字课代表,我真是忙不过来。两样都干,哪样都干不好!""哦,原来是这样,爸爸认为你做得对。你这样做,不但能让更多的学生有机会当上班干部,对干好工作也更有帮助。"爸爸亲昵地掐了一下你的小脸蛋,你笑了。接下来,爸爸向妈妈说了你辞去班干部的原因,妈妈也表示理解,还向你道了歉。

　　在这件事上,你没有听妈妈的话。可是,作为孩子,就一定要听大人的话吗? 爸爸认为不是这样。大人说的话可以作为孩子的参考,但大人绝不应该要求孩子对自己言听计从,这样会削弱孩子的想象力、判断力和独立意识。爸爸为你讲过爱迪生小时候的故事。有一次上算术课时,老师教同学们说"2加2等于4",爱迪生却问老师"2加2为什么等于4"。老师告诉他记住这个结果就可以了,可爱迪生一定要让老师讲明白原因。老师很生气,说他太笨。你想想,如果爱迪生小时候一味听老师的话,老师讲什么就记什么,不懂得思考和刨根问底,几十年后他能成为大发明家吗?

　　有时,大人不懂得孩子的心理,却又喜欢用自己的经验去当孩子的老师,如果孩子事事都听大人的话,可能就会变得成人化,变得缺少创新和想象。

当你不听爸爸话时，爸爸会分析原因，同时给你解释的机会。也许爸爸对你的要求是不合理的，也许是爸爸不了解真实情况，也许是你没理解爸爸的意思……事情说清楚了，你不听话的原因也就找到了，届时如果是爸爸错了，爸爸就会支持你按自己原来的想法去做；如果爸爸是对的，爸爸就会向你讲明理由，用你能接受的方式让你接受意见。

教育家陶行知先生在他的"六大主张"中提出："解放儿童的头脑，使其从道德、成见、幻想中解放出来；解放儿童的双手，使其从'这也不许动，那也不许动'的束缚中解放出来；解放儿童的嘴巴，使其有提问的自由，从'不许多说话'中解放出来；解放儿童的空间，使其接触大自然、大社会，从鸟笼似的学校解放出来；解放儿童的时间，不过紧安排，从过分的考试制度下解放出来；给予民主生活和自觉纪律，因材施教。"爸爸会尽力给你创造自由的空间，希望你能尽可能多地得到解放。爸爸相信，你的明天一定会非常美好！

给你自由空间的爸爸

好爸爸有话说

在生活中我们会发现，很多"听话"的乖孩子都很胆小、怯懦，他们对父母言听计从，很少有自己的主张。实际上，孩子们在小时候，都会有丰富的想象、天真的疑问、不满的抗争……但是在不同教育观念的影响下，孩子们的个性开始分化，开始表现得有所不同。当孩子敢于坚持主张时，如果他们能够得到鼓励，便会受到鼓舞，乐于坚持自己的选择，在自己感兴趣的领域继续钻研。而那些面对"高压"家长的孩子们，个性会逐渐被磨平，他们不敢质疑、不敢争辩、不再自信，只会压抑自己的想法。这样的孩子虽然表面上是特别听话、特别守纪律的好孩子，但实际上他们的心理往往是脆弱的，很容易产生心理疾病。所以说，不要简单地认为孩子听话才好，还是应给孩子一些自由空间，让孩子活出个性，活出精彩，这远比听大人的话更重要！

爱你就要懂你

亲爱的宝贝：

爸爸爱你，想教育好你，首先就要懂你。想要懂你，爸爸就要拥有一颗童心，蹲下身来，成为你的朋友，了解你的感受。如果爸爸做不到这些，那么即使和你近在咫尺，也无法走进你的内心，无法有的放矢地教育好你。

一天，你从外面急匆匆地跑进来，对爸爸说："爸爸，相机能借我用一下吗？""哦！想做什么用啊？"爸爸笑着问。"我想为蚂蚁拍照片，另外还想用本子把看到的蚂蚁活动记下来。"说着，你扬了扬手里的小本子。"太好啦！爸爸全力支持你！爸爸也想去观察蚂蚁，欢迎吗？""欢迎，欢迎，热烈欢迎！"听了爸爸的话你高兴极了，有节奏地喊起了口号。爸爸跟你来到小区的花坛边，看你如何为蚂蚁拍照、记录。只见你把一只大黑蚂蚁抓起来，放到你准备好的透明塑料盒子里，然后拿出相机就开始拍照了。拍过几张后，你便开始认真观察。接下来，你在本子上记下"用触角碰了玻璃一下，就转身跑了……"最后，你又把蚂蚁放回了草丛中，在本子上写道："我把小黑放了，因为我们不仅要爱科学，也要爱护小动物。""拍照、做观察笔记，你这些做法可真是太好啦！"爸爸表扬你说，"你能在玩中观察、实践、学知识，真是让人刮目相看！"听了爸爸的表扬，你很高兴。爸爸想，我这个当爸爸的，真的需要多去了解你喜欢做什么，并适时给你鼓励和支持啊！如果爸爸怕你把相机弄坏，不让你带相机出来拍照，是不是就让你少了一次户外观察实践的机会？

"爸爸，我想写一个白云变成棉花糖的故事。你说，要是白云真能变成棉花糖，那该有多好啊！那该是一块多大的棉花糖啊！"一天，你看着天上的一朵白云对我说。"哈哈，是啊！你的想象力太丰富了，这个故事写出来一定很有意思。要是世界上的白云都能变成棉花糖，那小朋友们该高兴坏了。如果白云成了棉花糖的话，那乌云是不是巧克力口味的棉花糖呢？要是世界上真有这么大的一块棉花糖,别忘了给爸爸分一块。"说完,爸爸冲你笑了笑。"嗯,对,我就写白云和乌云变成棉花糖的故事。"你兴奋极了。和你交流时,爸爸会怀着一颗童心。爸爸认为,我这个当爸爸的,就应该常怀有一颗童心,因为只有这样,爸爸才能做到和你的心贴得更紧,才能更加了解你的所思所想,才能让你真正把爸爸当作最好的朋友。

我亲爱的宝贝,爸爸愿意做你最好的朋友,愿意用心地去了解你、理解你!你愿意把爸爸当作最好的朋友吗?

懂你的爸爸

好爸爸有话说

很多行业都有"上岗证",上岗前都需要经历专业培训,但家长这个角色例外。我们大多数家长"上岗"前都未接受过家庭教育方面的培训,都是"无证"上岗的。孩子间的素质存在差异,有孩子先天方面的原因,更与家长的素质和教育方法有关。作为家长,我们真的应该多加学习。这个"学习",不仅要学习别人成功的教育方法,更要去学会了解自己的孩子。因为孩子存在差异,教育者也有所不同,因此别人的成功教育经验有的可以借鉴,但有的是不适合您的。您最需要做的是了解自己的孩子,了解他们喜欢看什么、喜欢听什么、喜欢玩什么、喜欢学什么……接下来,再根据孩子的喜好,为孩子创造机会,把孩子的喜好最大化、最优化,让孩子从中感受乐趣,找到自信。只要您能做到这点,相信您的孩子就一定会找到幸福,获得成功!

请给爸爸打打分

亲爱的宝贝：

很多年前，爸爸看过一篇笑话。在笑话中，甲问："你爸爸妈妈今年多大年龄了？"乙答："和我一样大！"甲："傻孩子，怎么会和你一样大？"乙："没错啊！在我生下来以后，我爸爸才做爸爸，我妈妈才做妈妈的，所以爸爸、妈妈的年龄和我一样大。"当时看到这个笑话时，我只是微微一笑，并没有想过这里面有什么更深的含义，可是现在想起来，这个笑话说得不错，人生确实如此啊！爸爸妈妈自从有了你，从毫无经验到积累了一定的经验和方法，确实是在和你一起成长啊！

教无定法，爸爸在教育你的过程中，肯定会有得有失，爸爸因此会经常反省自己，想想自己哪里做得比较好，哪里做得还不够好。然后根据自己的反思和判断，不断改进自己的教育方法。爸爸不仅会反省自己，还需要了解你对爸爸的看法，因为这对爸爸来说更重要，它是爸爸改进自己教育方法的一面镜子。爸爸在家里墙上贴了两张表，一张是你的日常表现表，另一张是爸爸的日常表现表。爸爸的表现表中包括"关心孩子、经常鼓励孩子、不干涉孩子正常地玩、不打骂孩子、有事和孩子耐心商量、支持孩子的兴趣爱好、不强迫孩子、能和孩子一起玩、注意言传身教统一、遇事能够换位思考"这十个方面的内容。爸爸请你每天为爸爸打分数。做得好，就画个星星；做得不好，就画个叉。

记得第一次请你为爸爸打分数时，你为爸爸打出了91分，这让爸爸感觉有些意外，因为爸爸之前为自己估分，觉得应该能得到97分以上的高分。

看到第一个问题"你是否关心孩子"，你说："满分10分是吧？这项给你打9分，你大多数时间都很关心我，可也有时候光顾着自己写稿子，不来关心我。"你说的问题确实存在，爸爸承认，9分这个分数还算是很客观的。

面对"是否经常鼓励孩子"这个问题，你为爸爸打出10分的高分："爸爸这方面做得很好，上次我数学题不会做，妈妈跟我急了，但是爸爸耐心地给我讲会了，还鼓励我继续努力。"得到满分，爸爸心里特别开心，爸爸会再接再厉的。

在"不干涉孩子正常地玩"方面，你为爸爸打了7分："我在外面玩时，你总会喊我回家吃饭。每次我玩时总感觉你在喊我，害得我玩不痛快！"爸爸理解你的感受，不过也希望你能理解爸爸，毕竟吃饭时间应该是有规律的，是要遵守的，这是必须遵守的规则。何况，每天吃过晚饭后，爸爸还会让你出去玩，不是吗？

在被问到"能否和孩子一起玩"时，你为爸爸打了10分："爸爸，你在这方面做得挺好的。我最喜欢和你玩了，一会儿还想和你玩大富翁游戏。"

在回答"不打骂孩子"和"有事能不能和孩子耐心商量"这两个问题时，你分别为爸爸打了9分。"我记得有一天，我早上没按时起床，你硬把我拉起来了，态度不好，所以给你扣1分。"你边说边向爸爸做了个鬼脸。

"爸爸还是挺支持我的兴趣爱好的，鼓励我画画、看书、练单杠，但是你还可以做得更好，所以我为你打9分。"在看到"是否支持孩子的兴趣爱好"这个问题时你说。

在"注意言传身教统一"方面，你为爸爸打了10分："在这方面你做得很好，继续努力哟！"得到你的鼓励，爸爸真的感觉很受鼓舞，爸爸会努力的！

面对"不强迫孩子""遇事能够换位思考"这两个问题，你分别打出了9分："做得还可以，不过你今天早上强迫我吃鸡蛋了，所以得扣你1分。"唉！这1分扣得可真冤啊！爸爸是怕你早晨不吃菜营养不够啊！看来，在你的早餐方面爸爸还需要和妈妈多下些功夫，让菜品再丰富、可口一点，不让你厌食才是啊！

你对爸爸的评价不见得完全客观，但它反映出了你的心声，对爸爸有重要的借鉴作用。你的评分让爸爸知道了自己在哪些方面应该保持下去，在哪些方面应该加以改进，在哪些方面应该向你做好解释。

通过这张表，爸爸懂得了自省，经常提醒自己要努力克服自己的不足，争取做到更好。只有我这个当爸爸的自己做得好了,才能为你树立榜样,激励你每天也争取做得更好。

爸爸会努力的,像你一样。爸爸会争取每天让你为爸爸打出好分数,不仅是在墙上的评分表中,更重要的是在你的心里。

在意你的评分的爸爸

好爸爸有话说

有这样一个笑话:一位爸爸问孩子:"你长大后有什么理想啊?""我想当爸爸。""这算什么理想? 你为什么想当爸爸?""当爸爸多自由啊!可以在屋子里抽烟、可以随时上网玩游戏、可以随便骂人、可以想打儿子就打儿子。"这个笑话让人在笑后感觉到一丝苦涩。我们做家长的,往往要求孩子做这个、做那个,却看不到自身的问题和缺点,又不想倾听孩子的感受和意见,往往会因此而伤害了孩子。建议您在闲暇时,抽出几分钟的时间,制作一张意见征求表,把您想了解的内容写在上面,由孩子来说说对您的看法,为您打打分。在制作表格的过程中,您就会对自己有个评价;而在孩子回答过后,他们的答案很可能会为您带来更大的触动和启发。赶快行动吧!

爸爸是你最忠实的倾听者

亲爱的宝贝：

爸爸懂得倾听你的心声，爸爸是你最忠实的倾听者。

爸爸耐心的倾听是对你最好的关注和支持，更是和你保持顺畅沟通的基础。"爸爸，我告诉你一件事啊！"一天，你兴奋地对爸爸说。"好啊！什么好事？快说来听听。"爸爸笑着问。"今天老师在全班读了我的作文，还奖励了我一朵小红花！""太棒了，爸爸真为你高兴！"爸爸边说，边认真听地着你讲述白天发生在学校的高兴事。爸爸一直保持着微笑，注视着你的眼睛，不时地点点头，让你感觉得到，爸爸对你讲的事情非常有兴趣。

在你遇到高兴事时爸爸会乐于分享，当你遇到烦恼事时爸爸更会认真倾听。一天放学后，你告诉爸爸："今天烦死了。""怎么了？"爸爸关心地问。"坐我后面的硕硕总是踢我书包，害得我听课都听不好。""有没有告诉他不要再踢？""告诉了。我还告诉英语老师了。英语老师瞪了他一眼，他才不踢了……"你向爸爸讲着在学校遇到的事情。爸爸一直认真地倾听着，还不时地说声"嗯""是啊""后来呢"，表示爸爸在认真地倾听，在鼓励你继续说下去，让你能感受到爸爸对你的理解和支持。爸爸没有像有的爸爸那样，听孩子说话时东张西望，心不在焉。爸爸这样做，会让你把爸爸当作知心朋友，让你有了心里话更乐意向爸爸倾诉。

"爸爸，我今天新学了个绕口令，我说给你听啊！""好啊！爸爸很愿意听。""妞妞骑牛牛牛（拧）妞妞牛（拧）牛。不对，是妞妞骑楼（牛）……"你感觉自己说得不准确，又重说一遍，可还是不太准。看着你认认真真、一字一句地说着绕口令，爸爸感觉你的样子真可爱，爸爸想笑，但是没有笑，因为在这种情况下，爸爸不应该打断你，并笑话你。"接着来，熟能生巧。"爸爸说。你终于能把绕口令说得很流利了，你开心极了，爸爸也特别高兴。爸爸发现，在爸爸认真倾听的时候,爸爸的一个眼神、一个微笑、一个手势,都会给你很大的鼓励,让你继续讲下去。

在倾听时,爸爸不会打断你,如果爸爸简单粗暴地打断了你,就相当于告诉你:"不要说了,我不爱听。"在倾听时,爸爸也不会把话题从你喜欢的游戏转移到你的学习上,这样就相当于告诉你:"别和我谈游戏的事,我只关心学习方面的事。"在倾听时,爸爸不会比你讲得更多,如果爸爸说得比你更多,又怎么能算是倾听呢?

爸爸的倾听,能让你感受到安全;爸爸的倾听,能让你感受到温暖;爸爸的倾听,能让你感受到力量;爸爸的倾听,能让你感受到鼓励……

你最忠实的倾听者

好爸爸有话说

在现实生活中,每个人都会听,但不见得每个人都会倾听。作为家长,首先要学会倾听,掌握倾听中的一些技巧。倾听的最佳时间应该是您和孩子独处时,因为这时更容易打开孩子的心扉。在倾听时,您应该注视孩子的眼睛,和孩子保持目光接触,这样才能表现出您的真诚和重视;在倾听时,您的脸上可以带着微笑,不时地点点头表示肯定;在倾听时,请不要打断孩子的话,而是要让孩子把话说完;在倾听时,您可以适当提出一些问题,也可以简单地表达自己的观点,但要避免说得太多,以免打断了孩子的倾诉;在倾听时,您要重视孩子遇到的困难和提出的问题,这时不仅仅要倾听,还要给孩子一定的引导,像知心朋友那样,为孩子出出主意。

别拿我和别人比

亲爱的宝贝：

今天接你放学回家的路上，看见一位母亲教训自己的女儿说："你看你班的娜娜，考了100分；你再看你，才考了80分。你是怎么学的？"爸爸看到那女孩低着头，掉着眼泪，爸爸心里为他们感到悲哀。拿自己家孩子和别的孩子比较，是很多家长都会做的事，但是在比较的同时，家长有没有设身处地地想想孩子的感受呢？

"你看谁谁谁怎么样！"这大概是你们孩子最讨厌听的一句话了。有的家长对孩子的期望值特别高，总把目光放在别的孩子的优点方面，每当看到别的孩子取得了成绩，就拿来和自己孩子比较，试图激励自己孩子也取得同样的成绩。殊不知，孩子的天资不同，成长环境不同，兴趣爱好不同，每名孩子都有自己的长处，也有自己的短处，有些事情是不可比的。就拿你的好朋友婷婷和丽丽来说吧！丽丽画画很好，但不会弹琴；而婷婷的琴弹得很好听，却对画画没有兴趣。如果我们拿丽丽在画画方面的成绩和婷婷相比，是不是不公平呢？同样，我们也不应该拿婷婷在弹琴方面的成绩和丽丽相比。而我们身边的不少家长就是这样，总拿自己孩子的短处去和别人的长处比，动不动就拿"看人家谁谁谁怎么样"这样的话来说事。他们的比较不仅表现在语言上，也表现在行动上，他们看到人家学绘画就让自己的孩子报美术班，看到人家学钢琴就也为自己的孩子买来钢琴，看到人家孩子舞跳得好就为孩子报了舞蹈班……丝毫不顾自家孩子的兴趣和感受。这样下去，日久天长，家长只能让孩子对所有的东西失去兴趣和信心，变得越来越自卑，最终会变得逆反，呈现出"破罐子破摔"的状态。

爸爸可不想这样做。爸爸不会拿你的不足和别人的优点相比，因为这样的横向比较是不公平的，也是没有意义的。前些天，你妈妈对我说，你班里的艳艳入选学校的舞蹈队了,原因是只有一个名额,而老师认为,在舞蹈方面艳艳表现更突出。听到这个消息后,爸爸没有说什么。爸爸知道你的心情一定不好受,但爸爸这时也不能对你说你的舞蹈比艳艳更棒,因为爸爸在不了解艳艳舞蹈水平的情况下,做这种横向比较是不适宜的。如果有一天,你发现自己在舞蹈方面确实不如艳艳,而爸爸却说你比她更棒,你就会认为爸爸在说谎,给你带来不好的影响。但是爸爸想,这件事可以这样看,每个孩子各有所长,你虽然在舞蹈方面可能不如艳艳突出,可是你在其他方面很强啊!你爱运动,身体健康;爱画画,图画屡屡获奖;爱写作,作文经常发表;有追求,每天都在为理想努力;有爱心,经常帮助别人……有这么多优点,我为什么不看你这些优点,而唯独抓住你的不足之处不放,去和别人的长处比呢? 在这时,你需要的恰恰是表扬和鼓励啊! 于是,爸爸指着你最近画的一幅画说:"这幅画画得可真棒,看你的画真是一种享受!"

爸爸很少拿你和别人做横向比较,却经常对你的进步和成绩做纵向比较。爸爸会把你过去的英语作业本和现在的作业本摆在一起,对你说:"宝贝,你看,现在你的英文字母写得像印出来的一样,和你刚学写英文字母的时候相比,真是漂亮多了! 进步太明显了!"爸爸把你画的很多漂亮的图画都用相机翻拍下来,存在电脑里。爸爸经常会一边翻看着电脑里的这些照片,一边对你说:"你看,你5岁时画的人物线条有多简单,现在画的人物比那时更生动,更形象了!"在你当众表演舞蹈过后,爸爸会对你说:"还记得你刚上幼儿园时,让你表演节目你一个劲地往妈妈的怀里钻,你再看现在的你,表演得有多好,一点也不怯场!"在你写出一篇好童话时,爸爸会表扬你说:"真是越写越好了!"

爸爸不拿你和别人比,只拿你和你自己比。只要你每天在努力着,在进步着,就意味着你战胜了惰性,战胜了困难,战胜了自己,你就是最棒的!

不拿你和别人比的爸爸

好爸爸有话说

　　"爸爸，我数学考了98分！""你班最高分是多少？""100分……"
"那你怎么没考100分？"这是一对父子间的一段对话。接下来的对话
很有意思，"爸爸，您像我这么大时，考试一般考多少分？""……"这位孩
子爸爸哑口无言了，因为在他小时候，经常逃课，数学经常不及格。我
们做家长的自己曾经做得不够好的事，却总要求孩子一定要做好，一定
要比别人强。您有没有想过，这样公平吗？在您小的时候，是否也希望
自己的父母不做这样的比较呢？其实，就像世界上没有完全相同的两
片树叶一样，世上也没有相同的孩子。所以，在孩子的培养方面，家长
需要有一双慧眼，客观地认识自己的孩子，不作盲目的横向比较，而是
要根据孩子的年龄、兴趣、特长等，给予有针对性的培养，并多加鼓励，
这样才能更加有利于孩子的健康成长。

沟通不一定用语言

亲爱的宝贝：

看到你羽毛球打得那么棒，爸爸向你伸出了大拇指，表达对你的赞美之情。平时爸爸很注意多和你沟通，有时需要用语言，有时不需要。英国教育家斯宾塞说过："如果对自己的孩子多一些拥抱、抚摸，有时甚至是亲昵地拍打两下，孩子在对外交往的智力、情感方面都会更健康。"爸爸就是这样做的。

微笑是最美的语言。有时，一个会心的微笑胜过千言万语。记得有一次，你参加全国英语演讲比赛大连赛区预选赛。站在演讲台上的你，看上去有些紧张。说心里话，站在你对面的爸爸手握相机，心里比你还紧张呢！但是爸爸尽量让自己表现得很轻松，脸上挂着微笑。看到爸爸的微笑，你看上去放松了一些，原本紧绷的脸庞绽出了微笑，展示出了你最美的一面。

有时，微笑是对你的欣赏；有时，微笑是对你的鼓励；有时，微笑也是对你的提示——当你玩电脑游戏已经超过规定时间，还不想离开电脑时，爸爸冲你笑一笑，你立刻明白了爸爸的意思，做个鬼脸，离开了电脑。

再说说那次英语演讲比赛。在你演讲结束过后，走下台时，爸爸和其他观众一道，把真诚的掌声送给了你。这掌声里，蕴含着爸爸对你的赞赏，蕴含着爸爸对你的钦佩，蕴含着爸爸对你的鼓励……当你走到爸爸面前时，爸爸亲昵地在你的小脸蛋上亲了一下。此时无声胜有声，爸爸的身体语言也许会比向你说出千句万句"太棒了"更让你感觉温暖，感觉亲切！

记得有一次，在你们学校举行的运动会上，你参加了趣味赛跑比赛。最终，你在小组的6名选手中取得了第三名的成绩。你对自己的这个成绩不太满意，比赛过后，苦着脸向爸爸走来。爸爸迎上前，不但给了你掌声，还给了你一个热情的拥抱。看到你的头发乱了，爸爸轻轻地把你的一缕头发拢到耳后。这些细微的动作是在告诉你："你跑得很努力！爸爸爱你，支持你！"拥抱和亲吻能给你带来幸福感和安全感，每天晚上睡前，爸爸在陪你看过书后，都会拥抱你一下，亲亲你的额头，让这甜蜜的父爱感觉伴你进入梦乡。

眼睛是心灵的窗户，爸爸和你之间，经常通过眼神来沟通。当你尝试爬上高高的单杠时，爸爸的眼神是鼓励的，那眼神是在告诉你："勇敢点，好样的！"当你画出一幅好画时，爸爸的眼神是兴奋的，那眼神是在告诉你："这幅画画得真是太棒啦！"当你打碎了家里的碗碟时，爸爸的眼神是宽容的，那眼神是在告诉你："没关系，谁都难免犯这样的错，下次小心点就可以了。"当你未经爸爸妈妈的允许就拿家里的钱时，爸爸的眼神是严肃的，那眼神是在告诉你："没有零花钱了可以告诉爸爸、妈妈，怎么可以自己随意拿？"

轻轻拍拍你的肩膀，摸摸你的头，捏捏你的小脸蛋，都能传达出爸爸对你的欣赏与爱意。沟通的方式是多种多样的，无论采用语言，还是非语言方式，爸爸都希望与你的交流是愉快的、和谐的、有效的，为你健康成长营造一个良好的环境！

懂得与你交流的爸爸

好爸爸有话说

很多家长不注重与孩子多加沟通和交流，更不注重运用拥抱、抚摸、亲吻、鼓掌、眼神这些非语言方式来交流。在孩子成长的过程中，如果在沟通时只采用单调乏味的语言，会让沟通效果大打折扣。相反，如果在沟通过程中，您能给予孩子赞许的眼神、热情的拥抱、真诚的鼓掌、亲昵的抚摸……这些都可能成为激发孩子努力向上的动力，大大提升您对孩子教育的效果。因此，当一位家长问我"当孩子有了很大进步，我该拿什么奖励他"时，我的回答是："可以奖给孩子一个由衷的亲吻、一个热烈的拥抱，孩子需要这些。对孩子来说，它们比世界上任何东西都贵重。"

附 录

FULU

女儿写给爸爸的信

亲爱的爸爸：

谢谢您和妈妈把我带到了这个世界！谢谢您让我的人生充满了欢乐！谢谢您为我写了这么多信！

我喜欢和您一起锻炼身体。每当您下班后，天气好时，您就会对我说："竹竹，出去打羽毛球啊！"我会高兴地说："好呀，好呀！"当您发现风大，打不了羽毛球时，就会陪我踢足球。和您在一起锻炼可真快乐！

我喜欢和您一起做游戏。晚上，您总会陪我下象棋和动物棋。"马后炮——咦？你怎么把我的马吃了？"您的棋子总会被我吃掉。和您在一起玩可真开心呀！

我喜欢您给我买好书。您为我买了那么多的好书，经常是一箱一箱地往家里搬。这么多好书，把家里的书架都塞满了，我每天都有书看。

我喜欢您给我讲故事。每天睡觉前，您都会为我讲上一会儿故事。每天晚上，我都是在您讲的故事中睡着的。我感觉自己可真幸福啊！

我喜欢您写的童话。我喜欢《送美梦的精灵》里的杜小默，喜欢《流浪狗丢丢》里的丢丢，喜欢《嘻哈兔大战作文小魔怪》里的小灵光……我希望您能写得更多一点，我的同学们还等着看呢！他们还等着您给签名呢！

我喜欢和您比赛写作。我要写出更多自己的童话，还要配上自己画的图画，到时候，一定会有很多孩子喜欢看我的书，我想我要超过您。注意，我们要公平竞争哟！

爸爸，您真是位好爸爸，我为有您这样的爸爸而感到骄傲！您是那么爱我，我也特别爱您！

今天是中秋节，祝您天天写出好文章，天天有个好身体，天天有份好心情！

爱您的女儿：竹竹

报刊评价

《华西都市报》:

有这样一对父女。父亲以其丰富的想象、优美的语言,每个夜晚给女儿讲童话,并把它们写成了书,成为知名儿童文学作家。女儿在父亲的影响下也走上了写作的道路,年仅11岁的她,用一年时间,写了十余万字的童话。

《大连晚报》:

葛欣认为,做爸爸就应该做"三型"爸爸,即学习型爸爸、牺牲型爸爸和朋友型爸爸。

"父爱与母爱是完全不同的。但在现实中,很多家庭都是由母亲甚至老人在教育孩子,父亲教育是缺位的。"葛欣说,"作为父亲,应该在孩子教育过程中发挥更加重要的作用。想做一位好爸爸,就得先学习,学习别人好的教育方法。在孩子的教育过程中,葛欣是用孩子的视角去思考和处理问题的,字里行间,充满了阳光和快乐。葛欣不但会像孩子一样和女儿做各种各样的游戏,还会和女儿开诚布公地说心里话,可以说,他是女儿的爸爸,也是女儿的朋友。

《新商报》:

在葛欣看来,每个孩子都是天才,每个孩子都有他的闪光点,只有家长陪好孩子,才能发视孩子的长处与短处,"弥补短处,放大长处,才能让孩子找到自信。"在女儿能听懂故事的时候,他就开始给孩子讲故事。"书里的故事讲尽了,我又给孩子编故事,编出来的故事,我又记录在案,有好几十万字。"……女儿在二年级的时候,就能写童话了。"记得在她四五岁的时候,讲故事成为我们父女的考试,她编开头,我编结尾,或者我编开头,她来结尾。这已经成了一种习惯,在这个习惯下,孩子产生了巨大的想象力。"

❤ 《渤海早报》：

孩子的成长需要父母关爱，但最重要的是引导。每天一封家书，使女儿对文字非常感兴趣，从小就养成了阅读习惯。因此小学生普遍感到犯难的作文，在女儿这里明显轻松许多。家书不仅沟通了父女之间的情感，也成了孩子积累文字量、欣赏美文意境、娴熟运用文字的重要途径。

❤ 《抚顺晚报》：

女儿在上小学二年级时，为了培养小嘉竹的兴趣，葛欣就鼓励她练笔写童话。"低年级的孩子，生活阅历不足，但想象力丰富，用童话来练笔是一个非常好的选择。"葛欣告诉记者，在女儿写过童话后，即使并不完善，他也会及时送出赞美。葛欣常把女儿写的童话打印出来，鼓励她配上漂亮的图画在家里展出。等女儿的童话写得多了，葛欣便把这些童话装订成一个精致的小册子，上面写上"小作家葛嘉竹的作品集"，再加上"好玩出版社"等字样，女儿看了特别有成就感。

❤ 《辽宁作家》：

葛欣的"阳光女生杜小默系列"是一位作家爸爸用浓浓父爱为女儿写出的作品，均取材于儿童现实生活的有趣故事，其中融入了作者"三心三型"（有爱心、有耐心、有恒心，学习型、牺牲型、朋友型）的教育理念，被誉为中国版的"窗边的小豆豆"。作者表示，他写作故事时，"总会从中挑出一颗'种子'，种下去，浇水，施肥，让它长成结满果子的大树，供可爱的孩子们前来采摘。孩子们把'果子'吃下去，收获的是营养和快乐，我收获的则是满足和幸福。"作者以女儿为原型，选取一个普通的小学女孩的日常生活故事，将她生活中的各种有趣事、古怪事、感人事进行了再现和放大，处处洋溢着当下孩子童年特有的情趣和美感。小说幽默轻松的表达之余，蕴含着对生活的热爱与感动，对"爱"的内涵的诠释，对"生活就是教育"的理念的领悟。